U0566389

権威·前沿·原创

皮书系列为
"十二五"国家重点图书出版规划项目

北京国际城市发展研究院社会建设研究重点项目
贵州大学贵阳创新驱动发展战略研究院重点项目
北京国际城市论坛基金会智库工程出版基金资助项目

贵阳蓝皮书
BLUE BOOK OF
GUIYANG

贵阳城市创新发展报告 *No.1*
开阳篇

THE INNOVATION DEVELOPMENT REPORT OF GUIYANG No.1:
KAIYANG CHAPTER

主　　编／连玉明
执行主编／朱颖慧

社会科学文献出版社
SOCIAL SCIENCES ACADEMIC PRESS（CHINA）

图书在版编目（CIP）数据

贵阳城市创新发展报告. No. 1. 开阳篇/连玉明主编.—北京：
社会科学文献出版社，2015.10
（贵阳蓝皮书）
ISBN 978 - 7 - 5097 - 8158 - 6

Ⅰ. ①贵…　Ⅱ. ①连…　Ⅲ. ①区（城市）- 城市建设 - 研究
报告 - 贵阳市 - 2015　Ⅳ. ①F299. 277. 31

中国版本图书馆 CIP 数据核字（2015）第 232547 号

贵阳蓝皮书
贵阳城市创新发展报告 No. 1　开阳篇

主　　　编/连玉明
执行主编/朱颖慧

出 版 人/谢寿光
项目统筹/陈　颖　郑庆寰
责任编辑/丁　凡

出　　　版/社会科学文献出版社·皮书出版分社（010）59367127
　　　　　　地址：北京市北三环中路甲 29 号院华龙大厦　邮编：100029
　　　　　　网址：www. ssap. com. cn
发　　　行/市场营销中心（010）59367081　59367090
　　　　　　读者服务中心（010）59367028
印　　　装/北京季蜂印刷有限公司

规　　　格/开　本：787mm × 1092mm　1/16
　　　　　　印　张：16. 25　字　数：270 千字
版　　　次/2015 年 10 月第 1 版　2015 年 10 月第 1 次印刷
书　　　号/ISBN 978 - 7 - 5097 - 8158 - 6
定　　　价/89. 00 元

皮书序列号/B - 2015 - 464

贵阳蓝皮书编委会

编委会名誉主任　龙永图

编委会主任　陈　刚

编委会常务副主任　刘文新

编委会副主任　张　平　　陈少荣　　朱江华　　刘　俊
　　　　　　　　帅　文　　兰义彤　　庞　鸿　　李作勋
　　　　　　　　聂雪松　　吉宁峰　　沙劲松　　刘春成
　　　　　　　　刘玉海　　王玉祥　　高卫东　　陈小刚
　　　　　　　　徐　昊　　钟汰甬

编　　　委　　李作勋　　杨明晋　　康克岩　　向虹翔
　　　　　　　　安九熊　　王　黔　　王建忠　　朱丽霞
　　　　　　　　常文松　　蒋志伦　　钮力卿　　马　磊
　　　　　　　　林　刚　　张海波　　向子琨　　唐兴伦
　　　　　　　　杨　宇　　唐　矛　　李　瑞　　佘　龙
　　　　　　　　卓　飞　　丁　振　　杨晓阳　　田胜松
　　　　　　　　张江华　　宋旭升　　梁淑莲　　杨亚林
　　　　　　　　黄永辉　　宋书平　　吕传峰　　杨炜锋
　　　　　　　　廖正林　　洪　兵　　罗晓斌　　邱　斌
　　　　　　　　周海涛　　金　松　　胡　勇　　李仕勇
　　　　　　　　廖　勇

《贵阳城市创新发展报告 No.1 开阳篇》
编 写 组

主　　　编	连玉明
执 行 主 编	朱颖慧
副 主 编	宋　青　　秦坚松　　王新江

核心研究人员　连玉明　朱颖慧　宋　青　秦坚松　王新江
　　　　　　　　　刘新鑫　张　洁　李　栋　吴　尧　张　勇
　　　　　　　　　许　忠　聂文远　张　洪　陈　曦　文进方
　　　　　　　　　李瑞香　张志强　陈淑琴

学 术 秘 书　陈　曦

主编简介

连玉明 著名城市专家，教授、博士，北京国际城市发展研究院院长，贵州大学贵阳创新驱动发展战略研究院院长，北京市人民政府专家咨询委员会委员，北京市社会科学界联合会副主席，北京市哲学社会科学京津冀协同发展研究基地首席专家，基于大数据的城市科学研究北京市重点实验室主任，大数据战略重点实验室主任。

研究领域为城市学、决策学和社会学。近年来致力于大数据战略和生态文明理论及实践研究。首创"大数据战略重点实验室"，打造中国特色大数据新型高端智库。首次提出"贵阳指数"，其成为中国生态文明发展风向标。主编《中国生态文明发展报告》《贵阳建设全国生态文明示范城市报告》等专著60余部。其中《块数据》《DT时代》《创新驱动力》成为贵阳国际大数据产业博览会暨全球大数据时代贵阳峰会的重要理论成果，《六度理论》《绿色新政》《双赢战略》成为生态文明贵阳国际论坛的重要理论成果。

摘　要

　　中国经济发展进入新常态。认识新常态、适应新常态、引领新常态，是当前和今后一个时期中国发展的大逻辑、大背景。正是在这种形势下，贵阳市作为一个西部欠发达省份的省会城市，以坚守发展和生态"两条底线"为导向，提出了实施"六大工程"打造贵阳升级版的发展目标（贵阳市委九届四次全会提出：实施平台创优工程，打造开放贵阳升级版；实施科技引领工程，打造创新贵阳升级版；实施公园城市工程，打造生态贵阳升级版；实施社会治理工程，打造法治贵阳升级版；实施文化惠民工程，打造人文贵阳升级版；实施凝心聚力工程，打造和合贵阳升级版），着力探索城市转型发展、创新发展之路。贵阳市十个区县立足自身优势、融入发展大局，在实践层面上开展了多领域、多层次的探索，正在成为贵阳探索内涵式发展新路的重要战略支点。

　　《贵阳城市创新发展报告 No.1 开阳篇》以"资源型城市转型跨越发展"为主题，坚持理论探讨与实证研究相结合，在全面客观分析开阳县"六个贵阳"综合评价指标体系的基础上，重点对三次产业融合发展和农村基层治理等问题展开理论研究。同时，本书立足开阳实际，对磷煤化工产业发展、现代高效农业示范园区、招商引资和招商选商、生态文化旅游业发展等开阳县发展中的重点难点问题进行深入调查研究，梳理和总结了其在"两创建一提升"活动、打造煤电磷一体化暨千亿级产业园区、都市现代特色农业带动产业融合发展、培育公共地域特色品牌、打造全国休闲农业与乡村旅游示范点、建设示范小城镇等方面的先进经验和做法。

　　在此基础上，笔者认为，实现西部资源型城市的转型升级发展，关键在于统筹处理好两个方面的关系，一是统筹传统产业和新兴产业的关系，筑牢资源型城市转型升级之基；二是统筹城市发展与农村建设的关系，夯实资源型城市转型升级之本。开阳县未来的发展要紧扣主基调、实施主战略，秉持继承、发展、创新的理念，着力完善大交通、做强大产业、搞好大建设、提升大民生，坚定不移走资源型城市转型跨越发展之路，全面打造开阳发展升级版。

Abstract

China's economic development has entered the state of "new normal". Knowing, adapting to and guiding the new normal is the big trend and background of China's current and future development. In this background, Guiyang, as a provincial capital city in less-developed western region, proposes the six projects to build an upgraded version of Guiyang and explores the road of urban transformation and innovative development, by sticking to "two bottom lines", namely, economic development and eco-environment protection. Based on their own advantages, ten districts/counties of Guiyang city integrate to the overall development and explore the new development in multiple areas and at multiple layers, becoming a key strategic support for Guiyang to embark on the intensive development.

Under the theme of "The Leapfrog Transformation of Resource-oriented City", *The Innovation Development Report of Guiyang No. 1*: *Kaiyang Chapter*, focuses on theoretical research on integrated industrial development and rural grassroots governance, based on comprehensively and objectively assessing Kaiyang county according to comprehensive Six-Guiyang assessment index system by combining theoretical review and empirical studies. Meanwhile, in line with local development, this report investigates key issues in Kaiyang's development, such as the development of phosphorus-coal chemical industry, modern high-efficient agricultural demonstration zone, business invitation and investment selection, and eco-cultural tourism. The best practices and experiences of Kaiyang county are reviewed and summarized in such areas as activities in "Two-Construction and One-Update Scheme", establishing the 100 billion-level industrial park integrating coal, power and phosphorus chemical resources, integrated industrial development driven by modern featured agriculture, building public region brand, establishing national leisure agriculture and rural tourism demonstration site, and developing demonstration towns.

Based on the above analysis, this report concludes that to properly deal with two relationships is important for realizing the development of upgraded resource-oriented city in western region, namely, 1) the relationship between traditional industry and emerging industry, consolidating the basis of resource-oriented urban transformation; and 2) the relationship between urban development and rural construction, consolidating the foundation of resource-oriented city transformation. In the future, Kaiyangcounty shall improve transportation infrastructure, develop large industries, and improve urban construction and democracy, by following main development guidelines, implementing main strategy and adhering to the ideas of inheritance, development and innovation. An upgraded version of Kaiyangcounty will be built, embarking on the transformation of a resource-oriented city.

目 录

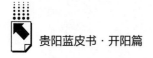

B IV 调研篇

B V 案例篇

皮书数据库阅读使用指南

CONTENTS

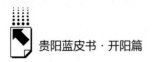
B Ⅲ Report of Theory

B Ⅳ Report of Investigation

B Ⅴ Report of Cases

导论：探寻西部资源型城市转型之路

资源型城市转型升级是工业文明向生态文明转型的重要标志。资源型城市作为我国重要的能源资源战略保障基地，为建立我国独立完整的工业体系、促进国民经济发展做出了历史性贡献。伴随着主体资源的枯竭，转型升级成为资源型城市走出困境、实现可持续发展的必然选择。2013 年，国务院印发的《全国资源型城市可持续发展规划（2013－2020 年）》明确了 262 个资源型城市，其中西部地区共有 102 个，大约占到 40% 的比重。因此，积极探寻西部资源型城市的转型路径对于促进区域协调发展、维护社会和谐稳定、建设资源节约和环境友好型社会具有重要意义。对于资源型城市的转型升级来说，关键是要抓住两点，一是资源，二是城市。其中资源是特点，城市是本质。《全国资源型城市可持续发展规划（2013－2020 年）》将资源型城市划分为成长型、成熟型、衰退型和再生型四种类型，并明确指出成熟型城市的发展方向和重点任务：一是延伸产业链条；二是培育支柱型接续替代产业；三是保护生态环境；四是保障和改善民生。开阳被列为成熟型城市，综合考虑资源型城市转型升级的关键和规划发展方向，实现转型升级需要统筹处理好两个方面的关系，一是传统产业和新兴产业的关系；二是城市发展与农村建设的关系。

统筹传统产业和新兴产业关系，筑牢
资源型城市转型升级之基

推动资源型城市转型升级，基础就在于统筹好传统产业和新兴产业的关系，一方面要积极推动传统产业优化升级，实现绿色化和集约化发展；另一方面要精准培育新兴替代产业，实现特色化和高端化发展。

坚持绿色发展理念，改造提升传统产业。在当前生态文明建设上升为国家战略的宏观背景下，资源型城市要准确把握"绿水青山就是金山银山"的内涵，用生态文明主流价值观引领传统产业的优化升级。开阳作为成熟型城市，以"减量化、再利用、再循环"的循环经济 3R 原则为指导，以科技创新为引领，"立足磷、跳出磷、超越磷"，深入实施磷煤化工产业改造升级，缓解前端产品比重过大、高端产品少、对资源过度依赖、磷矿及伴生资源利用率低、三废对环境影响较大等突出问题，积极打造磷煤铝上中下游一体化产业发展链条，努力培育一批以磷及磷化工和港口物流服务为特色的现代化、专业化、信息化的物流企业，努力形成立足开阳，服务黔中，辐射珠三角、长三角、北部湾经济区的黔中地区高水平物流服务体系。

保持持续增长态势，培育发展新兴产业。在我国经济进入中高速增长期与西部地区经济增长速度明显高于中东部地区的大背景下，资源型城市要在转型升级的过程中继续保持高速增长态势，必须注重新兴替代产业的引进和培育。开阳立足资源禀赋、产业基础和市场需求，以加快推进新型建筑材料、新医药大健康产业和现代服务业聚集发展为产业转型切入点，加快推进贵阳新型建筑材料产业园、磷煤化工产业园、龙岗医药食品产业园、城关轻工产业园的建设，推动中关村贵阳科技园开阳园区成为开阳经济发展新的增长极以及贵阳经济发展的重要增长点。结合开阳县旅游文化资源特色和优势，以市场为导向、资源为依托、产品为基础、效益为中心，坚持融合发展，推动旅游业发展与工业化、信息化、城镇化和农业现代化相结合，把开阳县建设成为全国乡村休闲度假旅游目的地和世界喀斯特山地休闲度假胜地。围绕贵州省"5 个 100 工程"现代高效示范农业园区建设要求，以规模化、设施化、标准化、产业化为标志，强化政策扶持、科技支撑，创新经营机制，完善配套设施，推进农业区域化布局、精良化装备、标准化生产、产业化经营、循环利用和社会化服务，着力加快现代高效农业示范园区建设，打造现代都市农业发展升级版。

统筹城市发展与农村建设的关系，夯实
资源型城市转型升级之基

资源型城市转型升级的本质在于发展，发展的根本在于统筹城市发展和农村建设的关系，推动城乡均衡发展，实现县城、中心镇、特色小城镇和中心村、特色村等重点区域的协调发展，形成城市和农村在发展上各有侧重、互帮

互促、各有特色、相互映衬的生产生活格局。

生活、生产与生态——城市发展新未来。生活、生产与生态的融合发展，有助于形成循环不止、生生不息的系统，实现生产集约高效、生活舒适宜居、生态山清水秀的可持续发展状态。开阳作为贵阳生态保护发展区，同时又是矿产资源大县，如何在城市发展的过程中保护好生态环境，实现生活、生产与生态的融合发展就显得尤为重要。牢牢守住经济发展和生态保护两条底线，推动产城互动和融合发展。以产促城，增强城市发展活力，提升城市内涵，引领城市繁荣发展；以城带产，激活传统产业，催生新兴产业，引领产业高端发展。突出以人为本，全面提升城市的文化和公共服务水平，建设具有较高品质的宜居之所。突出生态特色，着力转变城镇发展模式，大力倡导低碳生活方式，牢固树立生态文明理念，积极建设环境友好型、资源节约型城镇。

乡村、乡土与乡愁——美丽乡村建设。习近平总书记在云南调研时强调，新农村建设一定要走符合农村实际的路子，遵循乡村自身发展规律，充分体现农村特点，注意乡土味道，保留乡村风貌，留得住青山绿水，记得住乡愁。美丽乡村建设是推进生态文明建设和深化新农村建设的新工程、新载体，是统筹城乡发展实践的又一重大创新。对于已经进入城乡融合发展新阶段的开阳来说，进一步明确具有开阳特色的美丽乡村发展道路，开展全方位的建设工程，具有十分重要的现实意义。按照"多彩贵州·爽爽贵阳·最美开阳"的美丽乡村建设规划，全力推进开阳"5666"美丽乡村建设，即用 5 年时间，实施"六大工程"（生态文明、产业提升、宜居宜游、文化繁荣、创业致富、民生建设），建设"六大家园"（和谐家园、富裕家园、生态家园、文明家园、小康家园、幸福家园），打造"六美乡村"（生态文明和谐美、低碳绿色产业美、宜居宜游村寨美、民风朴实文化美、创业致富生活美、人民安乐幸福美）。按照"串点成线、连线成片、整体推进"的要求，以特色村、精品村、中心村为节点，以实验示范带为轴线，从传统人文、自然资源、特色产业等角度来谋划美丽乡村示范带建设。以保护生态环境为目标，将生态绿色理念贯穿于美丽乡村建设的全过程，实现"发展与保护并重，企业与农户共赢"。引导中心村依托资源优势，坚持"专业化、规模化、品牌化"的原则，以现代农业为发展方向，促进农业特色产业规模化发展。吸纳社会团体和企业参与共同创建，探索实施"公司＋农户"的新型农业合作模式，建设集休闲、旅游、观光、

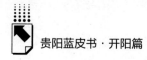

度假、体验、避暑等众多功能为一体的美丽乡村。

"不谋全局者不足以谋一域,不谋万世者不足以谋一时。"作为资源型城市,开阳以解放思想、创新思维的方式谋划全局,以持续发展、系统设计的理念规划未来,改造提升传统产业,培育发展新兴产业,统筹推进城乡均衡发展和一体化发展,推动生活、生产与生态的循环发展,实现乡村、乡土与乡愁的自然融合,努力走出一条经济效益、社会效益、生态效益、生活效益同步提升的发展路子,实现"百姓富"和"生态美"的有机统一,不断探索西部资源型城市转型发展的科学路径。

总 报 告

General Report

General Report

B.1

走资源型城市转型跨越发展之路
全面打造开阳发展升级版

摘　要：　开阳县地处黔中腹地，隶属省会贵阳，是贵阳通往黔北中心城市遵义的重要节点。开阳当前正处于向高端发展转型、产业融合转型、现代城镇转型、社会治理转型、民生幸福转型的经济社会全方位转型的关键时期。在国务院出台的《全国资源型城市可持续发展规划（2013 – 2020 年）》中，开阳被列为全国 262 个资源型城市之一，这为开阳指明了跨越发展的方向和重点任务。在推动开阳县转型发展的过程中，开阳县需要把握好新常态发展形势，利用好发展优势，抢抓发展机遇，应对发展挑战，围绕"12345"的发展思路着力完善大交通、做强大产业、搞好大城建、提升大民生，坚定不移走资源型城市转型跨越发展之路，全面打造开阳发展升级版。

关键词：　开阳　资源型城市　转型跨越发展　发展升级版

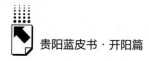

开阳县地处黔中腹地，隶属省会贵阳，总面积 2026 平方公里，辖 8 镇 8 乡 2 社区，总人口 43 万。森林覆盖率 54.33%，居黔中之冠。南距贵阳 66 公里，北距遵义 110 公里，距贵阳龙洞堡机场 43 公里，是贵阳通往黔北中心城市遵义的重要节点。"4311 立体交通网络"（4 条高速公路，即贵遵高速复线、贵瓮高速、开息高速、开瓮高速；3 条铁路，即贵阳至开阳城际铁路、川黔铁路支线、久长至永温货运铁路；1 个港口，开阳港；1 个机场，龙洞堡机场）使开阳县的区位及交通物流条件更为突出。开阳县享有"中国散文诗之乡""中国富硒农产品之乡""中国绿色磷都"等美誉。先后荣获"全国绿化模范县""国家绿色能源示范县""中国最美风景县贵州十佳""全国创先争优活动先进县党委"等多项荣誉称号，是全国首个"循环经济磷煤化工生态工业示范基地县"和"中国最具投资潜力特色示范县"。2013 年，在全省 88 个县（市、区、特区）经济发展增比进位综合测评中列第 16 位。

一 开阳发展正处于全方位转型的关键时期

近年来，开阳县紧扣主基调、实施主战略，秉持继承、发展、创新的理念，着力推动农业、工业、旅游业和城市"四大转型"，呈现经济发展加速、结构不断优化、环境明显提升、民生持续改善、社会和谐稳定的良好局面。但同时也要认识到，开阳目前正处在"后农业时代"，可以说，开阳一只脚已经跨入工业社会，而另外一只脚还停留在农业社会。在经济社会的加速转型期，"主基调""主战略"正助推开阳县全方位转型。

（一）开阳正处于向高端发展转型的关键阶段

开阳县于 2003 年跻身贵州省首批经济强县，列第 9 位。近年来，在国内外复杂形势下，开阳县各项主要经济指标仍然呈现快速增长态势，开阳的发展正处于需要注入新的强劲动力、顺应国内外经济发展潮流、推动经济向更高层次发展的关键阶段。2014 年，开阳县实现生产总值 160.89 亿元，增长 16.3%，增速排全省第 13 位、全市第 5 位；全社会固定资产投资完成 315 亿元，增长 31.2%；规模以上工业增加值完成 80 亿元，增长 21.5%；社会消费品零售总额预计完成 31.75 亿元，增长 18%；财政总收入完成 21.98 亿元，增

长 15.29%；公共财政预算收入完成 10.22 亿元，增长 18.74%；城镇居民人
均可支配收入预计 26216 元，增长 16%；农村居民人均纯收入预计 10435 元，
增长 17%（见图 1~7）。全县"531"指标全部达标，全面小康综合实现程度
达 92.7%，超过标准值 2.7 个百分点，列全省第 15 位。农业园区、美丽乡村、
移民后期项目实施等工作考核居全市前列，开阳成功跃入"全国西部百强
县"，近年来排名不断上升，2014 年位列第 78，比 2013 年又上升了 9 位，入
选"中国百佳深呼吸小城"，成功跻身"国家卫生县城"行列，获"国家计划
生育优质服务先进县"等荣誉称号。

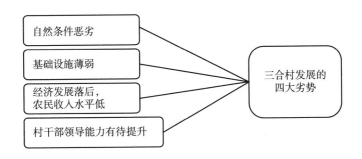

图 1　2010~2014 年开阳县 GDP 变化情况

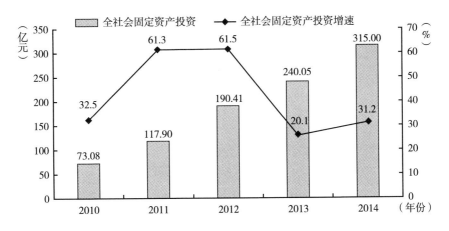

图 2　2010~2014 年开阳县全社会固定资产投资变化情况

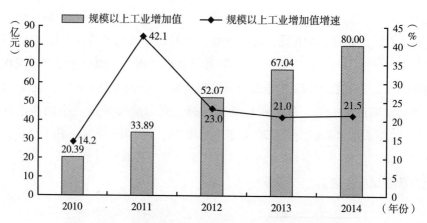

图3 2010~2014年开阳县规模以上工业增加值变化情况

说明：2013~2014年为剔除一次性因素后数值。

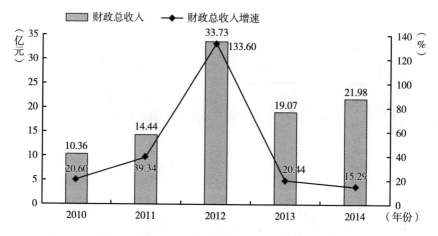

图4 2010~2014年开阳县财政总收入变化情况

说明：2013~2014年为剔除一次性因素后数值。

（二）开阳正处于向产业融合转型的关键阶段

近年来，为加快推进产业转型升级，开阳县确立了"一核心四区域"① 的

---

① "一核心"，指以城关镇为中心，打造全县的政治经济文化中心，辐射带动东南西北四个区域协调发展。"四区域"，指南部第一、第三产业兼容现代制造业发展区域，北部现代农业发展区域，东部港口经济带动第一、第三产业互动发展区域，西部磷煤化工发展区域。

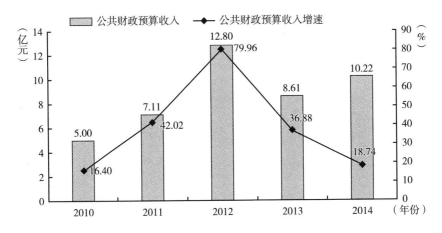

图5　2010～2014年开阳县公共财政预算收入变化情况

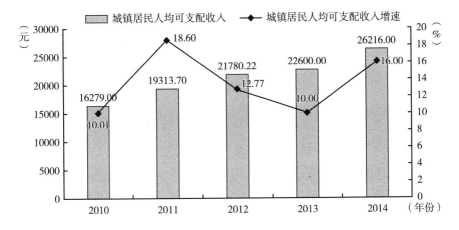

图6　2010～2014年开阳县城镇居民人均可支配收入变化情况

产业发展布局定位和"以都市农业为龙头发展现代农业、以高新技术为龙头发展高新技术产业和现代制造业、以旅游和金融后台服务为龙头发展现代服务业"的产业发展战略，加快推进产业转型发展。2013年，全县第一产业实现增加值17.51亿元，增长7%；第二产业实现增加值73.92亿元，增长20.1%；三次产业结构由2010年的19.5∶50.7∶29.8调整为2014年的14.77∶56.93∶28.3（见图8）。近年来，开阳县持续不断地推进产业结构调整，第一产业比重逐年降低，农业结构向产业化、效益型转变；第二产业比重不断加大，工业主导地位进一步强化；第三产业在优化调整中逐步发展起来。在产

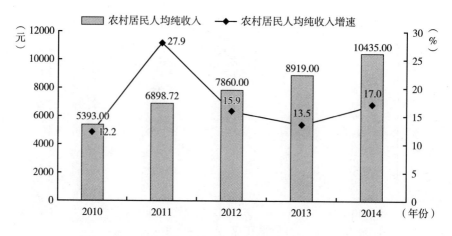

图7 2010~2014年开阳县农村居民人均纯收入变化情况

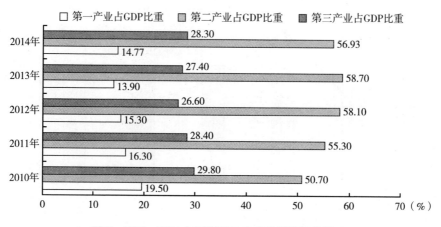

图8 2010~2014年开阳县三次产业结构变化情况

业结构逐步优化调整的同时，开阳县以现代都市特色农业为龙头推动产业融合发展的趋势日益显现，开阳县以市场体系建设为中心，积极发挥粮食、蔬菜、禽蛋等富硒农产品资源优势，加快建设和完善产地专业批发市场、农产品交易市场为主的农产品交易市场体系，启动紫江花园农贸市场，改造城西农贸市场，关停阳光农贸市场，规划建设南江农贸市场和富硒农产品交易市场。同时，以旅游业为龙头的现代服务业得到全面发展，形成了南部风景名胜区、清龙十里画廊乡村旅游区、西部温泉度假区、县城中心服务区的旅游产业发展格局。

（三）开阳正处于向现代城镇转型的关键阶段

近年来，开阳县加快城市基础设施建设，加强旧城改造和城市管理，全面推进示范性小城镇建设，随着"4311立体交通网络"的建成（见图9），开阳县正在由一个城市边缘城区向现代城镇转型。截至2013年底，全县城镇化率达到50.2%，县域城镇人口达到21.8万，县城建成区面积为10.4平方公里，县城人口10.18万；县城规划区市政道路总长59公里，面积为97.76万平方米，人均市政道路面积9.6平方米；城镇居民人均住房面积为39平方米，县城供水能力达到1.58万吨/日，自来水普及率为98%。全县累计投入城镇建设资金80余亿元，其中城镇基础建设30亿元，房地产开发资金50亿元，实施城镇主要基础设施建设项目90余项，完成商品房面积90余万平方米，完成经济适用住房面积60余万平方米。

加快城市基础设施建设。相继完成胜利西路、贵开路至小山沟道路、环城北路、干田坝至干河坡道路、贵阳路延伸段、红军路、佳苑路、东兴大街烈士陵园至东风加油站道路、贵开路南门桥至南门加油站道路、环西路至五中道路、环西路改造、西绕线道路等一批城市道路工程，并完成主、次干道"白改黑"工程，城市路网骨架基本完善；建成日处理能力120吨、总库容86万立方米的生活垃圾卫生填埋处理工程和日处理能力为1.2万吨的县城污水处理厂。

加强旧城改造和城市管理。2013年"汇德·万象君汇"项目成功获批市级城市综合体项目，正进行主体施工；一中鱼塘地块正进行主体施工，环城北路至西绕线地块等项目正进行房屋征收等前期工作。建立"12319"热线平台，强力推进"多彩贵州·文明行动"，严厉打击违法违章建筑行为，城市综合管理水平不断提升。2013年，全县控违面积10788平方米，拆违面积73851平方米。2014年，建成开阳站站前广场，东湖大道、紫江大道、环湖绿道全面完工，城市"客厅"焕然一新；麒龙城市广场、双赢环湖一号、兖矿新城等房产开发项目加快推进。

全面推进示范性小城镇建设，小城镇建设步伐进一步加快。以楠木渡镇为核心的北部生态农业小城镇，以双流、永温为核心的西部工业特色小城镇，以花梨为核心的港口物流、临港产业及主题旅游特色小城镇，以南江、禾丰为核

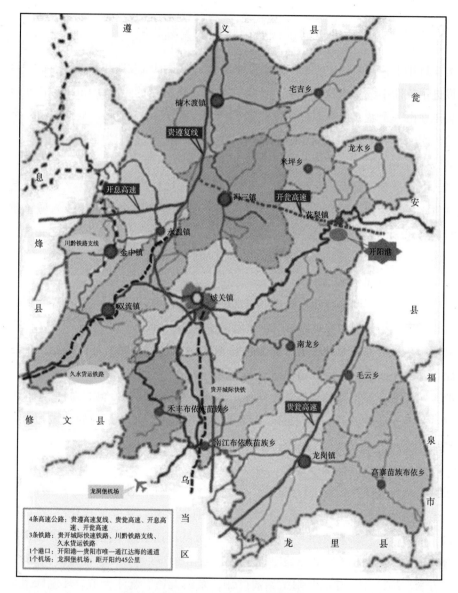

图9 开阳县"4311立体交通网络"示意

心的生态旅游特色小城镇和以龙岗为核心的农工贸型特色小城镇基础设施建设
得到进一步加强。成功将龙岗镇申报为省级示范小城镇、南江乡申报为市级示
范小城镇，完成龙岗镇、南江乡等示范小城镇总体规划和控制性详细规划以及

重点地段城市设计等编制。2014 年整合资金 39 亿元，全面推进龙岗、南江、楠木渡等省、市、县示范小城镇建设，有序推进其余乡镇集镇建设，城镇服务功能有效提升，南江乡在市级示范小城镇建设工作中排名第一。

（四）开阳正处于向社会治理转型的关键阶段

近年来，开阳县坚持寓管理于服务、以服务促管理，进一步完善"党委领导、政府负责、社会协同、公众参与"的社会管理体系，社会管理创新七个方面 60 项重点工作全面推进，开阳县社会管理理念正在向社会治理转变。一是组建县委群众工作委员会、县群众工作中心和紫兴社区服务中心、南山社区服务中心，规范社区建设，理顺职能职责，推进网格化服务管理，完成了县城城区的基层管理体制改革，得到了上级的肯定。积极探索建立"双承诺、双诚信"农村社会管理创新机制。二是强化目标管理和督查问责，群众权益保障、社会稳定风险评估、矛盾纠纷排查预警及调解处置等专项工作取得显著成绩，创造出"村居互助共同体""十户联助""双流便民服务快车"等好经验、好做法，全县社会管理创新工作呈现"大统筹、大推进"格局。三是全力维护社会稳定。时刻牢记"稳定是硬任务""稳定是第一责任"，把维护社会和谐稳定提升到发展之需、群众之愿和执政之责的政治高度。全面细致地对各项信访维稳工作进行安排部署，集中财力、物力、人力摸排化解各类不稳定社会因素，坚持县级领导开门接访，全面落实领导干部包案化解责任制，在全县范围内组织开展民情走访和化解矛盾纠纷"两个一"（开展一次民情生活和化解一批矛盾纠纷）活动，充分发挥"和谐开阳促进会"作用，成功处置了构皮滩库区移民搬迁和土地调平等一批可能引发大规模群众信访的重大敏感事件，妥善化解了长达九年之久的金中大水工业园区搬迁群众堵工扰工矛盾，确保了将矛盾稳控在基层、消灭在萌芽状态。全力维护了党的十八大、省党代会、各级全会、"两会"等重要节会期间社会和谐稳定。特别是在党的十八大期间，确保了市委"六个零"和县委"两个坚决"目标的实现，全县信访维稳形势呈现"两高四降"局面。深入开展严打"两抢一盗""打黑除恶""两严一降"等专项斗争和禁毒工作；强化安全生产责任，加强重点行业、重点领域的安全监管，有效预防和遏制安全事故的发生。人民群众安全感测评连续四年排全市前列。

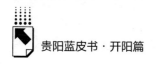

（五）开阳正处于向民生幸福转型的关键阶段

近年来，开阳县社会事业取得了长足进展，实现科学发展、民生幸福越来越成为开阳县的发展共识。一是民生投入加大。2014年开阳民生支出占公共财政支出的72.09%，同比提高1.37个百分点。二是教育事业加快发展。2014年，开阳县完成城关镇第一幼儿园、开阳四小教学综合楼、开阳六小一期工程、紫兴幼儿园建设。全县三年入园率92.52%，小学和初中辍学率分别控制在0.02%、1.22%，高中毛入学率90.16%。2014年高考成绩创历年最好。三是强力促进就业创业。2014年开阳县城镇新增就业30500人，农村劳动力转移5980人，发展微型企业300户，新增创业实体2022户。四是全力提高社保水平。2014年城乡居民社会养老保险累计参保16.6万人，基本养老保险参保率达94.89%，城乡60岁及以上居民社会养老保险应保尽保。新农合参合率达98.6%，城镇基本医疗保险参保率达93%。五是不断提高卫生计生服务水平。2014年，开阳县完成冯三镇、南江乡2个中心卫生院建设；实现"双降一升"目标，人口自然增长率控制在4.58‰，符合政策生育率达95.38%。六是大力提高文化服务能力。2014年，中国光华科技基金会资助5000万元图书助力开阳文化建设；提前两年完成县、乡、村公共文化服务网络建设"十二五"规划目标，并全部免费开放。七是深入推进平安建设。开阳县继续强势开展"两严一降""雷霆行动"等专项行动，2014年刑事案件同比下降29.1%，其中"两抢一盗"同比下降31.23%。扎实开展"一号工程"和"百日攻坚战"，信访积案化解率达100%，探索出"五老促和谐"矛盾纠纷化解新途径，三合村"三合工作法"获得全国创新社会治理"优秀案例奖"。2014年群众安全感满意率达97.63%。八是认真解决群众反映的热点难点问题。成功将"场天"市场搬迁到马头寨小区集中管理；启动阳光农贸市场升级改造；县城市民饮用水源翁荫水库水质全面达标；建成并开放历史文化公园；开通5路城市公交，新投放出租车80辆；新增1800余个停车位；开放机关单位公厕，群众反映强烈的"脏乱差、公共空间少、出行难、停车难、如厕难"等问题得到有效缓解。九是全力做好应急救援工作。2014年，开阳县成功应对"7·16"特大洪水自然灾害，全力以赴开展"7·30""11·4"事故救援工作，全县上下发扬"一方有难、八方支援"的精神，把损失和影响降到了最低。

二　依托优势，统筹考虑开阳发展的机遇与挑战

（一）利用好发展四大优势

1. 区位优势明显

开阳南距贵阳 66 公里，北距遵义 110 公里，距贵阳市龙洞堡机场 43 公里，处在贵阳半小时经济圈、贵阳—遵义经济带、瓮安—开阳—息烽磷及磷化工产业带之内。随着"4311 立体交通网络"的规划建设正在加快推进，目前贵开城际快铁、久永货运铁路、开阳港已建成，贵瓮高速正加快建设，贵遵复线、开息高速已开工，长期制约开阳发展的交通瓶颈将被彻底打破。开阳将形成"高速大走廊、铁路大动脉、水路大通道、空港大联运"的交通运输新格局，开阳县后发优势和交通物流优势将进一步凸显。

2. 资源禀赋优异

开阳县磷矿资源、富硒资源、旅游资源、人文资源丰富，生态环境良好。一是矿产资源优势。目前已探明磷矿储量 19 亿吨，远景储量达 31 亿吨，其中 P_2O_5 含量高于 32% 的富矿储量占全国 80% 以上，是全国著名的磷矿主产区。全县还有丰富的煤炭、铝土矿、硅石等矿产资源，其中，煤炭储量 5973 万吨，硅石储量 1045 万吨、铝土矿储量 581 万吨。二是生态资源优势。森林覆盖率达 54.33%，居黔中之冠。全县平均海拔 1200 米，年平均降雨量 1216.7 毫米，年平均相对湿度为 84%，优良天气达 315 天，年平均温度在 13.0℃ 左右，比贵阳市低 2.3℃。三是富硒资源优势。全县 75% 以上的土壤富含硒元素，动植物硒含量在 0.05～0.28 毫克/千克，符合联合国卫生组织保健食品含硒量标准，开发出的富硒米、油、肉、茶等荣获"中国绿色食品"称号。四是旅游资源优势。县内喀斯特地貌在良好的水热条件下充分发育，拥有著名的世界喀斯特地质公园，以景观独特、雄奇、瑰丽著称的南江大峡谷、紫江地缝、香火岩、开州湖等风景名胜区总面积达 211 平方公里。五是人文资源优势。境内有距今上万年的打儿窝古人类遗址和秦汉时代的顶跋画马崖遗存，"水东"文化底蕴深厚，原生态布依族、苗族文化颇具特色，开阳是中国古建筑学创始人、中国营造学社社长朱启钤先生，辛亥革命先驱钟昌

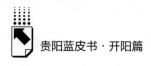

祚先生，抗日名将付砚农先生的桑梓地，是著名爱国将领张学良将军在大陆幽禁时间最长的地方。

3. 产城互动效益初显

开阳县三次产业基础较好，具备产业融合发展的潜力。近年来，三次产业同步优化发展取得新成效，产城互动、融合发展态势正在形成，经济发展必须突出产业发展的观念深入人心，城镇化带动作用逐步凸显。随着磷煤化工生态工业园区、龙岗轻工业园区、中关村贵阳科技园开阳园区、城镇新区等的规划建设，开阳县城镇化率不断提高，人力资本、土地资源等潜力得到进一步释放，将有力支撑县域经济快速发展。

4. 开放水平逐步提升

近年来，开阳积极与北京、长三角、珠三角等地区加强区域合作，让外界认识开阳、投资开阳，随着贵州省积极融入长江经济带，开阳完全可以借助黔中地区通江达海的北大门——"开阳港"，更好地发挥自身优势，与发达地区的产业、资金、技术和市场进行有效"嫁接"，实现互补互动。

（二）抢抓发展四大机遇

1. 加快发展的机遇

在国务院出台的《全国资源型城市可持续发展规划（2013－2020年）》中，开阳被列为全国262个资源型城市之一，根据资源保障能力和可持续发展能力差异，将开阳县列为成熟型资源型城市，明确了开阳跨越发展的方向和重点任务，开阳县应该把握住这个导向，积极争取一些转型类项目优先倾向开阳。贵阳市委九届三次全会明确提出了加快发展的新要求，四次全会进一步提出坚守"两条底线"探索"双赢之路"，在新起点上全面打造贵阳发展升级版的要求，并通过《中共贵阳市委关于全面实施"六大工程"打造贵阳发展升级版的决定》，提出实施平台创优、科技引领、公园城市、社会治理、文化惠民五大工程。对开阳县这样具有优质资源禀赋的县域来说，蕴藏着许多新的经济增长点，必将对开阳发展发挥巨大推动作用。

2. 政策支持的机遇

随着第二轮西部大开发战略深入推进，国发〔2012〕2号文件深入实施，黔中经济区上升为国家战略，贵州省委、省政府支持贵阳加快发展和推进"5

个100工程"建设。今后为了适应经济发展新常态，中央将增加预算内投资规模，加大对中西部地区基础设施建设的支持力度。贵州省也将加大投资力度，进行大规模建设，在基础设施、产业发展、社会事业和民生领域清理历史旧账。同时，贵州省将启动落实"3个1亿人"工作行动计划。开阳应抢抓这一系列政策带来的重大机遇，积极主动争取发展。2014年市政府办出台的50条支持开阳加快发展的具体措施，需要开阳进一步消化和落实。近年来，开阳结合上级政策，制定了《开阳县电子信息产业发展规划》《开阳县乡级土地利用总体规划（2006－2020年）》《开阳县妇女发展规划（2011－2015年）》《开阳县儿童发展规划（2011－2015年）》《开阳县水利发展"十二五"规划》《开阳县卫生事业发展规划（2011－2015年）》等专项规划，充分发挥县域资源优势，着力打造"中国富硒农产品之乡""国家级新型工业化产业示范基地""爽爽贵阳——神奇开阳"品牌。从中央到省市，再到地方，这一系列政策的制定和实施，都将为开阳县的发展注入强劲动力。

3. 产业转型的机遇

全国各地竞相发展，东部地区能源矿产开发和加工业、高技术产业、现代服务业等加速向西部地区转移，为开阳县承接产业转移、扩大开放创造了更加有利的条件。近年来，开阳县产业园区成长步伐加快，贵州省政府批复开阳设立省级经济技术开发区，批准建设煤电磷一体化产业基地，为贵阳打造千亿级产业园区提供了强有力的支撑。贵阳新型建筑材料产业园"花落"开阳，这是在贵州全省加快建筑业发展的大背景下，贵阳市委、市政府立足全市产业布局做出的重大决策，开阳县应该抓住这一机遇，加快建设。贵州开阳台湾产业园作为全省首个台湾产业园，得到了贵州省、贵阳市的大力支持，贵阳市政府也将有针对性地制定出台专项优惠政策，这些都是贵阳产业转型发展的优质平台，必将孕育出新的经济增长点。

4. 民生改善的机遇

近年来，开阳县坚持民生优先，教学质量明显改善、医疗水平大幅提升、社会治安持续好转、城乡面貌日新月异、发展环境不断优化、美誉度迅速提高，吸引了社会各界的广泛关注。加之清新的空气、宜人的气候、优美的环境等生态优势，将极大地助推开阳县经济快速发展。

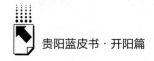

（三）应对发展三种挑战

1. 从发展历程来看

长期以来，开阳县地处黔中山区，交通不便，是贵阳市目前唯一不通火车、不通高速公路的县。依托自然资源的自我循环、自我发展，纵向比较来看开阳的发展，取得了长足的进步，但从横向比较来看，与省市的要求、人民群众的期盼还有差距。"4311立体交通网络"的规划建设将改变这一状况，面对这一千载难逢的机遇，开阳县应加快城市转型的步伐，争取实现跨越式发展。

2. 从发展现状来看

对于开阳来讲，贫困落后是开阳的主要矛盾，加快发展是开阳的根本任务，开阳要保持较快的发展速度，只有通过转型发展，切实把提升发展品质作为加速发展、转型发展的关键，才能让改革发展成果更多更公平地惠及全县人民。

3. 从产业转型来看

许多资源型城市的发展经验表明，资源型城市必须主动转型升级，尤其是在经济发展新常态下，更要加快产业结构调整，着力培育新的增长点，依托资源而不依赖资源，努力实现可持续发展。对开阳来说，这也是必然选择。开阳不能只顾眼前不顾长远，不能等到开阳的资源枯竭才被迫转型，必须坚持把转型升级贯穿始终，结合自身已形成的特色优势，逐步实现三次产业高度融合发展。目前，开阳县三次产业融合度不高，没有很好地把人流、物流、资金流、信息流进行有机衔接，没有形成螺旋式上升的发展方式，需要通过扩大开放，引进先进的产业发展理念助推产业转型。

三 把握开阳县转型跨越发展的"12345"总思路

（一）突出一个定位

开阳县要紧紧抓住黔中三次产业高端融合发展机遇，将开阳打造成贵阳生态保护发展区、贵阳北部高新技术产业实体经济带支点、贵阳都市现代特色农业先行区、乡村休闲度假区。

（二）把握两大形势

1. 全面深化改革扩大开放

对于开阳来讲，深化改革应找准着力点和突破口。一是抓好统筹城乡综合配套改革。用好用足被列为全省城乡统筹综合配套改革试点县的政策，做好城乡综合配套产权流转交易服务平台建设，建立完善评估、担保、风险监管等机制，抓好城乡规划、产业发展、基础设施、公共服务、社会治理"五统筹"。二是抓好社会治理机制改革。完善教育、住房、养老等社会保障体系，落实好政府促进就业责任制，创新城乡基层治理机制，促进基层民事民议、民定常态化。三是抓好投融资平台体制改革。进一步做好全县投融资体制机制的顶层设计，推进全县投融资平台改造升级，重点打造国资公司、城投公司等五大投融资平台。四是抓好农村资源资本化改革。围绕"壮大村级集体经济，带动群众增收致富"目标，加快农村产权制度改革，盘活农村资源要素，探索农村土地承包经营权、林权和集体建设用地抵押融资，推进乡村旅游和特色产业开发，增强农村改革综合效益，推动城乡一体化发展。

全面提升开阳对外开放水平，引进创新要素，为转型发展提供动力支撑。一是强化平台建设。在抓好贵阳新型建筑材料产业园、贵州开阳台湾产业园建设的同时，依托开阳港的建设，主动融入"一带一路"、长江经济带的规划建设，超前谋划临港经济区，打造黔中经济区对外开放新平台。同时，要借助生态文明贵阳国际论坛、贵州·北京新医药大健康产业发展推介会、贵阳国际大数据产业博览会等交流互动平台，集聚一批信息、产业、人才等发展要素。二是强化区域合作。积极借助省、市驻京办等招商平台，瞄准高端前沿，遵循"专、精、恒、特、情、新"的招商要求，针对北京、长三角、珠三角等重点区域，锁定央企和民企等战略投资者，围绕开阳县特色优势产业进行项目链接，在精细磷煤化工、富硒农业、高端旅游、高新技术和信息产业等方面加大招商，着力引进产业上下游配套项目。更加注重以企引企、以商招商，建立以政府为指导、企业为主体、项目为基础、园区为基地、中介为纽带的招商引资模式，推动招商引资由政府招商向市场主体招商和社会招商转变。坚持把引资与引进人才相结合，吸引一批高层次人才到开阳工作，吸收先进技术和管理经验进开阳。加大"跑部进京""跑部进厅"力度，争取更多的项目纳入省市项目，争取更多的政策和资金支持。开阳县一定要醒得早、动得更早，加快和上级各个单位进行衔接，争取更多的资金落地开阳。围绕提高资金到位率，认真搞好招商引资特别是重大项目的后续跟踪服务，及时跟进，主动对接，推动一批项目落地开花结果。三是承接产业转移。根据开阳的资源禀赋和现有产业基础，以更加开阔的视野承接产业转移，以更加开放的环境聚集发展资源，着力承接符合国家产业政策，符合国家节能减排要求，有市场、有规模、有效益的产业。四是深化对外合作。借助市、县选派干部赴京挂职及北京·贵阳创新驱动区域合作的契机，积极吸纳先进的发展理念，助推开阳转型跨越发展。

2. 加快科技创新和人才建设

科学技术是第一生产力，人才是第一资源。当前，开阳加快推进"四化"同步，实现转型跨越发展，科技创新和人才队伍建设是瓶颈、是短板，更是关键。无论是产业发展、社会治理，还是环境保护，都需要科技和人才支撑。建立健全科技创新激励机制，在磷煤化工产品、富硒农产品、旅游小商品开发等方面，引导和支持企业加大创新力度，加强科研成果转化，鼓励企业引进一批先进装备和技术。同时，盘活存量人才，对现有的各类人才进行提质培训，培养一批复合型人才。开发实用人才，结合开阳的产业、城镇和社会事业发展，培养一批产业工人和专业技术人才。造就拔尖人才，在各行各业中培养一批领军型人物。引进急需和紧缺人才，在全面掌握全县人才情况的基础上，根据发展需要，建立高度灵活、富有弹性的人才培养引进机制，完善优惠政策，大力引进一批符合开阳产业发展的科学管理型、专业技能型人才，建强科技人才队伍。

（三）正确处理三个关系

1. 加快发展与保护生态

作为全市生态保护发展区，开阳县应该严格坚守加快发展与保护生态"两条底线"。以创建"国家环境保护模范城市"为抓手，全面提升生态环境质量。一方面，要突出生态治理。深入实施"治山、治水、护林"工程，大力推进封山育林、人工造林、经果林建设，在全县掀起新一轮植树造林的热潮，加快石漠化工程治理，确保全县森林覆盖率年年有提升。同时，要全力推进城乡生活垃圾处理设施建设，提升垃圾无害化处理水平。另一方面，要强化生态保护。坚持"打、护、防"相结合，突出"打"就是要深入贯彻落实环境监管"六个一律"和森林保护"六个严禁"方针，严厉打击生态环境违法犯罪行为，树立一批反面典型；突出"护"就是要继续开展"两治两打"生态保护专项行动，大力推进绿色示范县建设；突出"防"就是要继续开展生态文明"六进"活动，切实提升市民生态文明素质，强化"底线"意识。

2. 提高速度与调整结构

经济发展的着力点在于提高质量和效益、增强发展的可持续性，提高速度与调整结构不是相互矛盾的。贵阳从全国范围来看仍然属于后进地区，发展仍然是开阳的第一要务，人民生活水平的改善离不开经济发展的支撑。但是在经济发展的同时，开阳也应该把握国家新常态发展的总体态势，下定决心调整产业结构。对贵阳来说，开阳三次产业门类齐全，相比其他区县有推进产业间融合发展的基础和优势。三次产业间的互动发展，可以提升开阳产业结构的层级，从而使开阳经济发展迈上新台阶、实现又好又快发展意义重大。

3. 发展经济与改善民生

要解决"政府比较穷""百姓比较穷"的问题，根本上还要靠发展，发展的目的是提升百姓的生活品质，改善民生，二者是相辅相成的。因此，开阳在发展经济的时候要实现经济发展与改善民生同步。随着经济的发展，要增加科技、教育、文化、卫生等社会公共事业的投入，花更多的力气促进政府转型，推进治理能力和治理体系现代化，真正做到让百姓共享发展成果，实现百姓的幸福梦。

（四）筑牢四大平台

1. 千亿级产业园

近年来，开阳县大力实施工业强县战略，推动工业转型。贵阳市开阳磷煤化工（国家）生态工业示范基地要在现有的基础上进一步利用循环经济、生态工业的理念和方法，充分延伸磷、煤化工等工业的产业链，促进磷煤等传统资源加工产业升级改造，将资源优势转化为经济优势，实现资源高效持续利用、经济稳步发展、生态环境优美、社会稳定发展的目标，成为资源型产业转型和重化工业生态化发展的示范性基地。

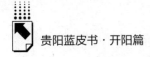
2. 现代高效农业示范园区

按照"四化同步"的要求和规划设计科学、产业特色鲜明、基础设施配套、生产要素集聚、科技含量较高、经营机制完善、农产品商品化率高、综合效益显著的基本思路,抓市场、抓销路、抓品牌,着力加快现代高效农业示范园区建设,打造现代都市农业发展升级版。

3. 经济技术开发区核心区

贯彻落实贵阳市委、市政府关于将开阳县经济技术开发区核心区定位为贵阳市新型建筑材料产业园区的指示精神,举全县之力加快发展,建设科技含量高、生态环境好、配套设施完善的新型建筑材料产业园区,将其打造成为贵州省乃至西南最大的建材产业园区。

4. 城镇新区

凭借良好的生态资源优势、交通区位优势,将会有更多的人涌入开阳安家落户,老城区的空间承载压力将会进一步加大,这就需要开阳在加快棚户区改造的同时,全力推进新区建设。开阳应该加快推进新区跨越式发展,注重完善道路体系,加快城市骨干路网建设,提高新区与老城区的快速通达能力,加快给排水、污水处理和生活垃圾处理等市政基础设施建设,加快建设文化、教育、卫生、体育等公共服务设施和市政公用服务设施,着力把环湖新区建设成为展现开阳风采的窗口,打造成为开阳"高铁时代"的"城市客厅"。同时,要加快龙岗、南江、楠木渡等示范小城镇的建设步伐,强化小城镇对周边农村的生产生活服务功能,促进农村人口就地就近城镇化。

(五)着力五大突破

1. 实体经济

实体经济是经济发展的基础。开阳县在实体经济还不多、不大、不强的实际情况下,应该加快实体经济对县域经济的支撑力。首先,推动三次产业高端化发展,聚焦大产业培育,实施龙头带动,加快构建配套融合、相互促进的现代产业体系,以三次产业的同步优化带动实体经济的跨越提升。二是以重大项目为抓手,鼓励和引导企业加大有效投入。三是坚持以企业为主体,以企业创新体系建设和创新能力建设为重点,鼓励实体经济企业淘汰落后生产能力,支持企业建设研发机构,加强新产品研发和转化,推进实体经济转型升级。四是引导开放全民创业空间，积极帮助小微企业开拓市场，加快推进企业技术创新、机制创新和管理创新，以中小微企业为发展主体，支持实体经济质态提升。

2. 基础设施

以全省高速公路建设"三年大会战"、水利建设"三大会战"及实施"四在农家·美丽乡村"基础设施建设——小康路、小康水、小康房、小康电、小康讯、小康寨六项行动计划为契机，着力解决影响经济社会发展的基础设施问题，特别解决好道路交通、农田水利、城镇建设和公共基础设施的建设问题，为进一步推动全县加快发展提供有力的基础保障。

3. 招商引资

借助中关村贵阳科技园平台，积极主动与北京中外知名企业联系，加大与长三角、珠三角等地区优强企业的对接力度，重点依托开阳县特色产业、资源优势、生态优势，主攻精细磷煤化工、富硒农产品深加工、高端旅游产品开发、商贸物流、城市综合体、旅游综合体等项目，全面落实招商引资16条优惠政策，打造良好的投资环境。大力开展专业招商、网络招商、产业组团式招商和要素招商等活动，充分发挥企业在招商引资中的主体作用，以商招商，重点引进一批投资规模大、技术含量高、产业关联度强、财政贡献率大、社会效益好的产业项目。

4. 城镇建设

当前，开阳正处在城镇化加速推进和城镇发展内涵提升的关键阶段，要以提升城镇品位为核心，按照"民族特色鲜明、自然生态良好、产城互动互促"模式，把握好加强城镇基础设施建设和完善功能配套这个重点；以科学规划为城市转型先导，以产城互动和功能配套为城市转型支撑，紧扣打造"全省一流山水园林生态文明县城"的战略目标，按照做"实"、做"美"、做"特"的城镇建设总体思路，重点抓好城市规划、城市建设、城市管理、城市经营等工作，有效改善现有创业与居住环境，提高人民群众生活质量，增强县城辐射带动能力以及服务大贵阳的能力，推进"居住型"城市稳步转向"生态文明型"城市，走出一条城乡共荣型、经济高效型、资源节约型、环境友好型、社会和谐型的城市转型道路。

5. 作风建设

作风建设是经济社会发展的重要保障。开阳要在 2015 年率先在全省全面建成小康社会，关键在开阳县委，关键在开阳人。关键在开阳县委，就是要按照县委总揽全局、协调各方的原则，确保县委在开阳的经济建设、政治建设、文化建设、社会建设、生态文明建设等各项事业中始终成为坚强领导核心。关键在开阳人，就是要按照"一进开阳门，就是开阳人"要求开阳的每个人都要争做合格开阳人，切实做到人人都是发展环境、人人都是推进开阳发展的主人翁，凝聚发展合力。

四　关于推动开阳转型发展的几点思考

（一）做强大产业，形成转型跨越发展主动力

产业和城市转型升级是开阳全方位转型升级的基础，而工业园区、现代高效农业示范园区、旅游景区、城市新区对产业和城市转型升级具有重大引领和支撑作用，是开阳实体经济发展的重要载体和平台。

1. 着力加快工业园区建设，纵深推进工业转型升级

依托"一心、两带、四园"的园区发展空间布局，立足开阳县资源禀赋、产业基础和市场需求，以加快推进新型建筑材料、新医药大健康产业和现代服务业聚集发展为产业转型切入点，以高新技术和现代制造业改造提升磷煤化工产业为产业升级路径，加快推进贵阳新型建筑材料产业园、磷煤化工产业园、龙岗医药食品产业园、城关轻工产业园的建设，推动中关村贵阳科技园开阳园区成为开阳县实施工业化和城镇化带动战略、建设中关村贵阳科技园北部高新技术产业实体经济带的重要载体，成为开阳经济发展的增长极以及贵阳经济发展的重要增长点。

加快推动贵州建筑材料产业转型升级，实现新型建筑材料产业聚集发展。抢抓贵州省委、省政府大力发展建筑业和建材产业以及市委、市政府在开阳建设贵阳新型建筑材料产业园的重大发展机遇，依托贵阳新型建筑材料产业园的先发、资源、交通、物流、基础设施、团队、政策、市场八大优势，按照"12345"的发展思路以及"绿色建筑"关键材料（部品、部件）的制造、集

成和研发的发展定位，重点引进预制梁柱、预制楼板、预制阳台、彩钢板、混凝土膨胀剂等绿色结构建材制品，节能门窗、多功能墙体、新型屋面、技术玻璃等绿色围护建材制品，配管集成、装饰材料、家具产品、整体厨卫等功能部件建材制品，新能源利用、高效照明、智能楼宇、暖通空调等节能机电建材制品。

推动新医药大健康产业聚集发展。紧抓贵州省大力发展新医药大健康产业的历史机遇，结合龙岗现代高效农业示范园以及贵州开阳台湾产业园的建设，围绕龙岗医药食品产业园交通区位、气候条件、生物资源禀赋，深度挖掘"开阳富硒茶""开阳富硒枇杷"国家地理标志保护产品等品牌优势，依托贵州五月农业科技发展有限公司中国贵州（苗药）·中药材研发生产项目，积极推进中药现代化，大力发展中成药和民族药、富硒保健食品开发、农产品精深加工、物流贸易等，加快打造集产品研发、展示、销售为一体的中药材专业市场。深度融合龙岗省级示范小城镇的建设，加大与正大集团、中伟达公司的对接力度，全力打造集"产、城、景"为一体的产城互动示范区。

加快改造提升传统产业，实现磷煤化工产业精细化、高端化发展。以科技创新为引领，深入实施磷煤化工产业改造升级，缓解前端产品比重过大、高端产品少、对资源过度依赖、磷矿及伴生资源利用率低、三废对环境影响较大等突出问题。以"减量化、再利用、再循环"的循环经济3R原则为指导，积极培育以磷、煤、铝资源为上游，以黄磷、磷酸、合成氨等大宗产品为中游，以医药化工、材料化工、日用化工等精细化工产品为下游的磷煤铝上中下游一体化发展路线，促进产业转型升级。一是延长产业链，拓宽产业幅度，提升产品附加值。依托现有的1000万吨磷矿石、185万吨磷铵、12万吨黄磷、12万吨三聚磷酸钠的产能基础，加快高效湿法磷酸萃取净化、高纯磷酸、磷系助剂、磷系电子级产品、磷系药类、磷系材料等技术的开发，重点发展缓控释肥等功能型肥料，以及磷系阻燃剂、表面活性剂、水处理剂，牙膏级磷酸氢钙、多功能食品级磷酸盐、电池级磷酸铁锂等精细磷化工产品。二是循环配套发展，实现"吃干榨尽"。依托现有120万吨磷渣水泥、60万吨磷石膏建材、10万吨甲酸钠、2万吨甲酸、50吨磷矿伴生碘资源回收等产能基础，加快磷化工废弃物（磷石膏、黄磷渣、黄磷尾气）综合利用、磷矿伴生元素（氟、碘、硅等）分离提取技术以及氟、碘等系列化工产品技术开发，强力推进鑫天合公司利用黄磷尾气制3万吨乙二醇等资源综合利用项目的建设，提升园区循环经济发展水平。三是依托开阳化工 50 万吨合成氨产能基础,逐步发展乙二醇、磷酸脲、尿囊素、聚甲醛、碳酸二甲酯、聚酯纤维、聚酯多元醇、醇酸树脂等终端产品的生产。四是依托现有 6 万吨棕刚玉磨料产能基础,全力推进立雅信集团铝深加工项目,重点发展化学品氧化铝及其下游氢氧化铝、活性氧化铝等产品,引进氢氧化铝填料、阻燃剂,高温煅烧氧化铝耐火材料,活性氧化铝吸附剂、催化剂等产品生产技术。

积极引导轻工业、现代服务业聚集发展,助推产业转型升级。结合城关镇劳动力优势,规划建设城关轻工产业园,重点发展纺织服装、电子信息产品制造等劳动密集型轻工业。依托"4311 立体交通网络"即将形成的区位条件,按照"两园区、四物流中心、五配送中心、多站点"的总体布局,快速推进物流园区、物流中心、综合货运场站及铁路、公路、港口设施建设,推动物流技术进步,引进和培养物流人才,培育一批以磷及磷化工和港口物流服务为特色的现代化、专业化、信息化的物流企业,形成立足开阳,服务黔中,辐射珠三角、长三角、北部湾经济区的黔中地区高水平物流服务体系,为工业化和城镇化建设提供强有力的物流支撑。大力促进现代物流、研发设计、展示、信息咨询、中介、培训、金融、现代商务等现代服务业与四大园区建设互动融合。将开阳县打造成为全国重要的磷煤化工产业物流中心、黔中港口物流中心和现代服务业聚集示范区。

2. 着力加快现代高效农业示范园区建设,纵深推进农业转型升级

围绕贵州省"5 个 100 工程"现代高效示范农业园区建设要求,以规模化、设施化、标准化、产业化为标志,强化政策扶持、科技支撑,创新经营机制,完善配套设施,推进农业区域化布局、精良化装备、标准化生产、产业化经营、循环利用和社会化服务。将现代高效农业示范园区建设成为推动开阳县都市现代特色农业发展,打造农业发展升级版的"推进器"和"发动机"。

着力产业集聚,提升园区产业层次,纵深推进农业转型升级。一是优化园区农业产业布局,带动全县"四带七区十园百场百寨"建设。立足现有基础,突出区域特色,优化产业布局,通过连点成线、建园成区的方式,把开阳县现代高效农业示范园区建设成为全市乃至全省都市现代特色农业先行示范区、现代生态农业发展样板区、农业新技术展示区、生产要素集聚区、体制机制创新试点区和新型农民培训示范区。二是提升园区主导产业发展水平,带动全县农业规模化发展。依托现有的生猪、烤烟、蔬菜、茶叶、水果、蛋鸡、渔业、中药材等特色产业发展，扩大优质品种和先进适用技术运用。大力发展种植业生产社会化服务，实现增产增效；大力推进生态畜牧业发展，重点抓好适度规模、种养结合的生态养殖园建设。三是引导园区生产要素集聚，带动全县土地规模化流转。推广股份合作流转、鼓励委托流转、完善季节性流转，引导新流转的土地向龙头企业、农民专业合作社、专业大户集中。进一步完善土地流转扶持政策，加大现代高效农业示范园区土地流转的专项扶持力度。

着力科技装备，夯实园区生产基础，纵深推进农业转型升级。一是推进园区农业科技化，提高全县农业科技覆盖率。加强"园区专家工作站""农业技术研发工程技术中心"建设及科研院校的合作交流，加大农业适用技术的综合集成运用，全面提升科技对现代农业园区发展的支撑作用。二是推进园区农业基础设施建设，提升全县农业设施化水平。进一步加大农业生产基地建设与发展力度，优化配置水资源，配套实施排灌工程，提高园区抗旱排涝能力和水资源综合利用效率。加大政府财政的投入、扶持力度，每年拿出专项资金用于设施农业投入，突出抓好以温室、大棚、冷库、园区道路、水工程等为主要内容的设施农业建设。三是推进园区农业机械化，提升全县农机化综合水平。以龙岗现代高效农业示范园区为重点，引进、示范、推广一批适合山地特色农业耕地整地、播种移栽、节水灌溉、采摘运输、精细加工、储运保鲜的农业机械。四是推进园区农业信息化，提高全县农业信息覆盖率。以信息化促进农业产业化，整合利用农村党员干部现代远程教育，以及"三电合一""12316'三农'"服务手机短信、热线、电话、农业信息触摸屏等现代农业信息网络资源，及时为农户发布各种供求信息、实用技术、气象信息等，为优质农产品外销搭建更宽广的平台，建立和完善开阳农业信息综合服务平台，增强服务功能。

着力主体培育，激发农业园区发展活力，纵深推进农业转型升级。一是培育壮大园区龙头企业，促进农业产业规模经营。围绕农业主导产业，大力招商引资，引进、培育和扶持壮大一批农业企业。形成大企业带小企业、主体项目带配套项目、上下游产业互动的企业集群，带动更多资金、技术、人才等要素资源涌向农业园区，产生"滚雪球"效应，缓解农业园区建设投入不足的问题。二是推动农民专业合作社健康发展，充分发挥合作社的纽带作用。加大扶持力度，规范管理，把选准支撑产业作为农民专业合作社发展的关键，建立健全合作社组织体系，严格清理"空壳社"，坚决杜绝以套取补贴为目的的"挂牌社"或"翻牌社"，对合作社实行动态管理，建立淘汰机制，开展示范社创建活动，对优秀合作社大力支持。三是鼓励发展家庭农场，小空间变大市场。家庭农场的经营主体为专业大户或社会资本投入主体，围绕家庭农场发展的规划指导、财政扶持、信贷支持、土地流转、土地利用、统筹服务等方面出台扶持政策，加快家庭农场发展步伐。四是重视培育现代新型职业农民，带动全县农民素质提升。通过推动土地流转和农业适度规模经营，为职业农民立足农业就业创业提供施展才华的舞台。加强对新型职业农民的培养和管理，有关部门要加大支持力度，保障职业农民培训需要，培养一大批有资质的职业农民持证从业。

着力三次融合互动，拓展农业产业功能，纵深推进农业转型升级。一是积极发展园区农产品加工业，增加农产品附加值。引导具有辐射带动能力、农产品加工增值能力的农业龙头企业，扶持开展农产品加工、储存、营销等业务的农民专业合作社，鼓励企业（或合作社）加快引进新设备、采用新工艺和新技术，提高精深加工水平和产品附加值，延长产业链，从而提高农产品附加值和市场竞争力，推进农业现代化、产业化发展。二是加快园区农产品营销平台建设，拓宽销售渠道。加快对"连锁经营"、农产品配送中心、农产品展示展销中心等新型营销业态的培育。建立主要农产品市场信息收集平台、监测分析平台和市场信息发布平台，完善园区富硒农产品交易中心项目建设，为农产品生产主体和市场之间搭建多种形式的对接平台。三是推进农旅一体、茶旅一体，拓展农业产业功能。依托南江、禾丰枇杷、茶叶、葡萄、金刺梨、软籽石榴等农业产业和十里画廊优美自然山水风光，以"住农家屋、吃农家饭、干农家活、享农家乐、购农家物"为乡村旅游主题，以挖掘茶文化、布依族农耕文化为重点，以"枇杷节""采茶节""乡村旅游节"等为契机，着力打造空气清新、民居特色、环境舒适、产业精致的农旅一体、茶旅一体产业园，让游客在园区可体验采茶、制茶、品茶；品尝樱桃、枇杷、葡萄、猕猴桃等不同风味的春夏秋冬四季精品水果，实现以农促旅、以旅兴农、农旅互动，同步发展。

着力品牌打造，提升园区农产品知名度和竞争力，纵深推进农业转型升级。一是招才引智，打好"策划牌"。聘请知名专家教授，组成开阳县富硒农产品品牌建设咨询策划专家组，帮助开阳县研究策划农产品品牌培育、品牌宣传、品牌营销等工作。采取政府搭台、专家指导、企业唱戏的办法，组织策划一系列全县农产品品牌宣传推广活动，倾力打造"开阳富硒农产品"和"开阳富硒茶"等公共品牌。指导农业企业、农民专业合作社和家庭农场开展商标注册，建设自有品牌，提升、整合和利用好现有品牌，提升开阳县的农产品品牌建设能力和水平。二是重点突破，打好"特色牌"。培育"百花碧芽""蓝芝""馋解香""欢祥""长生硒源""三合庄园"等贵州省著名商标及知名品牌，重点推进富硒米、食用油、蛋及蛋制品、茶叶、蔬菜、枇杷、麻辣土豆丝、桶（瓶）装饮用水等品牌建设，进一步提升品牌影响力。三是强化监管，打好"宣传牌"。在培育发展各类农产品品牌的同时，积极做好农产品品牌经营和管理工作，优先组织品牌农产品生产经营企业参加茶博会、中国硒资源博览会等各类推介促销活动，提高开阳县农产品的市场竞争力和占有率。

着力生态安全，促进农业园区和谐发展，纵深推进农业转型升级。一是抓好生态循环发展，改善农业生产环境。实施标准农田地力提升工程，积极推广病虫统防统治和绿色防控技术。加大对地宝生物、南江现代、长生源等有机肥生产企业的支持，推动规模化畜禽养殖场废弃物从治理向资源化利用转变，不断提升禽养殖场废弃物资源化利用率。充分利用农村户用沼气、规模养殖场沼气、农村生活污水净化沼气和太阳能工程，有效改善农业生产环境。二是推进标准化生产，转变农业生产方式。积极开展特色农产品生产技术标准的制定（修订）。广泛采用企业化的质量管理模式，引导企业积极实施 GAP（良好农业规范）、GMP（良好操作规程）等国际标准，真正做到"有标准可依、按标准生产"。引导企业推进无公害、绿色、有机"三品"认证。

3. 着力加快旅游景区建设，纵深推进旅游转型升级

紧紧依托"4311 主体交通网络"，突出"贵在城郊、美在自然、亮在生态、强在基础"优势，以市场为导向、资源为依托、产品为基础，效益为中心，坚持融合发展，推动旅游业发展与工业化、信息化、城镇化和农业现代化相结合，把开阳县建设成为全国乡村休闲度假旅游目的地和世界喀斯特山地休闲度假胜地。

深化旅游体制机制改革。继续推进旅游综合改革试点工作，建立旅游资源资产产权和用途管制制度，合理布局和配置旅游生产要素，完善旅游产业结构和功能。鼓励南江大峡谷等景区在旅游体制机制创新、资源保护利用、市场主

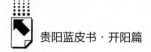
体培育、市场秩序规范、投融资体制改革、产品业态创新、品牌培育和人才培养等方面先行先试，实现转型升级。

引进培育旅游市场主体。健全招商引资及旅游项目开发建设奖励制度，鼓励景区（点）以优势资源或资产引进优势旅游企业参与开发建设和经营管理。支持旅游企业做大做强，支持跨领域的农业企业、文化企业与旅行社、宾馆酒店等组建经营联合体，推行跨区域、跨行业连锁经营，打造跨界融合的产业集团和产业联盟。加大对农家乐（农家客栈）、乡村庄园的金融扶持力度，鼓励规模化、精品化、特色化发展。

构建完善的旅游产品体系。坚持高端化发展理念，继续做深、做透、做精观光旅游、乡村旅游和温泉旅游，加快发展无景点旅游，重点发展文化旅游、农业旅游、森林旅游、老年旅游、养生旅游、水景旅游、洞穴旅游等新型旅游产品，产品体系更加完善，建成东部高原湖泊低碳旅游区、南部乡村休闲度假旅游区、西部温泉文化体验旅游区、北部天坑溶洞奇观旅游区、中部旅游集散区。

打造乡村旅游"升级版"。依托"四在农家·美丽乡村"建设，以农业产业为支撑，坚持规划引领和美丽乡村旅游产品化发展，升级改造一批现有乡村旅游村寨，规划建设一批以民族风情、田园风光和休闲农业为重点，以文化体验和休闲避暑养生为特色的乡村旅游精品景点。完成现有农家乐集结地和美丽乡村村寨的升级改造，完成十里画廊沿线村寨的亮化工程，建成高寨乡苗族生态文化旅游区，新建成一批交通便捷、生态文明、环境优美、功能齐全、服务规范、品质优良的乡村旅游精品点。

完善旅游交通等服务功能。加快建设景区内外道路交通项目，推进旅游交通设施无障碍建设与改造。加快推进城郊公交一体化进程，完善火车站、高速匝道、港口等重要节点与城市、景区的交通衔接功能，加快推进景区内部交通提档升级，使景区通达性明显增强。坚持"吃、住、行、游、购、娱"六要素同步发展，精心策划包装城市旅游建设项目，挖掘城市文化内涵，充实城市旅游元素，推进生态化、现代化、信息化等新型城镇建设，打造"宜居宜游宜业"的休闲城镇。

加快推进旅游商品产业化。加强旅游商品的创意设计，提升文化内涵和附加值，培育体现开阳历史文化特色的旅游商品品牌。加大对县内旅游商品生产企业在政策和资金方面的扶持力度，鼓励自主开发特色鲜明、具有知识产权的民族民间传统手工艺品等旅游纪念品。加快推进富硒农产品旅游商品化。在各景区、车站、高速服务站、码头、城镇建设具有开阳特色的综合性旅游购物中心，建立和完善多元化的旅游商品销售网络。

强化旅游宣传推介。完善和创新旅游宣传营销工作机制，统筹策划开阳旅游整体形象宣传。支持县内文化旅游传媒企业发展，充分运用影视植入、演艺、动漫、体育赛事等方式多渠道宣传推介开阳旅游。把旅游宣传纳入市政、路政建设规划，在城市中心、火车站、高速服务区和匝道、长途客运站等人群集聚地设置一定数量的户外旅游公益广告。鼓励旅行社进行旅游线路设计推广和旅游营销创新。继续办好乡村旅游文化节、摄影大赛、体育比赛等节会赛事活动，积极组织参加省内外各类宣传推介活动。

（二）完善大交通，形成转型跨越发展强支撑

规划建设中的"4311立体交通网络"，将使开阳形成水陆空衔接顺畅的现代综合交通运输体系，开阳与贵阳及周边地区的时空关系也将发生深刻变化，真正成为黔中经济区的重要节点城市。要继续推进以交通、水利为重点的基础设施建设，做好全县产业和城镇的优化布局。

1. 完善交通网络体系

抢抓全省深入实施高速公路、水运建设三年会战的历史契机，以贵开城际铁路建成为新起点，加快推进贵遵、贵瓮、开瓮高速公路建设，超前谋划开阳港提档升级工作，完善"4311"立体交通网络体系。重点实施一批农村公路升级改造和城镇重要交通节点工程，打通断头路，畅通微循环，完善内循环，连接外循环，促进区域连接。

2. 加快农村交通等基础设施建设

以"三大会战""四在农家·美丽乡村"小康路、小康水、小康房、小康电、小康讯、小康寨六项行动计划为抓手，科学规划、市场运作，加快推动交通、水利等基础设施向乡镇以下延伸，着力解决农村发展相对滞后的问题，推进城乡全面协调可持续发展。

3. 规划建设好高速路与重点区域的快速连接通道

抓紧规划建设重点城镇、重点工矿区、重点产业园区与高速通道的快速连接线，统筹规划好园区、城镇内部交通网络，与快速连接通道形成有机衔接。

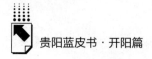
积极争取建设开阳至瓮安东线、开阳至福泉等两条高速公路，尽快打通与周边地区的快速连接通道。

4. 做好沿线产业布局和城镇规划建设

立足于贵遵复线等高速公路和贵开城际高速铁路的建设开通，提前谋划各交通要道沿线的产业空间布局，做大做强几个中心乡镇。比如，站在黔中经济区的高度，考虑如何依托开阳港区规划建设临港经济区。规划过程中要仔细考虑周边适宜发展的产业，做到既发展产业又不造成水体污染。

（三）搞好大建设，形成转型跨越发展助推器

对开阳来说，最具潜力的发展动力在城镇化，最雄厚的潜力也在城镇化，抓城镇化就抓住了投资拉动的助推器。

1. 推进城镇化必须坚持四个方向

一是着力由传统城镇化向新型城镇化转变。《开阳县着力加快城镇新区建设 纵深推进城市转型升级（2015－2020年）的实施意见》提出，到2020年，县城常住人口要达到18万人，建成区面积要达到20平方公里以上，确立这样的目标，是适应新型城镇化的需要，同时也是开阳县实现全面小康的需要。开阳县还有20多万人口生活在农村，加速城镇化进程关系全县的稳定和发展。按照贵州省委"要富裕农民，最关键是要减少农民"的指示精神，必须逐步把这部分农村人口有序转移到城镇生活就业，不解决这部分人的市民化问题，打造开阳发展升级版就是一句空话。因此，开阳的城镇化要突出以人为本，全面提升城镇化质量和水平，由过去片面追求城市规模扩大、空间扩张，转变为以提升城市的文化、公共服务等内涵为中心，使开阳的城镇真正成为具有较高品质的宜居之所。

二是着力由偏重城市发展向注重城乡一体化发展转变。坚持以逐步推进城乡规划一体化、产业布局一体化、基础设施一体化、生态环境建设一体化、公共服务一体化、社会管理一体化为目标，把县城、中心镇、特色小城镇和中心村、特色村等重点区域的规划建设通盘考虑到城镇化中来统筹推进。

三是着力由人为造城向产城互动转变。实现产业发展和城镇建设相融合。以产促城，增强城市发展活力，提升城市内涵，促进都市繁荣。以城带产，激活传统产业，催生新兴产业，引领产业高端发展。

四是着力由偏重建设向注重保护文化和生态转变。在新区建设和旧城改造中要保护开发好城市文化资源、培育城市文化个性、树立市民文明理念，将开阳的文化元素充分体现到规划建设、建筑风格、功能区划等各方面，传承历史文化、守住城市根脉、留存城市记忆，让市民望得见山、看得见水、记得住乡愁。

2. 坚持规划引领，打造精品城市

开阳应该树立"七分规划、三分建设"和"百年建筑，千年城镇"的理念，按照"国际眼光、国内一流、省会标准"的要求和"显山、露水、见林、透气"的原则规划设计城市。

一是提高对城市规划建设重要性的认识，努力提高城市规划建设水平。处理好城市建设与生态保护的关系。坚守发展和生态两条底线，坚持在保护中建设、在建设中保护，把以人为本、尊重自然、传承历史、绿色低碳理念融入城市规划建设全过程，按照"先进、长远、超前、留白"的规划理念，推进贵州山地特色新型城镇化可持续健康发展。注重规划的前瞻性、权威性，形成以环湖新区、顶方新区、北部新区为核心的多中心、多轴向、多组团的城市空间布局。

二是处理好城镇建设用地和耕地保护的关系。科学划定城市增长边界和开发强度，节约集约用地，严格城镇建设用地管理，强化土地储备，从严管控土地一级市场，多出让熟地、少出让生地、不出让毛地，盘活土地存量；做好控制性详细规划和修建性详细规划，明确具体地块建筑覆盖率、容积率、绿化率等，提高单位土地投资强度，提高城镇建设用地效益。

三是积极推进"多规融合"改革，统筹考虑城市经济社会发展，按照"同步编制、分头组织、综合审定、协同实施、联合监管、分建共享"的路线图，构建"双导向"（发展导向和管控导向）、"两层面"（宏观统筹层面和指导实施层面）的多规融合编制工作框架，加快推进国民经济与社会发展规划、城乡规划、土地利用总体规划、林业总体规划和工业园区等产业发展规划"多规合一"，在规划目标和空间布局上融合统一，打造共同的空间规划平台，强化规划的实施和管理。

四是加快县城规划、乡（镇）规划和各类专业规划编制工作，引领城乡建设，促进城乡一体化发展。建立城乡一体化规划管理体制，强化规划制定、变更和实施监督检查，维护规划的权威性。

五是突出规划引领，高端定位，追求完美的设计理念，使城市建设管理的细节融入艺术性设计构思，做到赏心悦目、舒适怡然。在实施城市建设过程中，按照"一座建筑一道景，一条街道一幅画，单体建筑各具特色，群体建筑和谐美观，不同街区风貌各异，整体形象特色鲜明"的要求，注入地方文化和开阳元素，精心设计一山一水、一城一街、一路一桥、一楼一舍、一花一草，体现城市建设的雅致性和灵秀性，努力实现城市建设与自然环境的完美结合，塑造个性鲜明、文脉清晰、底蕴深厚的现代化城市，切实把开阳打造成旅游集散中心和旅游目的地。

3. 做大、做强、做美县城

开阳应该紧紧围绕建设山水园林生态文明县城总体目标，抢抓国发 2 号文件及全省"5 个 100 工程"等历史机遇，以环湖新区、顶方新区和北部新区为重点开发区域，同步实施旧城改造，积极争取项目投资，着力完善县城文化、教育、卫生、体育等公共服务设施和市政公用服务设施，完善县城交通、雨污水管网、垃圾清运和天然气供气设施，推进新区道路路网建设，扩伸城市骨架。

第一，做大县城。依托开州大道、紫江大道、科技大道等城市主干道形成城市发展轴带，串联老城区、环湖新区、顶方新区和北部新区四个城市组团，建设环湖新区、老城核心区两个城市中心。一是按照"高标准、高质量、高品位"的建设要求，打造一个"环境生态化、布局组团化、建设集约化、功能复合化、空间人性化、风貌异域化、运作弹性化标志性形象"的环湖新区。二是加快城市骨干路网等基础设施建设，以骨干路网拉动新区建设。三是坚持政府主导、市场运作、安置优先的原则，结合城市发展总体思路，按照"疏老城、建新城"要求实施旧城改造，进一步加快棚户区城中村改造项目建设，"稀化、优化、美化、亮化"老城区。四是打破城乡户籍管理制度壁垒，降低户籍迁移门槛，鼓励农村人口从事非农产业，引导农村人口向县城有序转移，做大县城人口总量。

第二，做强县城。坚持"产城互动、融合发展"。一是按照"高起点规划、高标准建设、高效能管理"的建设思路，科学规划和塑造城市特色，不断完善和提高开阳县的城镇规划水平，不断提升城市品质。二是坚持走高端化、集约化、品牌化的产业发展道路，充分整合生态资源和发展优势，在更大范围、更多市场配置资源要素，优化产业结构，提升产业层次，逐步形成城区以第三产业为主、工业园区以第二产业为主、城镇外围以现代农业为主，城镇由内向外"三二一"产业合理分布的新格局，促进产业结构优化，增强城镇化产业支撑力。加快工业园区建设，优化服务职能，按照产业集聚、突出特色、错位发展的思路，做好城镇建设规划与土地利用规划、工业园区规划衔接。按照县城西部千亿级产业园区规划，明确产业定位，引导生产要素向县城集聚。积极推进县域工业化、农业产业化发展，着力发展县城第三产业。充分利用城镇基础设施，加快工业园区及物流园区建设，以加快特色产业发展和产业集群为核心，积极培育有竞争力的专业化、规模化的城镇主导产业，以磷、电、煤一体化，富硒农特产品加工和旅游产品开发等为重点，培育一批重点产业。形成吸引工业向园区集聚、服务向县城集聚，县城向高速公路匝道辐射发展的规模效应，带动相关产业发展，增加城镇就业岗位。三是不断完善城市功能。依托贵开城际铁路、贵遵高速复线带来的优势，大力发展医疗服务业。大力发展教育，引入北大附中、北京电子工业学校等名校，不断提高教育发展水平。大力发展商贸业，引入北京华联、重庆百货、永辉等大型超市，促进商贸业快速发展。四是积极支持基层政权建设，在房地产开发中落实居委会配套用房。

第三，做美县城。突出生态特色，着力转变城镇发展模式，牢固树立生态文明理念，积极建设环境友好型、资源节约型城镇。建立健全生态补偿机制，更加注重产业发展的生态效益，积极发展省地、节能、环保、绿色建筑，大力倡导低碳生活方式，在全县形成注重节约、爱护自然、保护环境的良好风气。以"四廊两湖"建设为重点，注重提高建设品位，在建筑、环境、生态等方面凸显文化内涵，彰显个性特色，实现人文景观、城市景观与自然景观的和谐统一，打造一流的山水园林生态文明县城。一是加快县城四个出入口的大道打造，做到出入口宽敞大气，入城口节点景观独特，绿色品质高端。二是下大力气保护和开发城市水源地，将蓊荫水库、东风水库更名为湖，切实加强水体环境保护和加大县城防洪通道建设，利用城市水源地打造湿地、湖景，千方百计增添城市的灵韵；对县城周边林区进行重点保护和建设，打造最优美、最适宜人居休闲的生态环境，让城市更具灵秀感和生态感。三是加快城乡绿化一体化建设步伐，提高城市绿化整体水平。高起点打造环湖新区环境品牌，充分利用山、水、湖等自然资源，全力打造"大小不一、星罗棋布"的城市山体公园。同时，加快县城新老城区和重点小城镇以及城乡接合部绿化工作，大力实施道路绿化、游园绿地建设、拆墙透绿和庭院绿化，扩大城市绿化规模，全面提高绿化标准和绿化档次，形成"城在林中、林在城中"，将城镇与自然融合为一个不可分割的整体。四是充分挖掘城市文化底蕴，对县城老建筑进行修缮保护，对老街巷进行特色打造，对县城老井进行保护性修建，沉淀城市的历史记忆。五是用科学态度、先进理念、专业知识建设和管理城市，全力推进城市精致、细致、极致化管理，打造整洁的城镇环境，坚持建管并重的原则，以"两创建一提升"为抓手，全力推进划行归市、街区规范化管理等工作。积极发动全社会力量参与"两创建一提升"工作，共同营造良好的城市生态环境和生活环境，不断提升县城形象和品位，促进开阳县经济、文化的发展和社会的全面进步，充分体现开阳"开明、开放、开拓"的城市精神。县城美化要量力而行，精心打造每一个节点，积小成为大成。

第四，做精、做美、做富、做特城镇。按照"小而精、小而美、小而富、小而特"和设施完善、功能齐备、环境优美、宜业宜居的要求，紧紧围绕"绿色"主题，依托开阳的独特资源，打造一批独具特色的生态文明绿色小镇。在"四在农家"创建工作的基础上，大规模、系统化、高标准地推进新农村建设，打造宜居、宜业、宜游的美丽家园。把生态文明理念全面融入城镇化过程，彰显自然景观、建筑风格、民族风情和文化品位，建设一批有特色的示范小城镇。一是西部双流镇、金中镇、永温镇主要依托久永铁路、息开高速公路大力发展生态工业园区，布局发展磷煤化工和相关配套产业，形成工贸型小城镇。二是南部龙岗镇主要依托贵瓮高速打造田园式精品小镇，重点发展特色农业和高效现代农业园区，并将其发展成为南部中心经济区，同时辐射带动高寨乡、毛云乡小城镇建设；南江乡和禾丰乡主要依托贵遵高速（复线）和城际铁路站台以及南江峡谷、香火岩、"十里画廊"风景区，连片打造旅游精品驿站、乡村庄园、精品客栈，形成服务型旅游精品小镇。三是东部花梨镇主要依托开阳港建设，发展水上旅游和特色农业，形成东部高原湖泊港口物流特色小城镇和经济中心区，辐射带动米坪乡和龙水乡小城镇建设。四是北部楠木渡镇依托贵遵高速（复线）发展生态示范农业和特色农产品产业，形成开阳北部生态农业型小城镇和经济中心区，辐射带动冯三镇和宅吉乡小城镇建设。五是中部南龙乡依托县城辐射和茶产业，建设茶旅特色生态绿色小镇。六是以镇带村抓好美丽乡村建设。以自然村落为中心，强化村庄规划建设。

（四）提升大民生，形成转型跨越发展凝聚力

全面打造开阳发展升级版，关键在"全面"二字，也就是必须通过走转型跨越发展之路，全面实现"五位一体"的系统升级。

1. 提升社会治理法治化水平

构建以"网络化"为主的服务管理体系，做实、做细、做精网格，进一步夯实基层基础，着力提升社会治理法治化水平。一是推进依法治县。坚持党对依法治县工作的领导，抓紧出台"开阳县依法治县的实施意见"，强化"严格执法、公正司法、全民守法"，深入推进依法行政，坚持用法治思维和法治方式提升市场环境、政务环境和社会环境。二是抓好"两严一降"。严打"两抢一盗"，打好"禁毒人民战争"，从细化网络、村居堡垒、警民联动等关键节点入手，持续完善治安防控网格化体系，从教育、就业、特殊人群矫治等多端集中发力，加强源头治理，确保社会治安持续好转。三是创新社会治理。健全群众工作和社会治理统筹协调机制，积极探索城镇、社区、农村社会治理新模式，大力推广"三合群众工作法"，切实发挥群众工作站（室）的作用，探索构建"枢纽型"社会组织体系。四是继续推进信访维稳"一号工程"。严格落实社会矛盾纠纷隐患动态排查、化解、评估、稳控、处置"五位一体"的长效工作机制，进一步完善"一厅式接访、一站式服务、一揽子办理"的联合接访运行模式，着力解决信访突出问题，下大力气化解信访积案。

2. 实施文化引领发展战略

通过加强文化建设，构筑精神高地、丰富城市内涵、提升城市品位、促进产业发展。一是弘扬社会主义核心价值观。以县、乡、村三级文化阵地为依托，深入开展"三下乡""四进社区"文艺演出、志愿服务等活动，加强"道德讲堂"阵地建设，深入践行"开明、开放、开拓"的城市精神，推动社会主义核心价值体系本地化、具体化、群众化。二是加强公共文化服务体系建设。深入实施"文化惠民"工程，健全公共文化设施网络，培育基层公共文化服务社会组织，开展丰富多彩的传统文化主题活动，全方位推动开阳县公共文化服务体系建设。三是完善诚信体系建设。从政府诚信、社会组织诚信、经济组织诚信、个人诚信、司法公信等方面，积极推进诚信建设普及化、常态化，重点在食品药品安全、企业产品质量、纳税情况等方面实行"红黑榜"

制度，建立守信激励和失信惩戒机制，致力打造"诚信开阳"。四是推进文化产业发展。深入实施"文化兴县"战略，大力推进文化与教育、养生、健身、休闲、体验等有关联的产业同步发展，加快开发茶旅一体化、民族民间工艺美术等文化产品，重点策划实施一批重大文化旅游产业项目和活动，促进文化产业蓬勃发展。

3. 全面提升人民群众幸福感和满意度

把解决民生"十困"① 问题项目化、目标化、具体化、常态化，全面提升人民群众幸福感和满意度。一是以开发岗位为重点，切实解决"就业难"的问题。积极培育吸纳就业人数多的生产性、生活性服务业，不断拓宽就业渠道，努力创造用工需求和就业岗位。认真落实好农民工职业技能提升计划，积极引导和扶持返乡农民、高校毕业生、就业困难人员等群体实现稳定就业、自主创业。二是以医疗改革为重点，切实解决"看病难"的问题。全面推进公共医疗服务均等化，深入实施 12 项基本公共卫生服务项目，继续巩固县医院、县中医院等公立医院综合改革成果，持续推进药品零差率销售，切实减轻广大群众医疗负担。三是以发展优质教育为重点，切实解决"上学难"的问题。全面实施"学前教育三年提升计划"和教育"9 + 3"计划，巩固好"两基"成果，科学优化教育资源规划布局，努力完善县城教育基础设施建设，逐步消除大班额现象。四是以加强养老服务体系建设为重点，切实解决"养老难"的问题。顺应人口老龄化发展趋势，加大财政投入力度，积极引导社会各界力量参与，逐步完善县、乡（镇、社区）、村三级居家养老服务的网络体系。

参考文献

连玉明：《双赢战略》，中信出版集团，2015。
连玉明：《绿色新政》，中信出版集团，2015。
连玉明：《六度理论》，中信出版集团，2015。
连玉明：《块数据》，中信出版集团，2015。

---

① "十困"：收入低、就业难、上学难和上好学难、看病难、养老难、治安形势严峻、住房难、行车难和停车难、买菜难和买菜贵、公共绿地少。

连玉明：《创新驱动力》，中信出版集团，2015。

连玉明：《DT 时代》，中信出版集团，2015。

马磊：《坚定不移走资源型城市转型跨越发展之路全面打造开阳发展升级版——在县委十一届四次全体（扩大）会议上的讲话》，开阳县人民公众信息网。http://www.kygov.gov.cn/web131/zwgk/ldzc/xwld/xwsj/ml/wdjh/31571.shtml。

丁振：《新常态、新机遇、新作为，全面打造开阳发展升级版——在县委十一届四次全体（扩大）会议上的讲话》，2015。

马磊：《加快四化同步、推动转型发展，打响开阳全面建成小康社会两年攻坚战——在县委十一届三次全体（扩大）会议上的讲话》，《今日开阳》2014 年 1 月 6 日。

马磊：《开阳县 2013 年政府工作报告》，开阳县人民政府公众信息网。

开阳县统计局：《开阳县 2010 年国民经济和社会发展统计公报》，2011。

开阳县统计局：《开阳县 2011 年国民经济和社会发展统计公报》，2012。

开阳县统计局：《开阳县 2012 年国民经济和社会发展统计公报》，2013。

开阳县统计局：《开阳县 2010 年国民经济和社会发展统计公报》，2014。

开阳县发改局：《开阳县产业布局规划（2013－2020 年）（送审稿)》，2013。

开阳县发改局：《开阳县产业发展情况》，2014。

开阳县发改局：《开阳县促进国家资源型城市可持续发展实施方案（2013－2020 年)》，2014。

开阳县小康办：《开阳县 2013 年主要经济指标运行情况分析》，2014。

开阳县小康办：《经济强县、民生为本，率先实现全面小康》，当代先锋网。http://www.ddcpc.cn/special/2013/1125/13572.html。

开阳县委办：《贵州大学贵阳创新驱动发展战略研究院、北京国际城市发展研究院联合调研组莅临开阳调研资料汇编》，2014。

开阳县委办：《贵州大学贵阳创新驱动发展战略研究院、北京国际城市发展研究院联合调研组莅临开阳调研相关调研点背景资料》，2014。

开阳县委办，开阳县政府办：《贵州大学贵阳创新驱动发展战略研究院、北京国际城市发展研究院联合调研组"三民活动下基层、服务发展上水平"调研活动资料汇编》，2014。

评 估 篇

Report of Assessment

B.2

开阳县"六个贵阳"综合评价指标
体系评估分析报告

摘　要：　2014年12月29~30日，贵阳市委九届四次全体（扩大）会
议通过《中共贵阳市委关于全面实施"六大工程"打造贵
阳发展升级版的决定》（以下简称《决定》）。《决定》强调，
要集中力量实施"六大工程"，打造六个升级版，即实施平
台创优工程，打造开放贵阳升级版；实施科技引领工程，打
造创新贵阳升级版；实施公园城市工程，打造生态贵阳升级
版；实施社会治理工程，打造法治贵阳升级版；实施文化惠
民工程，打造人文贵阳升级版；实施凝心聚力工程，打造和
合贵阳升级版。本文以《决定》为依据，构建"六个贵阳"
综合评价指标体系的理想框架，确立了综合评价体系的六大
方面：开放贵阳、创新贵阳、生态贵阳、法治贵阳、人文贵
阳以及和合贵阳，每个一级指标下设3个二级指标，一共设
立了42个三级指标。同时基于开阳县2012年和2013年的数
据，计算得出开阳县"六个贵阳"综合评价指标体系评估值

及各级指标得分。

关键词： "六个贵阳"　综合评价　开阳县

一 从10组数据看开阳县实施六大工程的发展基础

（一）行政区划

开阳县，隶属于贵州省贵阳市，位于黔中腹地，总面积 2026 平方公里，辖 8 个乡 8 个镇 108 个建制村 17 个居委会（见图 1）。享有"中国散文诗之乡""中国富硒农产品之乡""中国绿色磷都"和"喀斯特生态世界公园"的美誉，是全国首个循环经济磷煤化工生态工业示范基地县和贵州省经济强县。开阳县的优质富矿储量 3.92 亿吨，是中国著名的三大磷矿产区之一。

（二）年末常住人口

2013 年末开阳县常住人口为 36.29 万人，2013 年开阳县人口自然增长率为 5.52‰（见图 1）。从 2010 年至 2013 年，开阳县常住人口变化较平稳，基本在 35 万～36 万人之间波动。开阳县人口自然增长率在 2010～2013 年表现也较平稳，基本在 5.00‰～5.50‰之间，但 2009 年人口自然增长率相对较低，为 4.08‰。

（三）人均 GDP

2009～2013 年开阳县 GDP 一直呈上升趋势，2013 年开阳县 GDP 为 1260292 万元，较 2012 年增长了 22.5%。从图 3 可以看出，2009～2013 年开阳县人均 GDP 呈现较快增长的态势（见图 2），且增长率均在 20% 以上，其中 2011 年较 2010 年增长最多，增长率达到了 33.5%。横向比较来看，开阳县人均 GDP 与整个贵阳市的人均 GDP 之间还存在一定的差距，2009～2013 年贵阳市人均 GDP 比开阳县人均 GDP 要高出至少 30%，但它们之间的差距在逐渐缩小，由 2009 年 69.8% 降到 2013 年的 33.1%。

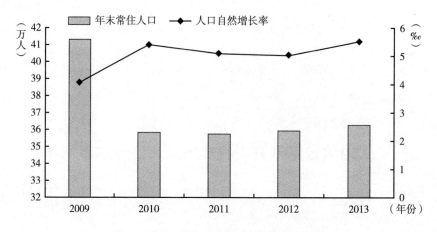

图1　2009～2013年开阳县常住人口情况

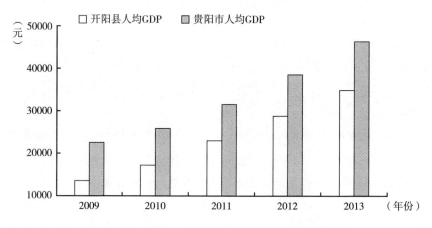

图2　2009～2013年开阳县及贵阳市人均GDP情况

（四）三次产业结构

2013年，开阳县生产总值为1260292万元，其中，第一产业、第二产业及第三产业生产总值分别为：175060万元、739241万元和345991万元，较上年分别增长了7%、20.1%及18.4%。

从三次产业结构上看，2009～2013年开阳县的三次产业结构比较稳定。第二产业所占比重最高，都在50%以上；其次为第三产业，占比在20%～30%之间；第一产业所占比重最小，均在10%～20%之间（见图3）。

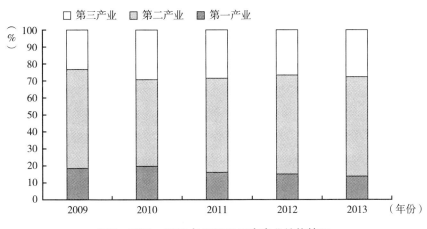

图3 2009~2013年开阳县三次产业结构情况

（五）公共财政预算收入

2009~2012年，开阳县公共财政与预算收入呈现逐渐上涨的态势（见图4），其增长速度越来越快，2012年较2011年增长了80%，但公共财政与预算收入在2013年出现了较大幅度的下滑，下滑幅度达到32.8%。

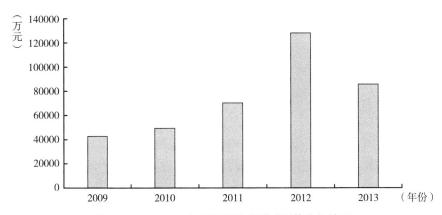

图4 2009~2013年开阳县公共财政预算收入情况

（六）规模以上工业总产值

2009~2013年，开阳县规模以上工业总产值呈现逐年增加的态势，且年

增长率较高。其中，2011 年较 2010 年的增长幅度最大，达到 88.3%；2012 年
由于统计局统计口径的变化，统计范围的缩小导致 2012 年较上年规模以上工
业总产值的涨幅有明显的下降，为 13.5%；2013 年开阳县规模以上工业总产
值为 2692441 万元，较 2012 年增长了 48.1%。从开阳县规模以上工业总产值
占贵阳市的比重来看，2009 ~ 2013 年一直呈现上升趋势，由 2009 年的 7.8%
上升到 2013 年的 13.4%（见图 5）。

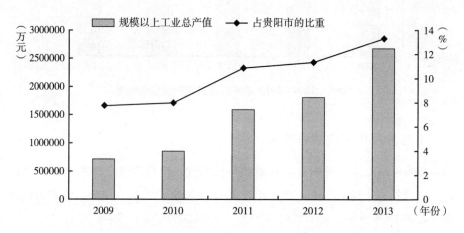

图 5　2009 ~ 2013 年开阳县规模以上工业总产值及其占贵阳市的比重

（七）全社会固定资产投资

从 2009 年至 2013 年的数据来看，开阳县全社会固定资产投资呈逐年增加
的趋势（见图 6），2013 年全社会固定资产投资总额 240.05 亿元，比上年增长
26.1%。2009 ~ 2011 年，开阳县固定资产投资的增长率呈上升趋势，且增长
速度较快，但 2012 年增速与上年持平，2013 年增速放缓。

（八）社会消费品零售总额

2009 ~ 2013 年开阳县社会消费品零售总额在逐年增加，但其占 GDP 的比
重却呈现下降的趋势（见图 7）。2013 年开阳县社会消费品零售总额为 269126
万元，较 2012 年增加了 15.5%。近五年来，开阳县社会消费品零售总额年增
长率均在 15% 以上，2011 年增长率最高为 20.2%，社会消费品零售总额占

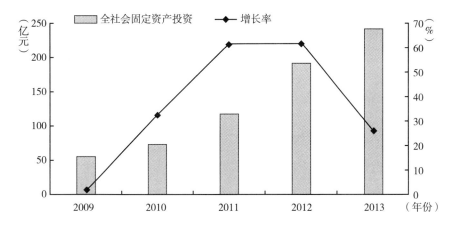

图6 2009~2013年开阳县全社会固定资产投资及年增长情况

GDP 的比重在 20% ~26% 之间。2012 年、2013 年贵阳市社会消费品零售总额占 GDP 的比重分别为 39.9%、37.7%。

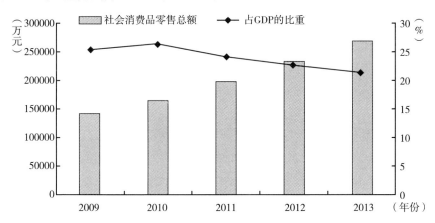

图7 2009~2013年开阳县社会消费品零售总额及其占 GDP 的比重

（九）出口总额

2010~2013 年开阳县出口总额总体下降了 56.6%，2010~2011 年出现了大幅度的下滑，2011 年出口总额为 155 万美元，下降比例为 73.95%。2011~2013 年又缓慢增长，2013 年开阳县出口总额为 258 万美元，比 2012 年的 208 万美元增长了约 24%（见图8）。

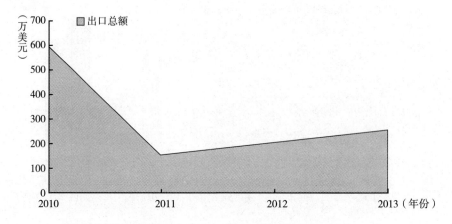

图8 2010～2013 年开阳县出口总额情况

（十）单位 GDP 能耗

2008～2012 年，开阳县单位 GDP 能耗呈现逐年下降的趋势（见图9），由 2008 年的 2.0 吨标准煤/万元下降到 2012 年的 1.8 吨标准煤/万元，2012 年较 2011 年降低了 4.8%，这说明开阳县在这五年内能源利用效率在逐渐提高。

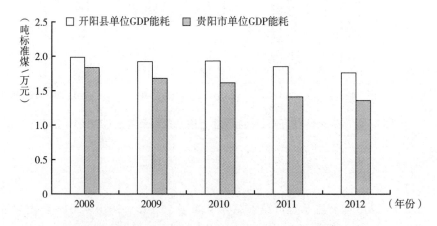

图9 2008～2012 年开阳县、贵阳市单位 GDP 能耗情况

二 "六个贵阳"综合评价指标体系的构建

（一）指标体系的确立原则

本报告主要基于以下五项原则建立贵阳市城市发展指标体系。

第一，导向性。指标选择需要突出体现坚持价值评判的研究导向。

第二，关联性。所选指标的数量变化必须与所研究对象某一方面特征变化存在一定的相关性。

第三，可度量性。指标分为定性指标和定量指标，本文需要对贵阳市区县层面的综合发展程度进行定量的评价，因此，所选取的指标必须能够找到明确的数据来源。本文所指的定量指标可分为两类：一类是可直接获取数据的，例如可从国家统计局网站、各政府网站以及比较权威的各类报告中获取数据；另一类是需要通过调查问卷或专家评估才能获取数据。

第四，典型性。基于贵阳市区县层面发展的实际情况，尽量选取对城市发展这一综合目标贡献率大的指标。

第五，层次性。指标体系是由总目标、主要因素以及具体指标组成的多层次结构，因此，所建立的城市发展指标体系也必须是按照其层次的高低不断细分的结构。

（二）评估体系的理想框架

在构建"六个贵阳"综合评价指标体系的理想框架时，主要以《中共贵阳市委关于全面实施"六大工程"打造贵阳发展升级版的决定》为依据，确立综合评价体系的六大方面：开放贵阳、创新贵阳、生态贵阳、法治贵阳、人文贵阳以及和合贵阳，每个一级指标下设3个二级指标，一共设立了42个三级指标（见表1）。

（三）评估体系的可行框架

在对理想框架的综合考虑之后，根据导向性、关联性、可度量性、典型性、层次性原则，特别是部分基础数据在可获得方面的局限性，对现有评估体系的理想框架进行调整，具体调整后的可行框架如表2所示。

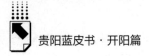

表1 "六个贵阳"综合评价指标体系的理想框架

一级指标	二级指标	三级指标
开放贵阳	区域合作	人均 GDP
		招商引资项目到位资金
		实际直接利用外资
	开放平台	园区地均固定资产投资额
		园区地均税收总收入
	制度环境	行政审批项目数
		政府行政服务群众满意度
创新贵阳	创新体系	万人拥有职业教育培训机构学校数
		民营经济增加值占 GDP 比重
		规模以上工业企业 R&D 经费占 GDP 的比重
	产业升级	高技术产业增加值占 GDP 比重
		高技术产业从业人员数占就业人员数的比重
		万人拥有的计算机、通信和其他电子设备制造业科技活动人数
	智慧城市	科技进步贡献率
		每万人中互联网用户数
生态贵阳	基础设施	公共交通基础设施投资率
		居民出行便捷指数
	公园城市	城市绿化覆盖率
		建成区人均绿地面积
	生态保护	空气质量优良率
		森林覆盖率
		农村饮水安全达标率
法治贵阳	依法治市	每万人中律师工作人员数
		人民法院审理合同纠纷一审案件收案数
	平安建设	案件结案率
		全年刑事案件发案率
		人民群众对社会治安的满意度
	社会治理	社会安全指数
		民政事业城镇便民、利民服务网点数
		城乡社区基层民主自治建设完善率
人文贵阳	文化价值	各类影剧院公共演出场次数
		居民文教娱乐服务支出占家庭消费支出比重
	文化产业	文化发展指数
		文化产业从业人员占就业人数的比重
	公共文化	千人公共图书馆藏书量
		千人博物馆、文化馆、影剧院拥有数
		每万人拥有"三馆一站"公共文化设施建筑面积

续表

一级指标	二级指标	三级指标
和合贵阳	公共服务	城市居民人均可支配收入/农民人均可支配收入
		医疗卫生发展指数
		高中及以下阶段教育指数
	协商民主	人大、政协提案议案办结率
	统筹协调	民族团结和睦指数

表2　"六个贵阳"综合评价指标体系的可行框架

综合目标	一级指标	二级指标	指标属性
开阳县城市发展	开放贵阳	人均GDP	正指标
		实际直接利用外资	正指标
		政府行政服务群众满意度	正指标
	创新贵阳	民营经济增加值占GDP比重	正指标
		科技进步贡献率	正指标
	生态贵阳	居民出行便捷指数	正指标
		森林覆盖率	正指标
	法治贵阳	人民群众对社会治安的满意度	正指标
		社会安全指数	正指标
	人文贵阳	居民文教娱乐服务支出占家庭消费支出比重	正指标
		文化发展指数	正指标
	和合贵阳	医疗卫生发展指数	正指标
		民族团结和睦指数	正指标

（四）评估过程与方法

1. 指标标准化处理

由于所收集到的指标数据的计量单位和量纲不同，指标数值之间的差距较大，部分数据甚至相差好几个数量级，直接进行计算会弱化数值较小的指标的作用，造成评价结果不准确。因此，在计算之前，必须对各指标进行标准化处理，将各指标的数据都统一到同一区间，才能进行综合计算。无量纲化的方法比较多，但一般来讲比较常用的方法主要有四种：总和标准化、标准差标准化、极值标准化、级差标准化。这里，课题组采用简单实用的极值标准化法来对指标进行无量纲化处理。无量纲化后，每个指标的数值都在0~1，并且极性一致。

2. 指标权重的确定

某一指标的权重是指该指标在所有指标中对评价目标所起作用的相对重要

程度。指标权重的确定是在对指标进行分析评价之前至关重要的一项工作，权重的计算结果将直接影响对各指标及各样本的评价结果。权重的确定方法分为定性和定量两类，本文中，由于各指标的数据量较少，因此采用主观赋权法对三级指标及二级指标的权重进行确定。课题组首先聘请了50多位有关城市发展方面的权威专家，对三级指标进行赋权，所有专家独立填写调查问卷，问卷全部收回且均有效；然后课题组对问卷结果进行汇总，去掉各指标权重的最高值和最低值，对余下的权重计算平均值得到该指标的权重；最后进行检验，检验通过后形成"六个贵阳"综合评价权重体系。

三 开阳县综合评价结果与分析

基于开阳县2012年和2013年的数据，计算得出开阳县"六个贵阳"综合评价指标体系评估值及各级指标得分情况（见表3）。

表3 2012年和2013年开阳县一级指标及二级指标得分情况

一级指标	二级指标	指标权重	二级指标得分		一级指标得分		综合得分	
			2012年	2013年	2012年	2013年	2012年	2013年
开放贵阳	人均GDP	7	0.0343	0.0211	0.2401	6.8486	35.9885	34.7829
	实际直接利用外资	7	0.0000	0.0187				
	政府行政服务群众满意度	9	0.0000	0.7300				
创新贵阳	民营经济增加值占GDP比重	8	0.2605	0.0000	3.2600	2.8330		
	科技进步贡献率	10	0.1176	0.2833				
生态贵阳	居民出行便捷指数	7	0.5063	0.3525	12.5441	11.4675		
	森林覆盖率	9	1.0000	1.0000				
法治贵阳	人民群众对社会治安的满意度	8	0.7929	0.5948	12.8648	7.5144		
	社会安全指数	8	0.8152	0.3445				
人文贵阳	居民文教娱乐服务支出占家庭消费支出比重	6	0.0412	0.0711	1.4496	2.8290		
	文化发展指数	8	0.1503	0.3003				
和合贵阳	医疗卫生发展指数	7	0.0871	0.0000	5.6299	3.2904		
	民族团结和睦指数	6	0.8367	0.5484				

说明：表中部分指标的得分为0，并不代表其真实值为0，而是由于其真实值为贵阳市10个区县中的最小值，经标准化以后标准化值为0，因此最终计算出的得分也为0。

从表 3 数据中可以看出，部分指标 2013 年较 2012 年的得分数据变化幅度较大，并不代表该指标的真实值变化幅度大，而是由于经过标准化处理后的数据反映的是开阳县相对于贵阳市其他区县的数值大小。因此，这些指标得分数据在两年中的差距较大反映的是，这两年中开阳县该指标的真实值相对于其他区县变化较大。

（一）开阳县综合评价结果中一级指标影响分析

2012 年开阳县城市发展综合得分为 35.9885，2013 年下降至 34.7829，下降了 3.36%。

从对综合指标影响程度上看，得分绝对值增长幅度最大的为开放贵阳和人文贵阳，开放贵阳指标得分 2013 年较 2012 年增长了 6.6085，人文贵阳增长了 1.3794。而得分下降幅度最大的三个一级指标为法治贵阳、和合贵阳和生态贵阳。其中法治贵阳的下降幅度最大，其 2013 年的得分的绝对值较 2012 年降低了 5.3504，2013 年合贵阳指标得分的绝对值较 2012 年降低了 2.3395，2013 年生态贵阳指标得分的绝对值较 2012 年降低了 1.0766（见图 10）。

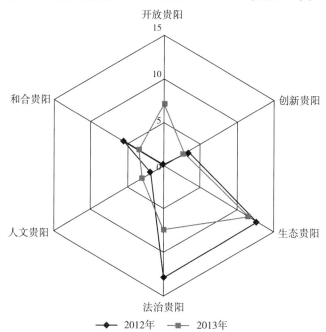

图 10 2012 年及 2013 年开阳县城市发展一级指标得分情况

（二）开阳县综合评价结果中二级指标影响分析

开阳县综合得分由开放贵阳、创新贵阳、生态贵阳、法治贵阳、人文贵阳以及和合贵阳六大方面综合计算而得，因此，下面将就每一个方面在 2012 年～2013 年得分的变化情况进行分析，并对其中影响较大的二级指标进行具体的分析。以下为开阳县城市发展评估体系二级指标在 2012 年及 2013 年的实际值及标准化值（见表 4）。

表 4　二级指标实际值及其标准化值

二级指标	实际值			标准化值	
	2012 年	2013 年	变化（%）	2012 年	2013 年
人均 GDP（元）	28713	34911	21.6	0.0343	0.0211
实际直接利用外资（万美元）	1676	2310	37.8	0.0000	0.0187
政府行政服务群众满意度（%）	83.0	85.6	2.6	0.0000	0.7300
民营经济增加值占 GDP 比重（%）	47.6	48.7	1.1	0.2605	0.0000
科技进步贡献率（%）	23.1	46.3	23.2	0.1176	0.2833
居民出行便捷指数（%）	83.2	86.1	2.9	0.5063	0.3525
森林覆盖率（%）	53.3	54.3	1.0	1.0000	1.0000
人民群众对社会治安的满意度（%）	93.9	96.1	2.2	0.7929	0.5948
社会安全指数（%）	91.0	83.1	-7.9	0.8152	0.3445
居民文教娱乐服务支出占家庭消费支出比重（%）	7.0	7.6	0.6	0.0412	0.0711
文化发展指数（%）	61.3	80.6	19.3	0.1503	0.3003
医疗卫生发展指数（%）	65.9	71.7	5.8	0.0871	0.0000
民族团结和睦指数（%）	95.1	98.6	3.5	0.8367	0.5484

1. 开放贵阳：2014 年政府行政服务得到群众广泛认可

开阳县城市综合评价中，一级指标"开放贵阳"2012 年得分为 0.2401，2013 年得分上升至 6.8486（见表 3），得分绝对值增长了 6.6085。对开放贵阳得分变化影响最大的因素为政府行政服务群众满意度，其标准化值与权重的乘积从 2012 年的 0 上升至 2013 年的 6.57；其次为实际直接利用外资，从 2012 年的 0 分增长至 0.131 分。从实际值上看，对开放贵阳影响最大的二级指标是政府行政服务群众满意度，其 2012 年和 2013 年的数值分别为 83.0% 和 85.6%（见表 4）。指标数值增长了 2.6 个百分点。

从总体上看，政府行政服务群众满意度 2012 年和 2013 年的数值均高于《贵州省以县为单位全面建小康社会统计监测实施办法》规定的县级政府行政服务群众满意度最低标准值 80%。近年来，开阳县进一步改进行政工作作风，切实加强政府自身建设，政府行政服务得到群众的认可。2014 年，开阳县政务大厅全年受理业务 25.5 万件，提前办结率达 97.39%，群众满意率达99.8%。

2. 创新贵阳: 2014 年民营经济增加值占 GDP 比重达到 52.1%

开阳县综合评价一级指标"创新贵阳"，2012 年得分为 3.2600，2013 年得分下降至 2.8330（见表 3），得分绝对值下降了 0.4270。从实际值上看，对创新贵阳影响最大的二级指标是民营经济增加值占 GDP 比重，其 2012 年和2013 年的数值分别为 47.6% 和 48.7%（见表 4），虽然该指标 2013 年相对于贵阳市其他区县的指标数据为最小值，但纵向来看，2013 年较 2012 年的实际值反而增加了。

近年来，开阳县强调建立促进民营经济工作机构，制定落实发展民营经济的实施细则，明确放宽投资领域、放宽注册登记的范围和实施程序，建立民营企业投资项目县领导和部门责任制，进一步激活民间资本投资。2014 年，开阳县民营经济增加值 80.6 亿元，占 GDP 比重达到 52.1%，比 2013 年增加 3个百分点左右。同时，开阳县的创新能力得到明显增强，一批科研成果成功运用到产业发展中，开阳县投入 360 万元支持企业科技创新，建立了 6 个工业类技术服务中心，培育了 11 家创新型企业和高新技术企业，获得 212 项专利发明，科技进步贡献率达 46.3%。

3. 生态贵阳: 2013 年居民出行便捷指数达 86.1%

开阳县城市发展评价一级指标"生态贵阳"，2012 年得分为 12.5441，2013 年得分下降至 11.4675，得分绝对值下降了 1.0766。对生态贵阳得分变化影响最大的因素为居民出行便捷指数，其标准化值与权重的乘积从 2012 年的3.5441 下降至 2013 年的 2.4675。从实际值上看，居民出行便捷指数 2012 年和 2013 年的数值分别为 83.2% 和 86.1%；从纵向来看，2013 年较 2012 年的实际值增加了 2.9 个百分点。

开阳县不断加大对交通基础设施的建设力度，努力解决群众出行难的问题。2014 年，在贵阳市全市交通建设提速的背景下，基本形成"4311 大交通

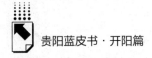

网络"，同时完成通村公路 83.8 公里，全县交通环境进一步改善。此外，对一级指标"生态贵阳"影响较大的二级指标"森林覆盖率"达到 54.3%，完成 3.43 万亩造林、抚育 1 万亩森林，全年空气质量优良达标率达 95%，成功创建 1 个省级、10 个市级生态村，禾丰乡被国家环保部授予"国家级生态乡镇"称号。

4. 法治贵阳：2014 年群众安全感达 97.63%

开阳县城市发展评价一级指标"法治贵阳"，2012 年得分为 12.8648，2013 年得分下降至 7.5144，得分绝对值下降了 5.3504。对法治贵阳得分变化影响最大的因素为社会安全指数，其标准化值与权重的乘积从 2012 年的 6.5216 下降至 2013 年的 2.756。从实际值看，2012 年"社会安全指数"为 91.0%，已达小康标准值，2013 年"社会安全指数"有所下降，为 83.1%（见表 4）。

从指标数值来看，开阳县 2012～2013 年社会安全指数得分下降。针对此种情况，开阳县开展了"两严一降""雷霆行动"等专项行动，打响人民禁毒战。2014 年，全年刑事发案率同比下降 29.1%，其中："两抢一盗"发案率同比下降 31.23%；现行案件破案率达 39.9%，位列全市第一；群众安全感连续 5 年上升，达 97.63%；扎实开展信访维稳"一号工程"和"百日攻坚战"，信访积案化解率达 100%。

5. 人文贵阳：文化服务能力得到进一步提升

开阳县城市发展评价一级指标"人文贵阳"，2012 年得分为 1.4496，2013 年得分上升至 2.8290，得分绝对值上升了 1.3794。对人文贵阳得分变化影响最大的因素为文化发展指数，其标准化值与权重的乘积从 2012 年的 1.2024 增长至 2013 年的 2.4024。从实际值看，开阳县 2012 年和 2013 年的"文化发展指数"为 61.3% 和 80.6%（见表 4），提高了 19.3 个百分点，并且在全市的排名有所提升。

近年来，开阳县制定了加大财政文化投入力度、鼓励文化产业发展、丰富群众文化生活等具体措施，促进文化发展。2014 年，该县提前两年完成"十二五"规划的县、乡、村公共文化服务网络建设目标，并全部免费开放；中国光华科技基金会捐赠价值 5000 万元的图书助力文化建设，文化服务能力得到提升；投入 481.8 万元建成 15 个"新型社区·温馨家园"项目；县城历史文化公园建成并免费开放。

6. 和合贵阳: 2013年医疗卫生发展指数达到72%

开阳县城市发展评价一级指标"和合贵阳", 2012 年得分为 5.6299, 2013 年得分为 3.2904, 得分绝对值下降了 2.3395。医疗卫生发展指数对和合贵阳得分变化影响较大, 医疗卫生发展指数的标准化值与权重的乘积从 2012 年的 0.6097 下降至 2013 年的 0, 在 10 个区县中位次下降较多。但从实际值上看, 2012 年开阳县"医疗卫生发展指数"为 65.9%, 2013 年"医疗卫生发展指数"有所上升, 为 71.7%。

近年来, 开阳县医疗卫生基础较为薄弱, 如执业(助理)医师人数、卫生机构床位数相对少, 医疗水平不高, 全县人口多等, 这些因素拉低了综合指标值。但是从发展的角度看, 开阳县总体医疗卫生水平是在逐步提升的。

四 小结

通过对开阳县"六个贵阳"综合评价指标体系评估值的分析, 可以得出以下主要结论。

(1) 2013 年开阳县"六个贵阳"综合评价指标体系评估值得分较 2012 年稍有下降, 对综合指数得分变化影响最大的两个一级指标为开放贵阳、法治贵阳, 这两个指标在 2013 年的得分较 2012 年的得分绝对值变化幅度较大。

(2) 对创新贵阳影响最大的二级指标为民营经济增加值占 GDP 比重, 虽然该指标值 2013 年较 2012 年有所增加, 但数据显示目前开阳县民营经济还处于培育阶段, 对县域经济的支撑作用还不明显, 需要政府部门进一步制定相应的政策, 促进民营经济的发展。

(3) 对人文贵阳影响最大的二级指标为文化发展指数, 2012 年该指标数值还处于较低的水平, 但 2013 年就有了较大幅度的提升, 说明政府制定的一系列政策对该指标的增长起到了很大的促进作用。

(4) 对和合贵阳得分变化影响较大的二级指标为医疗卫生发展指数, 2013 年数值较 2012 年有所增加, 但仍未达到全市标准值, 说明开阳县医疗卫生水平有待进一步提升, 医疗基础设施建设有待进一步加强。

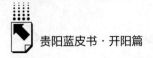

参考文献

贵阳市统计局:《贵阳统计年鉴》(2009~2014年),中国统计出版社。

开阳县统计局:《开阳县2013年国民经济和社会发展统计公报》,开阳县人民政府网,http：//www. kygov. gov. cn/web131/zwgk/。

丁振:《2015年开阳县人民政府工作报告》,开阳县人民政府网,http：//www. kygov. gov. cn/KYGK/C/03/32298. shtml。

丁振:《2014年开阳县人民政府工作报告》,中国·贵阳政务站,http：//www. gygov. gov. cn/art/2014/1/27/art_ 10785_ 560248. html。

理 论 篇

Report of Theory

B.3

三次产业融合发展的理论与探索

摘　要：随着科学技术的迅猛发展，三次产业呈现加速融合的发展趋势。产业融合作为一种突破传统范式的产业创新，不仅促进了全新的融合型产业体系的形成，而且能产生巨大的复合经济效益。当下全国各地都在探索构建三次产业同步优化融合发展的新模式。本文从三次产业同步优化融合的基本理论出发，针对开阳县三次产业的发展现状及存在的问题，在借鉴其他地区三次产业同步优化融合发展经验的基础上，提出开阳县三次产业同步优化融合发展的对策与建议。

关键词：三次产业　同步优化　融合发展

近年来，开阳县坚持"快、转、高"并举，按照"12345"的发展思路和"一核心四区域"县域经济发展布局，着力全领域发展、全要素发展，在思路谋划、规划编制、战略制定、产业布局以及民生建设等方面，着眼全局、着眼

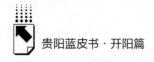

实际，进一步整合土地、资金、政策、人才、科技等各种发展要素，最大限度地发挥有利因素，切实推进主导产业、配套产业，推动三次产业优化融合发展，实现 2015 年开阳与贵阳市同步率先在全省全面建成小康社会。

一 三次产业高端融合发展的基本规律

三次产业的划分是国际通用的产业结构的分类方式，只不过各国对三次产业具体包括内容的划分不尽相同。国家统计局 2012 年在《三次产业划分规定》中将三次产业作了明确的划分：第一产业是指农、林、牧、渔业，但农、林、牧、渔的服务业不在其中；第二产业是指采矿业、制造业、电力热力燃气及水生产和供应业，以及建筑业，但开采辅助活动、金属制品、机械和设备修理业不属于其中；第三产业就是服务业，指除第一产业、第二产业以外的其他行业。当今世界是一个高度多元综合的世界，随着当今世界经济社会的迅猛发展，科学技术的进步使不同产业间的技术联系不断深化，产业间逐步形成你中有我、我中有你的紧密联系，产业间的边界变得模糊，三次产业呈现加速融合的发展趋势，这种融合实际上形成一种产业间相互促进、相互提升的良性互动关系，产业间的融合发展就成为产业结构优化提质的必由之路。

（一）三次产业融合发展强调互补、支持和牵引作用

三次产业同步优化融合发展强调三次产业之间投入产出关联、互动与合作的重要性，并不等同于三次产业简单的共同增长而是三次产业之间要互补、支持和牵引。增强三次产业之间的互动与合作程度是实现和放大三次产业同步优化融合发展的另一种重要途径。三次产业之间通过强强联合可以产生 1 + 1 + 1 > 3 的放大作用。

（二）三次产业融合发展使产业结构合理有序

自然科学研究表明优化结构、融合发展才能形成有序状态，反之，就只能是无序状态。目前国际上比较通用的衡量一个国家经济发展程度的重要指标，就是服务业占 GDP 的比重。一般来讲，一个国家最合理的产业结构应该是"三二一"的形态，以服务业为主导的第三产业比重最大，其次是第二产业和

第一产业，许多国家和地区根据这个标准不断调整优化产业结构，加快推进转型升级。

（三）三次产业融合衍生出不同的发展模式

三次产业同步优化融合发展模式，从地域内是否具有密切联系来看，可分地域内部互动合作模式、地域间互动合作模式和混合协同模式。从产业集群的多少来看，可分为单一产业集群内的三次产业同步优化融合发展和多产业集群的三次产业同步优化融合发展。从三次产业的自主性与否出发，可以将三次产业同步优化融合发展分为自主性三次产业同步优化融合发展和被动性三次产业同步优化融合发展。

二 开阳县三次产业高端融合发展的现状分析

（一）三次产业融合发展逐步推进

1. 第一产业正在由传统向现代转型

依托富硒资源优势和海拔、气候等特点，围绕做大做强畜牧及渔业养殖、果蔬及中药材种植、茶叶等产业，形成了以 2 个国家级、7 个省级、17 个市级龙头企业为主体的 256 家农业企业；拥有各类农业专业协会 176 个，会员达 2.5 万余人；发展村级集体经济企业 30 家；推进建设国家级烤烟示范基地 1 个、省级现代高效农业示范园区 1 个、市级现代高效农业示范园区 5 个、美丽乡村示范点 21 个。"清和"牌富硒茶通过国家"有机食品"和"有机茶"认证，"铜鼓坡"牌碧芽茶获 2007 上海国际茶文化节名茶评比金奖，"开阳富硒茶"产品销售到国内多个大中城市，并通过欧盟 462 项检测指标，远销德国并获得好评。

2. 第二产业特色产业体系逐步形成

开阳县按照工业向园区集中、上中下游一体化发展、扩大总量与优化结构并举、轻工业与重工业发展并重的思路，加快推进煤电磷一体化和千亿级磷煤产业园区建设。相继培育或引进了世界 500 强、国内 500 强、国内化工 500 强企业各 2 家，已搭建起以 1000 万吨磷矿、12 万吨黄磷、220 万吨磷酸、50 万吨合成氨、185 万吨磷铵为主的磷化工基础平台，与国内一流科研院所合作开发500吨磷煤酸铁锂、黄磷尾气制碳一化工产品（10万吨甲酸钠、2万吨甲酸、5000吨甲酰胺、1000吨草酸酯及500吨乙二醇中试），部分生产技术处于国际领先水平。在现有开磷集团技术中心的基础上，中凯鑫集团与天津大学合作建立了开阳县第二家国家级企业技术中心——碳一化工工程技术中心以及一批省级、市级公共服务平台。随着科技集成攻关能力的迅速提升，单位磷资源工业产值由2010年的0.09万元/吨提升到2013年的0.17万元/吨（见图1）；磷矿资源就地转化率由2010年的56.8%提升到2013年的83%（见图2）。

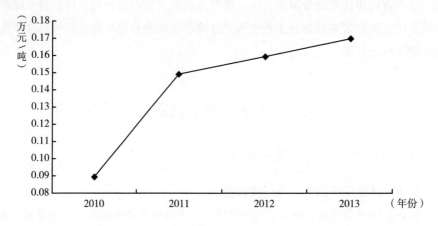

图1　2010~2013年开阳县单位磷矿工业总产值

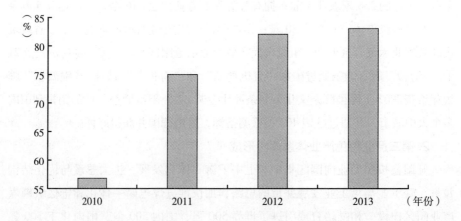

图2　2010~2013年开阳县磷矿资源就地转化率

3. 第三产业发展格局初步形成

开阳县已基本形成南部风景名胜区、清龙十里画廊乡村旅游区、西部温泉度假区、县城中心服务区的旅游产业发展格局。目前，已拥有 6 家星级酒店，500 余家酒店、庄园等餐饮企业，19 家金融机构。

（二）开阳县三次产业融合发展的优势分析

1. 政策优势

以贯彻落实党的十八大精神为引领，贵州省委、省政府抢抓国家实施新一轮西部大开发战略、国发〔2012〕2 号文件和国务院"金融十条"等措施出台，以及"黔中经济区"上升为国家战略、《贵州省主体功能区规划》实施的历史机遇，确立"两加一推"主基调和"工业强省、城镇化带动"主战略，重点实施"5 个 100 工程"；贵阳市委、市政府贯彻落实《贵州省人民政府支持贵阳市经济社会加快发展的意见》，制定"一先二超一提升"奋斗目标；充分发挥开阳县资源优势，着力打造"中国富硒农产品之乡""国家级新型工业化产业示范基地""爽爽贵阳——神奇开阳"品牌。

2. 区位优势

开阳南距省会城市贵阳 66 公里，北距历史名城遵义 110 公里，距贵阳市龙洞堡机场 43 公里。随着贵开高等级公路和 305 省道二级公路的开通，以及贵阳经开阳至瓮安高速公路、贵（阳）遵（义）高速公路复线、贵开城际快速铁路、久长至永温货运支线铁路和开阳港等重大交通设施的建设，开阳将形成"高速大走廊、铁路大动脉、水路大通道、空港大联运"的交通运输新格局，融入贵阳半小时经济圈、贵阳 - 遵义经济带、瓮安 - 开阳 - 息烽磷及磷化工产业带。

3. 资源优势

矿产资源优势。目前已探明磷矿储量 19 亿吨，远景储量达 31 亿吨，其中 P_2O_5 含量高于 32% 的富矿储量占全国 80% 以上，是全国著名的磷矿主产区。全县还有丰富的煤炭、铝土矿、硅石等矿产资源，其中，煤炭储量 5973 万吨、硅石储量 1045 万吨、铝土矿储量 581 万吨。

生态资源优势。森林覆盖率达 54.33%，居黔中之冠。年平均降雨量1216.7 毫米，年平均相对湿度为 84%，优良天气为 315 天，年平均温度在

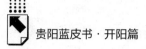

13.0℃左右，比贵阳市低2.3℃。

富硒资源优势。全县75%以上的土壤富含硒元素，动植物硒含量在0.05～0.28mg/kg之间，符合联合国卫生组织保健食品含硒量标准，开发出的富硒米、油、肉、茶等荣获"中国绿色食品"称号。

旅游资源优势。喀斯特地貌在良好的水热条件下充分发育，是著名的世界喀斯特地质公园，以景观独特、雄奇、瑰丽著称的南江大峡谷、香火岩、紫江地缝、开州湖等风景名胜区总面积达211平方公里。

人文资源优势。境内有距今上万年的打儿窝古人类遗址和秦汉时代的顶跛画马崖遗存，"水东"文化底蕴深厚，原生态布依族、苗族文化颇具特色。开阳是辛亥革命先驱钟昌祚先生，中国古建筑学创始人、中国营造学社社长朱启钤先生，抗日名将付砚农先生的桑梓地，是著名爱国将领张学良将军在大陆幽禁时间最长的地方。

（三）开阳县三次产业融合发展中的问题分析

"十一五"以来，开阳县GDP年均增速为15.6%，增速均高于全国、全省的平均水平，进入黔中经济区第二梯队，已处于贵州前列（见图3）。三次产业结构不断优化，比例由2005年的21.2∶52.8∶26.0调整为2014年的14.31∶55.76∶29.93。

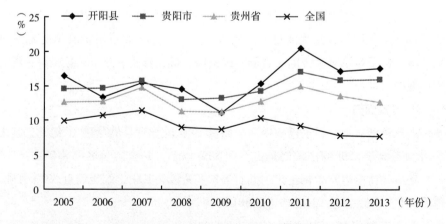

图3 2005～2013年开阳县与贵阳市、贵州省、全国GDP增速趋势比较

1. 产业结构优化速度不快

开阳县三次产业结构长期保持"第二产业 > 第三产业 > 第一产业"的态势,与发达县(市、区)相比转变速度稍显缓慢。虽然开阳县产业发展取得一定成绩,但三次产业缺乏高端引领,第一产业和第三产业缺乏龙头企业带动,第二产业龙头企业带动能力不强,在发展理念上占领产业链高端的意识还有待进一步增强。

2. 第一产业内部结构不合理

开阳第一产业有一定的基础,但农业产业化、规模化、现代化水平低,市场占有率低,都市农业发展滞后,无龙头企业引领,品质不够高端,知名度不高,资源优势未得到充分发挥。

3. 第二产业层次不高

以磷煤化工为主的第二产业处在"上中游产品"发展阶段,下游产品还处在奋力起步阶段。全县工业产值占全县生产总值的58.8%,其中磷化工产值占工业产值的65.18%,磷矿石开采的产值占到工业产值的18.85%。很多磷化工企业主要还是依靠卖磷矿石实现盈利,部分企业仍处于"傻大黑粗"的状态,"立足磷、跳出磷、发展磷"的精细磷化工虽有突破,但磷的附加值还没充分发挥出来,发展精细磷煤化工的空间巨大、潜力巨大。从工业结构看,以重工业为主、轻工业为辅的工业结构"重不精、轻不强",且工业园区建设处于有园无区、没有真正的园区核心区状态。工业发展规划指导性不强,园区的基础设施不完善,对外形象不佳,导致招商引资乏力。

4. 第三产业服务能力弱

以旅游业为龙头的服务业虽有得天独厚的资源、区位、市场、基础等优势,但目前形成的产品仅限于南江大峡谷、十里画廊及一些半成品的景区,山体户外、旅游地产、"5A"级景区、温泉产业等高端综合性旅游产品基本处于空白状态。

5. 三次产业融合程度不高

开阳没有很好地把人流、物流、资金流、信息流进行有机衔接,没有形成螺旋式上升的发展方式。目前,只有南江、禾丰一带,龙岗、南龙部分茶园建设在第一产业与第三产业的融合发展上取得一点突破,形成一些在省、市具有代表性的农旅一体化、茶旅一体化、果旅一体化的融合发展产品,但是第一、

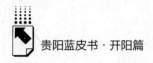

第二、第三产业高端融合发展的聚合性产业、产品还是空白，没有形成齐头并进、良性互动的发展态势。

三 开阳县三次产业高端融合发展的思路分析

（一）第一产业：培育特色，龙头带动，扩大总量

中央农村工作会议明确提出农业要强、农村要美、农民要富，要实现这样的目标，必须走农业产业化道路，加快推进农业现代化进程。从当前看，开阳县农业发展与"贵阳市农产品供给大县"的地位并不相称，根本原因是农业产业规模不大，农业产业化发展还处在初级阶段。要深入思考如何把都市型农业、城郊型农业做大规模，走高端化之路的问题，围绕服务贵阳居民的餐桌子、菜篮子、米袋子需求，积极发展现代高效农业、定制农业，加快建设市场定位准、生产水平高、带动能力强的特色产业集群和农业科技示范园，打造优势和特色明显的园区农业。打响以都市农业为龙头的现代农业发展升级战。充分发挥富硒资源优势，坚持生态循环理念和龙头带动，培育特色，扩大总量，以"结构科学化、产业特色化、产品优质化、园区现代化，茶旅一体化、果旅一体化、农产品旅游商品化、美丽乡村建设旅游产品化"为抓手，以现代农业园区建设为载体，大力发展休闲、观光、体验农业，在农业变产业、农村变新村、农民变产业工人或有资产的农民、现代农业和旅游业高端融合发展上取得明显突破。实现"十二五"末期第一产业产值达34亿元。

（二）第二产业：增强后劲，加快转型，集约发展

打响以高新技术为龙头的高新技术产业和现代制造业发展升级战。实施"轻重并举"，强力推进以磷煤化工为核心的重工业向精细化、高端化转型发展并取得突破，强力推进以纺织、医药为重点的轻工业取得实质性突破，实现在转型中优化现有存量，在转型中突破增量。同时，紧紧围绕"低碳、环保、绿色、高端"发展要求，按照循环经济"减量化、再利用、再循环"的3R原则，大力引进高科技人才和现代服务业的各种高端要素，扎实推进千亿级产业园区建设及煤电磷一体化工作，不断增强市场对资源的配置和集约利用能力，

促进产业转型升级。2015 年磷矿资源就地加工转化率达到 100%，园区磷煤化工及精细化工产业、战略性新兴产业、轻工业和现代服务业产业集群基本形成，工业总产值突破 300 亿元。到 2020 年，园区形成协同发展的现代产业体系，磷煤化工及配套产业总产值达到 1000 亿元。

（三）第三产业：发挥优势，总量扩张，高端引领

以"产城互动""城城互动""产产互动"为抓手，打响以旅游和金融后台服务为龙头的现代服务业发展升级战。依托"贵在城郊、美在自然、亮在生态、强在基础"的优势，积极促进传统服务业向现代服务业转型升级，着力推进"乡村旅游休闲度假区"建设、着力加快老景区提档升级步伐、着力加大招商引资力度，实现旅游高端化发展，带动生产性和生活性服务业发展壮大。到"十二五"末期实现第三产业增加值 44.48 亿元。

四 开阳县三次产业高端融合发展的对策与建议

按照"四化同步"的要求，开阳县要大力实施"三个集中"战略，以全域发展和全要素发展为引领，以信息化为推手，实现产业与产业之间、产业内部之间的互动融合高端发展。

（一）加快传统农业向现代农业转型发展，推动特色农业高端发展

以抓工业的理念抓农业，以现代高效生态农业示范区和美丽乡村建设为载体，做"精"、做"好"、做"丰"现代农业，大力发展高端、绿色、有机、富硒农业，提高农产品附加值。

一是大力引进和培育龙头企业。通过完善培育扶持政策，内引外联、走出去请进来，注重大企业引入、大项目带动，围绕茶叶、精品水果、农产品加工等重点产业，从项目上倾斜、资金上扶持、政策上优惠，培育一批带动能力强、示范效应明显的农业龙头企业，提升现代农业发展水平。

二是实施品牌战略。以品牌整合为突破口，打造开阳"富硒茶"公共品牌，重点打造"硒灵翠"系列高端绿茶品牌，推出一批在省内外叫得响的

"粮、油、畜、茶"等富硒农产品。同时，依托"黔山牌"商标打造蔬菜、蛋鸡等富硒农产品品牌。

三是强化市场引领，提高市场占有率。通过完善农产品营销网络，在大中城市设立农产品专卖店，组织农产品参加各种博览会，加大宣传推介力度，以"硒味园"等企业为支点，开展农超对接、网络营销，提升开阳富硒农产品的市场占有率。

（二）加快传统工业向新型工业转型发展，推动磷煤化工产业高端发展

坚持扩大总量与优化结构并举、轻工业与重化工业发展并重的原则，大力引进关联产业和高端产业，做优新型工业，积极培育以磷、煤、铝资源为上游，以黄磷、磷酸、合成氨等大宗产品为中游，以医药化工、材料化工、日用化工等精细化工产品为下游的磷煤铝上中下游一体化发展路线，促进产业转型升级。

一是围绕工业园区扩容提质和功能配套的要求，加快水、电、路、信息网络、标准厂房为重点的基础设施建设，重点推进煤电磷一体化工作，整合水电和新建火电相结合，形成"水火互济"的能源供给格局，加快完善重点产业的要素配置。

二是加大科技创新力度，不断增强企业科技集成攻关能力，促进产业体系逐步完善，积极推进主要工业产品由中间产品向终端产品延伸。在现有产业基础上，重点突破黄磷精制、磷酸净化、尾气综合利用等关键技术，进一步完善磷酸、三氯化磷、三氯氧磷、甲醇、合成氨、乙二醇、氟化氢等平台产品，逐步发展磷酸酯、亚磷酸酯以及下游的农药、医药化工产品，甲醇、草酸酯、乙二醇及下游的聚酯纤维等日用化工产品，磷系阻燃剂、磷酸铁锂、六氟磷酸锂、白炭黑等新材料产品。

三是高起点承接中东部发达地区产业转移，重点引进电子、信息、装备制造等高端产业以及劳动密集型产业，切实解决农村富余劳动力就业问题。

四是积极对接中关村，打造以"中关村"授权冠名的省内最大信息产业基地。以超星数字文化产业项目为切入点，争取引进有意向的中国联通云计算中心、华为数字中心、贵阳报业集团数字中心等入驻，形成信息产业集聚。

（三）加快传统服务业向现代服务业转变，高端引领第三产业

一是结合旧城棚户区改造，将县城提档升级为旅游目的地，推动以"一核一轴两带"为重点的网络化旅游产业空间布局（一核——城关购物休闲旅游区；一轴——禾丰布依族民俗文化旅游中轴；两带——南江生态休闲带、温泉养生旅游带）。

二是按照"两基""三项突破工程"和教育"9＋3"计划的要求，抢抓富士康集团入驻贵州的机遇，加快规划建设开阳综合教育城，以建设全省教育强县为目标，整合教育力量，大力发展中职教育，把开阳中职教育做到全省最大，为三次产业发展提供充足、优秀的专业技术人才。

三是加快发展社区服务业，重点支持社区便民商业、医疗养生、体育健身等产业快速发展，形成以高端为引领、中端为支持、社区配套为基础的三级生活性服务业发展格局。

四是促进工业与生产性服务业有机结合、协同发展，大力引进和培育一批具有核心竞争力、能够引领行业发展的物流、金融保险、信息服务、研发设计、外包企业，促进生产性服务业发展壮大。

五是加强旅游与文化、养生、科教等产业融合发展，引进实力雄厚的大企业、大集团参与开阳县旅游资源的开发和整合，高品质打造一批观光农业示范园、生态休闲度假区、乡村旅游新业态聚集区，精心培育开阳生态健康之旅、美丽乡村之旅、茶文化游等专项旅游产品。着力将开阳打造成"中国避暑之都——皇冠上的明珠""爽爽贵阳——栖息心灵的地方""全球布依人的精神家园"。

（四）坚定不移地推进产城融合发展

开阳最具潜力的发展动力在城镇化，抓住城镇化就是抓住投资拉动的助推器。

开阳县以"一核心四区域"为抓手推进城镇化。"一核心"，即以城关镇为中心，带动南龙乡，大力发展现代服务业、房地产业、郊区农业，着力打造全县的政治文化中心，辐射带动东南西北四个区域协调发展。"四区域"，即南部三次产业融合发展经济区域，以龙岗镇、南江乡、禾丰乡为中心，带动高

寨乡、毛云乡，加快发展生态旅游、山体户外运动、高端旅游文化、旅游地产、现代高效农业、观光农业、富硒农产品加工等产业，着力打造连接贵阳市区的南部经济"桥头堡"；北部现代农业经济区域，以楠木渡镇为中心，带动冯三镇、宅吉乡，大力发展烟、油、果、蔬、茶、畜、禽等特色农业和生态旅游，打造北部现代农业示范园区；东部第一、第三产业互动经济区域，以花梨镇为中心，带动龙水乡、米坪乡，大力发展观光农业、特色水产、水上运动、库区旅游、现代物流等产业，打造东部水上通道经济区；西部磷煤化工经济区域，以金中镇、永温镇、双流镇为核心，大力发展精细磷煤化工、氯碱化工、碳一化工、新型建材、新能源材料和物流等产业，加快各产业间的共生耦合、循环利用和协调发展，打造国家级新型工业产业示范基地。

五　加强开阳县三次产业高端融合发展的要素支撑

（一）把开放作为加速发展的关键一招

一是通过扩大开放，倒逼政府职能转变，简政放权，进一步加快服务型政府建设；加大高层次人才培养和引进力度，组织干部赴发达地区学习培训和考察，选派干部到清华大学轮训，与省市部门、大型企业和科研院校互派干部交叉挂职，加大干部在乡镇与部门、乡镇与乡镇之间的循环交流，组建各种专家库，以更加开放的姿态打造开阳人才"升级版"。

二是充分依托资源优势和产业平台，积极创新招商方式，吸引一批产业配套强、技术含量高、发展潜力大、社会效益好的项目落户开阳，建立和完善招商引资联席会议工作制和"一站式"服务制，营造良好的投资环境。

三是全力拓宽投融资渠道，积极发挥县金融委员会和金融办、小微企业金融服务中心的作用，深入推进"引银入开"，拓宽投融资渠道，助推三次产业优化发展。

（二）把人力资源开发作为经济社会发展的保障

一是认真贯彻落实中央、省、市一系列决策部署，切实把思想和行动统一到各项工作上来，提高贯彻落实能力。

二是强化机关作风建设，以"时时争创一流、处处勇攀高峰、做合格开阳人"的精神，切实提高执行力。

三是坚持两个"笔记本"和两个"例会"学习制度，把其列入各级各部门学习的固定内容，增强学习主动性，提高学习先进理念的意识。

四是统筹兼顾，增强工作协调能力，以重点工作的开展带动日常性工作。

（三）把民生事业作为经济发展的落脚点

深入实施"十大民生工程"和为民拟办"十件实事"，强力推进县人民医院创建"三甲"等工作，重点解决好就业、卫生、社会保障等人民群众最关心、最直接、最现实的利益问题，把民生事业和小康社会创建作为经济社会发展的落脚点，形成民生事业和经济发展的良性互动，不断提高人民群众的幸福指数和满意度。继续按照"能宽则宽、能优则优、能容则容"的原则，突出抓好矛盾纠纷排查和调处工作，为全县经济社会发展营造和谐稳定的社会氛围。

（四）在经济发展中守住生态保护这条底线

一是突出生态产业特色，实现可持续发展。开阳县经过几年的发展，全面利用人畜粪便建造沼气池，利用农村清洁工程治理生活污水，大力实施退耕还林、水土保持等环境保护和生态建设项目，以生态产业富民，在县域科学发展中发挥了重大作用。开阳县将进一步培育这些产业，使特色更特，优势更优。以现代农业示范园区建设为抓手，积极发展无公害、绿色和有机农产品，保障农产品质量安全，扶持生态产业，使开阳县实现可持续发展。

二是进一步完善基础设施，推进农村生态建设。扎实推进农村路网、农民饮用水等项目建设，引导鼓励农民通过实施"穿衣戴帽"工程，逐步在农村探索开展生活垃圾分类试点工作。以建设与管理并重为原则，加强农村基础设施管理长效机制建设，因地制宜实施村寨街道统一管护、市场化运作、社会化管理、村民自行管护等不同形式的管理模式。开阳县通过实施农村环境整治提高工程，加快创建生态村镇，加大农村污水处理工程建设力度，积极推广太阳能等清洁能源，鼓励村民在生产生活中使用节能产品。开展畜禽养殖业生态化改造，严格控制畜禽养殖区域生态环境。加大农村河网水系综合整治力度，积

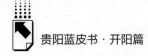

极开展万里清水河道建设。

　　三是推广循环经济发展模式，建设和谐村寨。开阳县要推广循环经济发展模式，变废为宝，提高各行各业原材料的利用率，鼓励使用农家肥、有机肥，对于一些村寨中的餐馆、旅馆、商业店铺等产生的生活垃圾进行分类处理，能够再次利用的垃圾绝不浪费，一方面提高物品的利用率，另一方面减轻环境的污染，提高村民、村寨、环境的和谐度，建设和谐开阳。

参考文献

　　国家统计局：《国家统计局关于印发〈三次产业划分规定〉的通知》国统字〔2003〕14号，2013。

　　黄昭昭：《三次产业协同带动研究》，博士学位论文，西南财经大学，2011。

　　李强：《2014年浙江省政府工作报告》，《浙江日报》2014年1月22日。

　　开阳县委县政府：《关于三次产业同步优化发展的报告》，2013。

关于农村基层治理理论创新的
趋势与模式研究

摘　要： 伴随着工业化、城镇化以及社会经济转型的深入推进，与中国大多数地区一样，开阳县也进入新的发展阶段，农村结构加速转型、城乡发展加速融合，市场配置资源成为农村经济社会发展的重要方式。村民在经济上获得独立发展的同时，对民主权利的要求越来越高，参与农村基层治理的欲望也更加强烈。开阳县通过加强农村基层党组织、村级制度建设，扶持农村经济、推进集体经济发展，强化依法治理、促进民主建设等一系列措施，逐步探索出一种符合开阳实际情况的农村基层治理模式。

关键词： 农村社会　基层治理　模式研究

党的十八大报告强调，解决好"三农"问题，是我们党工作的重中之重，推动城乡发展一体化是解决农业农村农民问题的根本途径。党的十八届三中全会首次提出推进国家治理体系和治理能力的现代化，全面深化改革的总体目标是不断完善和发展中国特色制度。在当前农村快速发展和转型的大背景下，积极探索农村基层治理的新路径，对于推动我国社会主义新农村建设具有重大的意义。

一　农村基层治理理论概述

（一）农村基层治理理论的内涵

治理理论是对农村基层治理实践的理论提炼，包含农村基层治理的主体、

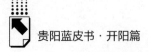

权力结构、治理目标与治理方式等多个维度。

首先，基层治理的主体多元化。在农村治理过程中，由于治理资源的多样性，使农村治理的主体也呈现多元化的趋势。除了村民委员会，农村基层治理的主体还包括一些得到村民认可的组织机构，如村民代表大会与经济组织。随着农村经济社会转型发展，农村治理过程中政府对社会组织依赖程度不断加深，这类组织对基层治理的作用也越来越大。因此，多种主体参与到农村基层治理中，通过相互监督、共同促进农村经济社会的发展，是当前农村基层治理转型发展的必然选择。

其次，权力配置多元化。在传统的农村管理中，村民委员会是农村管理的主体，公共权力自上而下单向维度运行，权力配置单一。社会组织与经济组织的不断成长和村民参与基层治理的意识的提高，客观上要求农村公共事务的管理多元化，从而要求权力配置多元化。农村基层治理不仅要求政府能行使公共权力，而且得到群众认可的组织甚至是村民个人也可以有效行使乡村治理的公共权力。权力配置多元化使村党委、村委会权力受到限制，为决策科学性提供了保障。

再次，以群众利益为根本出发点。在实行村民自治的乡村，治理必须以群众的利益为根本出发点，不断提升群众的满意度，实现公共利益的最大化。群众的利益是基层政府、村委会、"两新"组织（新经济组织和社会组织）以及村民之间合作的基本前提。农村基层治理理论就是在以群众利益为根本出发点的农村建设实践中形成的。凡是能提高群众收入水平、增强群众的幸福满意度的举措，都应该纳入基层治理的实践中。只有村民的利益得到保障，农村才能得到更好地治理。

最后，治理过程自主化。村民自治是我国社会基层政治制度的基础性实践，已成为我国农村基层治理的根本制度。农村治理理论要求在基层治理的实践中，宏观层面上必须依照国家的方针政策进行管理，将国家有关政策进行落实。因此根据农村实际，在微观层面上应实行村民自治。只有村民自治，使更多的"两新"组织与村民个人参与到农村的公共事务中，农村才能真正成为具有自主性、组织性的社会体系。

（二）农村基层治理理论创新的趋势

创新基层治理旨在基层党组织的领导下，开创基层政府负责、社会协同、公众参与的社会管理的全新格局，改变过去基层政府大包大揽的状况，最大限度地增强农村社会的创造活力、自治程度与和谐因素。同时，政府把应该转移给社会组织的管理职能转移出去，使社会组织成为合格的管理职能的承接者。

一是从传统管理向现代服务转变。随着农村社会的发展，无论对基层政府还是村委会，要想从传统的单向管理向现代服务型职能转变，就要转变官本位的思想。同时，由于农村"两新"组织不断涌现，基层政府需要加强与村委会、"两新"组织以及村民个人的沟通与协作，共同管理村级公共事务，在法律保障的范围内，落实国家政策，促进农村经济发展，提高村民生活水平。

二是完善基层财政制度。由于农村快速市场化，村民渴望参与村级事务治理的意识不断增强，建立民主、透明的财政体制是农村发展的必然趋势。在明确财政预算的同时，还要制定相应的财政支付制度，确保在农村建设的实践中，权、财、责三者得到有机统一。另外，探索建立监督机制，充分发挥村委会、社会组织以及村民个人的监督作用，确保基层财政资金使用公开透明。

三是探索多元化基层治理。改革开放以来，尤其是市场经济体制确立以来，传统单一的管理已不能适应农村发展的需要，探索建立多元化的农村治理机制，构建农村治理多中心格局已成为农村发展的必然。在基层政府的领导下，以村党支部委员会和村民委员会为农村治理的核心力量，让市场、社会组织与村民组织协同发展，共同促进农村建设。

（三）转型中的农村基层治理路径选择

农村治理从根本上说就是要在党的领导下，广泛地动员和组织人民依法管理社会事务，实现村级自治，这是农村基层治理的根本要义。

1. 基层治理由无序到规范化

随着农村经济、社会、文化的发展，村民要求享有相应的自主自治政治权利已经成为农村发展的必然趋势，村民在参与基层治理过程中也产生了较高的热情。村民积极参与农村治理促进了基层民主自治制度的发展，客观上也为基层决策的科学性提供了保障，但村民参与基层治理的政治权利需要有制度来保障。因此，基层治理应该是一种规范自治，村民在制度的保障下有序的参与。规范化的基层治理不仅可以保障村民享有基本政治权利，同时还能提升农村事务决策的民主性、科学性。

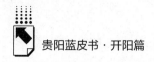

2. 治理方式由管制向协商转变

推进基层治理主体多元化。过去基层政府往往采取从上到下的单一形式对村级事务进行管理，为了实现新的治理方式，基层政府在农村管理上，需要从自上而下的单向度运行向上下互动双向度运行转变，在解决基层问题时逐步减少强制手段，更多采用协商、指导的方式。目前，农村治理主体多元化与村民日益增强的政治参与意识相一致，从村民集体利益出发，只要是村民表决通过的组织，基层政府就应该引导其参与到农村治理中去。

3. 基层治理方式由封闭向开放转型

基层自治应该是一种开放治理方式，治理过程与政治运行机制要向村民公开，村民不仅可以了解、掌握和监督村级事务运行情况，而且还可以通过一定的形式参与到治理的过程中。村级党组织、村委会也需要定期向村民公布村级事务运行情况，接受村民的监督，从而实现治理的公开透明。

二 开阳县农村基层治理的探索

2012 年，开阳县通过调研，提出"一核多元"的农村基层治理模式，即以建设和谐村（居）为核心，实施多元化的社会治理，并从基层党组织、经济、法治、民主、社会组织以及和谐村居建设等十方面着手进行治理。2014 年 10 月 16 日，贵阳市委群工委报送的"贵阳市开阳县：合力富民合群惠民合心聚民"案例从全国 500 多个案例中脱颖而出，荣获全国创新社会治理"优秀案例奖"，标志着开阳县农村基层治理探索实践得到认可。

（一）加强基层党组织建设，提升党员思想水平

首先，开阳县以第九届村级组织换届为契机，扎实开展"领头雁"工程，按照致力打造一支"有公心、闯劲足、敢担当"的农村好干部队伍的要求，严格资格预审，拓宽用人渠道，顺利推选出 238 名村党支部书记（副书记）、293 名村委会主任（副主任），在学历、经历、能力等结构上得到了进一步优化。

其次，从县直部门或乡（镇）派驻更多懂专业、善工作、吃苦耐劳的同志驻村帮村，完全纳入村级管理考核，在建强村级领导班子的同时进一步拓宽村（居）发展思路，激发发展活力。此外，还实行村级互挂互帮，将先进村

与后进村村干部互相挂职，先进村指导后进村理清思路，后进村到先进村学习治村理念及方法。

最后，加大对村级领导班子的培训，增强党员干部的思想认识。开阳县认真贯彻落实"全国社会管理创新综合试点工作座谈会""全市传达贯彻全国社会管理创新综合试点工作座谈会""全市社会管理综合治理工作会议""全市做好党的十八大期间信访维稳工作动员会议"等一系列会议精神，安排部署社会管理和群众工作。同时，先后利用县委常委会、县长办公会组织传达学习上述会议精神，召开工作安排会、推进会、专题会以及各种培训会提高领导干部的认识。

（二）强化村级制度建设，着力提升干部素质

开阳县探索建立以《村规民约》为主的各项管理、服务、治理类制度，重点从村级自身班子建设入手，形成一套科学适用、指导性强的制度体系，将村级各项工作任务制度化、规范化。具体的制度有：村干部选拔、培养、管理制度，党建、党员管理制度，日常工作制度，各类会议制度，考核奖励制度，各类评比制度，村民致富能力培训制度，村民素质提升培训制度等；开阳县还不断加强农村干部队伍建设，提高干部综合业务素质，使村干部成为党和国家方针政策落实的中坚力量。同时，加强对干部的培训教育制度建设，通过参观学习的方式，强化培训制度，提高干部政治、道德各方面的素质，来适应新时期对基层干部的素质要求。

（三）加强基层民主建设，提升群众参与度

首先，在基层组织建设中"带领民主"。一是加强基层班子建设。不断改进民主选举方式，在有条件的村开展试点，推行公推海选制，让选民全过程参与到换届选举中，充分尊重选举人意愿，严厉打击在选举中出现的违法违纪行为和人员。二是加强制度建设。推行党务、政务公开，实行村监会、村（居）民议事会、村（居）民代表大会等制度，强化人民民主权利，提高群众社会治理参与度。三是加强作风建设。结合教育实践活动，以"党员干部大走访""党员保姆""基层夜话"等活动为载体，与群众拉家常、商发展、话政策，保障群众在社会发展和农村治理中的表达权和决策权。

其次，在发展农村经济中"保障民主"。探索"八种发展"模式，找准集体经济发展定位。按照"一村一策，一策多类"的发展模式，将全县 112 个经济实体分为生产加工、精品养殖、规模种植、环节经营、营销引导、工程施工、社区服务、设施租赁 8 种类型，实现了村集体经济发展的精准定位。此外，在产权问题、财务管理、收益分配、民主理财等方面进行了规范，尤其实行村务公开，定期对村级财务情况进行公示，确保村级财政用在群众需要的地方。

最后，在服务群众中"体现民主"。一是推行窗口单位群众满意度测评制，对县政务服务中心、乡镇全程代理大厅、村级便民服务大厅进行测评，测评结果纳入年终目标考核。二是推行民生特派组制度，加强对涉及民生的项目进行监督和管理，督促落实，确保惠民项目落到实处。三是推行"一事一议"政策，将上级工作要求转变为群众意愿，让群众能全程参与农村建设，增强群众参与村务管理的积极性和主动性，使群众成为管理村务的"当家人"。四是全力开展"四在农家·美丽乡村"建设试点工作，采用事前征求群众意见进行民主决议、事中动员群众广泛参与监督、事后组织群众代表验收共管的模式，让群众积极参与到村务管理中来。

（四）发展农村经济，促进集体经济发展

首先，开阳县因地制宜进行产业结构调整，以市场为导向，合理配置和充分利用自然资源和经济资源，依靠科技创新，全面提高农产品质量，走生态、有机、可持续发展之路，促进产业升级，打造品牌。同时，加大招商引资力度，引进企业投资有一定科技含量、市场前景好的产品，运用"公司＋基地＋农户"模式发展一批产业，以龙头企业带动小企业、带动农户共同发展。其次，狠抓集体经济发展，村干部明确职责，让有致富能力的干部抓集体经济发展，理清经济发展思路，制订具体实施计划，以较先进的经济理念积极发展村集体经济。此外，开阳县还积极动员企业力量到村挂职，倡议企业或银行投入一定量资金帮助发展村级集体经济；乡镇领导具体指导村集体经济发展，为经济创收把脉，对资金管理负责。

（五）加大群众工作网络建设

一是完善社会治理网络。开阳县大力发展 18 个群众工作站、125 个村

（居）群众工作室的功能，在村民组实施农村社会治理网格化建设，建立起一张全面覆盖农村的社会治理网，解决好服务群众"最后一公里"的问题。二是积极探索第三方调处机制。由各工作站（室）的德高望重、公道正派的寨老、老党员、老干部、老军人、老教师、老模范组成"和事佬"队伍，义务到群众工作站（室）参与矛盾纠纷调处，发挥促进和谐的作用。三是保证群众工作站（室）长期有效运转。以乡（镇、社区）为单位，制定奖惩措施，对于真正将矛盾化解在当地，全年无上访的乡、村实行重奖，对工作失职、渎职造成信访量增大，造成严重影响的，严厉追究相关责任人的责任。同时，解决群众合理合法诉求，依法打击非法诉求，维护正常的群众工作秩序。

（六）保障农村社会稳定

一是落实矛盾纠纷"五位一体"工作机制，深入开展矛盾排查、化解、评估、稳控、处置等工作，着力构建县、乡镇、村（社区）三级维稳机制，探索村级调处社会矛盾新模式，发挥群众工作站、工作室化解矛盾纠纷的第一关作用。二是做好农村社会治安工作，整合综治、司法、劳动等职能部门的作用，形成治安综合治理合力。三是关爱特殊群体。对农村空巢老人、留守儿童、五保户、残疾人等，有针对性地开展就业指导、帮困扶贫、心理干预等工作；对不良行为未成年人实施"育新工程"、对重点青少年实施"雨露工程"、对戒毒人员实施"阳光工程"、对刑释解戒人员实施"回归工程"、对精神障碍者实施"安宁工程"等，通过各种途径提高群众幸福感和满意度，维护农村社会稳定。

（七）依法治村，建设法制农村

一是对违纪、违法、违规的村干部，特别是支书、主任，必须严肃处理、绝不手软。二是对群众触犯法律法规的行为坚决处理，营造良好的法治环境。在有条件的村实行便民法庭巡回调解、审判制度，及时调解、化解村民的矛盾纠纷。对于一些不构成违法犯罪的矛盾纠纷，制定操作性强的办法措施，营造和谐的生活环境。三是注重法治与德治的紧密结合，在组织群众、发动群众的同时，教育群众，充分调动群众的积极性、主动性和创造性，有效地开展农村社会治理。

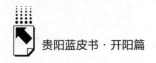

（八）加强民生建设，改善农村生活环境

一是继续加强农村基础设施建设，完善农村交通网、供水网、供电网、信息网、流通网"五网"的同时，高度重视农村基础设施的运行和管护。二是加快发展农村公共事业。推进文化信息资源共享等重点文化惠民工程，完善农村义务教育经费保障机制，巩固和发展新型农村合作医疗，继续加强县、乡镇、村（社区）医疗卫生机构和人才队伍建设，逐步建立新型农村社会养老保险制度。

（九）加强社会组织建设，促进治理主体多元化

一是发展农民合作经济组织。随着社会组织在农村建设中作用不断加强，为促进农村发展，开阳县将分散的经济组织统一起来，统筹安排，在加强组织体系建设的同时，开阳县政府还给予这些组织一定的财政补贴。二是大力发展各种群众性社会组织，实现农民的自我组织、自我管理以及自我服务。

（十）发展和谐村居，提升群众满意度

开阳县通过多元化治理，每年对村级进行考核测评，主要从建强党组织、经济健康发展、社会秩序安定、文明礼仪普及、小康建设及群众满意度等方面制定相应的考核办法，用"千分制"来量化考核，并设置相应加分项，对达到950分的村（居）或排名前十位的村（居）授予"开阳县和谐村（居）"荣誉牌，对荣誉牌实行动态管理，连续三年获牌的村（居）待遇上给予一次性奖励，或者对做出杰出贡献的同志优先高薪聘用到其他岗位。

三 开阳县农村基层治理存在的问题

开阳县农村基层治理的实践探索在取得一定成效的同时仍然存在以下五方面的问题。

一是社会组织发育比较迟缓。农村居民仍然习惯于传统的自上而下的治理，对农村公共事务进行自我管理、自我服务和自我发展的意识和能力还不强；仍然习惯于自上而下单靠政府主导。由于社会组织发展迟缓，导致农村社

会资源得不到很好的整合，进而阻碍了开阳县农村经济社会的发展，带来较大负面影响。

二是基层重视程度不够。部分基层党委、政府对加强农村社会治理的重要性和紧迫性认识不足，重视程度不够。平时工作疲于应付各种会议、各类检查评比，无暇顾及群众，凡事以自己在任时"不闹事""不出事"为目标，没有延续群众路线的优良传统，存在需要用群众时才找群众、不需要用群众时没有深入群众的现象。

三是行政管理存在惯性。现行的党委、政府运行体制习惯于上传下达，习惯性地用"属地管理"一词，把村（居）委会职能职责无限放大，一定程度上淡化了村级组织的自治性，政府工作方式向服务型转变较少，也影响了政府行政效能的提高。

四是基础设施比较薄弱。虽然在新增的财政支农资金中，用于农业基础设施、农贸市场的投入有所增长，但完全覆盖还需要一个过程，如高寨乡黄金组等还未通公路；20%左右的村民组人饮水工程未达标；5%左右的村民组手机信号差等。

五是村级集体经济发展水平参差不齐。目前开阳县部分村受自然条件和基础设施等限制，集体经济发展滞后，同时也缺乏根据具体情况将乡（镇）、部门、企业的相关资源进行整合的灵活机制及长期政策。

四 开阳县农村基层治理的建议

（一）以党的领导为基础

基层党组织是基层治理的"领头雁"，肩负着把党的路线方针政策贯彻落实到农村基层的重要职责，是农村基层治理工作顺利开展的根本保证。在基层治理工作中，一定要充分发挥基层党组织的核心引领作用，培养一支意志坚定、作风优良、能力突出的基层党员干部队伍，创新基层党组织的工作方式和工作机制，不断扩大基层党组织的覆盖范围，为推进基层治理现代化涵养动力，为推进基层治理现代化拓展新的空间，稳步推进党内基层民主建设，为农村基层治理现代化激发活力。

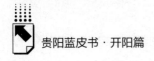

（二）以民主决策为核心

基层民主是当代中国最直接、最广泛的民主实践。在新的形势下，要不断拓展村民民主参与的渠道，不断激发村民参与的积极性和主动性，吸引越来越多的群众参与到基层治理中来。要进一步制定规范农村基层治理的规则和程序，完善村民自治的组织和工作体系。同时，也要加强培育一批专业能力突出的社会组织，并积极鼓励社会组织参与到农村治理当中，为农村基层治理提供法律咨询、专业指导等方面的服务。

（三）以群众利益为目标

在农村基层治理过程中，基层政府要把保障和改善民生作为加强和创新基层治理的出发点和落脚点，只有以群众的利益为目标，才能从根本上解决农村问题。一方面，加快农村经济的发展，基层政府必须从传统的政权化角色定位转变成服务型角色定位，以服务群众为中心，把集体经济发展和增加农民收入作为首要职责；另一方面，要在发展经济的基础上，着力保障和改善民生，抓好低保、农村合作医疗等工作。

（四）以创新治理为依托

当前，农村的社会结构、社会组织形式以及社会治理环境正在发生深刻的变化，对创新基层治理提出新要求，以维护村民的根本利益，最大限度地增加农村和谐因素，确保群众安居乐业、社会安定有序作为基层治理的重要目标。积极、主动应对农村快速发展及建设中出现的新情况、新问题、新变化，不断探索与借鉴新的治理经验，创造出具有特色的农村基层治理模式。

参考文献

杨成：《"三会村治"新模式探析——兼论我国村民自治组织建设》，《安徽农业科学》2011年第26期。

苏敬媛：《从治理到乡村治理：乡村治理理论的提出、内涵及模式》，《经济与社会发展》2010年第9期。

彭碰:《农村转型期基层治理变革的路径选择和结构优化》,《中共南京市委党校学报》2013 年第 6 期。

张艳国、尤琳:《农村基层治理能力现代化的构成要件及其实现路径》,《当代世界社会主义问题》2014 年第 2 期。

湖北省党建研究会:《恩施州"三位一体"基层治理创新模式评估报告》,2014。

开阳县委群工委:《开阳县农村社会治理调研报告》,2012。

开阳县委群工委:《开阳县 2012 年社会管理和群众工作总结》,2012。

开阳县委群工委:《创新农村社会治理加强基层民主建设——开阳县加强农村基层民主建设研究》,2014。

开阳县委群工委:《开阳县 2013 年社会管理和群众工作总结》,2013。

开阳县委群工委:《推进社会治理创新提升群众幸福指数——县委群工委 2014 年工作总结及 2015 年工作打算》,2014。

调 研 篇

Report of Investigation

B.5
开阳县磷煤化工产业发展研究

摘　要：　"十二五"规划实施以来，开阳县坚持以邓小平理论、"三个代表"重要思想和科学发展观为指导，牢牢把握"主基调"，实施"主战略"，坚持以规划为引领，加强园区建设；以交通、供水、供电为切入点，加强基础设施建设；使用资源综合利用和"湿热并举"的现代技术推动产业转型升级，全面推进磷煤化工产业向集聚化方向发展；践行"一条龙""保姆式"的招商引资服务；构建行业、安全"双管齐下"的煤炭资源管理模式；坚持"三个集中、四化同步"，着力推动农业、工业、旅游业和城市"四大转型"。通过对开阳县磷煤化工产业进行实地调研，分析其发展存在的局限性并提出对开阳县磷煤化工产业发展的对策与建议。

关键词：　磷煤化工产业　自主创新能力　产业要素制约

随着我国改革开放和工业化进程的推进，开阳县紧抓国家、省、市的政策机遇，依托本地的优势资源，着力推进磷化工产业生态化。大力发展循环经济，延长产业生态链，扩大磷煤化工产业体系，促进开阳工业的持续健康发展。

一 开阳县磷煤化工产业的分布情况及历史沿革

（一）开阳县磷煤矿产资源呈集中分布态势

世界磷矿资源主要富集在美国、摩洛哥和中国（见图1）。中国的磷矿资源主要分布于中西部的湖北、贵州、云南、四川四个省份。其中，云贵两省的磷矿资源占到了全国的75%，而开阳是黔磷矿资源的集中分布区。

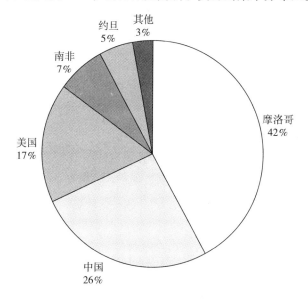

图1 全球磷矿石分布情况

资料来源：根据网络数据统计得出。

开阳目前已探明磷矿储量19亿吨，远景储量达31亿吨，产地达24处，主要分布于金中、双流、永温、冯三、花梨及龙水6个乡镇。其中P_2O_5含量高于32%的富矿储量占全国80%以上。全县还有丰富的煤炭、铝土矿、硅石等矿产资源。其中，煤炭储量 5973 万吨，硅石储量 1045 万吨，铝土矿储量 581 万吨。目前开阳主要的磷矿开采区是开磷矿区，开磷矿区位于开阳县金中镇境内，南北长 15 公里，东西宽 5 公里，面积约 85 平方公里。矿区磷矿资源储量大、品位高、有害杂质少、重金属元素镉含量低，P_2O_5 平均含量 33.67%，其中含量在 32% 以上的富磷矿储量占全国总储量的 78%，是目前国内唯一不经选矿就可直接生产高浓度磷复肥的重要原料基地，是理想的湿法制肥原料和生产无公害绿色磷化工产品的优质原料。按照开磷矿区已探明储量和现有磷矿石生产能力，开磷矿区资源还可开采上百年，为开磷可持续发展提供了资源保障。

（二）开阳磷煤化工产业发展的历史轨迹

开阳磷煤化工产业因 1959 年《人民日报》报道的"三阳开泰"而闻名。为促进磷煤化工产业有序发展，2004 年，开阳磷煤化工产业基地经国家环保总局批建，成为中国第一个磷煤化工（国家）生态工业示范基地。开阳县在基地内规划建设双流、永温、大水 3 个工业园区，促进磷煤化工产业聚集，通过加快发展，双流－城关－永温－金中磷化工产业带也初步形成。

在循环经济理念指导下，开阳县磷煤化工产业逐步从资源型产业转变为技术型产业，实现资源密集型向技术密集型的过渡，进一步迈向磷煤化工生态工业。截至 2014 年上半年，这一规划产业投资达 117 亿元。开阳磷煤化工产业将围绕煤、磷两种资源，分两个阶段建立横向耦合共生和纵向延伸发展的产业链，实施"磷、煤、电、碱"多业并举，完成资源型产业向生态化转型。

二 开阳县磷煤化工产业的创新发展之路

（一）产业发展：坚持规划为引领

针对磷煤化工产业的发展，开阳县紧扣中关村贵阳科技园"一城两带六核"空间布局，结合"千亿级产业园区培育点"和"中关村贵阳科技园北部高新技术产业实体经济带支点"的定位，坚持专业化、特色化的错位发展思路，着力优化产业布局、完善配套设施，加快园区项目建设、推动产业集聚发展。先后制定了《开阳县促进国家资源型城市可持续发展实施方案（2013－2020）》《开阳县加快推进第四轮经济强县建设实施方案》和《开阳县产业发展指导目录》，拟定了《开阳县产业布局规划》《开阳县高速公路匝道口产业布局规划》，从而明确了磷煤化工产业布局，同时也明晰了磷煤化工产业的发展方向。

（二）基础设施建设：以交通、供电、供水、信息为切入点

基础设施建设是产业发展之基。在交通方面，贵开高等级公路、久铜公路已建成通车，开阳距贵阳龙洞堡机场仅1小时车程，久（长）—永（温）货运铁路、贵阳－开阳城际铁路已建成通车，而随着贵阳—开阳—瓮安高等级公路、贵遵复线、开阳－息烽、开阳港等项目的陆续实施，开阳的交通优势将会逐渐明显。在供电方面，开阳县在工业园区及周边建有220kV变电站两座，双流220kV变电站正在建设中，预计2015年底可建成投入运行。在供水方面，开阳县建成与工业园区配套的老堡河水库，鹿角坝水库、杉木林水库正在建设，那卡河水库已启动前期工作，切实保障磷煤化工产业的工业用水。在信息基础建设方面，加快构建全县宽带融合，建成安全的信息基础设施体系。到2017年，城区及16个乡政府所在地基本实现光纤覆盖、无线网络全覆盖、广电双向网乡镇全覆盖及农村数字电视基本覆盖。

（三）现代技术：资源综合利用＋"湿热并举"

开阳县以现代技术带动磷煤化工产业转型升级。

一是资源综合利用。开阳县按照循环经济减量化、再利用、再循环的3R原则，积极探索"三废"资源化综合利用工程，实施了黄磷尾气制酸钾、甲酸钠、草酯、乙二醇和磷渣制磷渣水泥、微粉、仿石材及余热锅炉、余热发电等项目，实现"三废"资源化利用。

二是创新"湿热并举"的转化路径。开阳县磷矿石转化主要从热法和湿法两条路线向下延伸。热法路线主要采用高品位块矿或将块矿加工成精矿生产黄磷。县内采用热法路线转化磷矿石在50万~90万吨。磷矿石在湿法路线初期主要用于白马磷肥有限公司8万吨/年普钙和开磷集团在息烽的重钙生产，后开磷集团在大水工业园区建设投产120万吨磷酸二铵和40万吨磷酸一铵装

置（现已达产增效），路发实业公司在茶场园区建设 25 万吨磷酸一铵装置，县内形成了年产 120 万吨磷酸二铵和 65 万吨磷酸一铵的生产能力，加上路发公司在建的 25 万吨磷酸二铵生产线，县内磷酸二铵产能将达到年产 145 万吨。通过湿法路线县内加工转化磷矿石大约 480 万吨。

（四）园区建设：产业规模集聚化

按照"一心、两带、四园"（"一心"即经开区核心区；"两带"即沿久永铁路西部磷煤化工产业带、东南部轻工产业带；"四园"即贵阳新型建筑材料产业园、磷煤化工产业园、城关轻工产业园、龙岗医药食品产业园）的空间结构进行规划布局，着力引导工业向园区集中、产业向园区集聚、企业向园区集聚，着力把工业园区打造成投资环境优、服务功能全、基础设施完善、运营成本低、竞争力强的县域经济发展新平台，全面推进磷煤化工产业规模向集聚化方向发展。

（五）招商引资："一条龙""保姆式"服务

按照"专、精、恒、特、情、新"的方针，采取产业链招商、以商招商、专业招商、小分队招商等方式，推动园区招商常态化、专业化、精细化，并建立招商专班，大力推动项目建设"一条龙""保姆式"的服务，加快推进招商项目落地。2014 年 1～10 月，园区共签约贵州普林鑫泰塑木研发等 6 个重点项目，总投资达 15.4 亿元。强化项目服务。围绕工业园区扩容提质和功能配套，全力推进以水、电、路、标准厂房等为重点的基础设施建设。截至目前，美国空化公司、中化涪陵、山东兖矿、四川丰侨等知名企业已入驻园区。2014 年 1～9 月，园区固定资产投资完成 44.86 亿元，工业总产值完成 177.88 亿元。

（六）煤炭资源管理：行业、安全"双管齐下"

煤炭开采属于高危行业，为确保磷煤化工产业的安全有序生产，开阳县以"既管行业，又管安全"的工作理念对安全生产进行严格管理，杜绝煤矿安全生产事故的发生，切实推动了磷煤化工产业的健康发展。首先，根据各煤矿的地质构造情况，合理制订年初的采掘计划；其次，根据采掘计划制定出符合实际的安全规程措施,并且要求煤矿企业严格按照安全规程措施搞好安全生产。通过既管行业,又管安全的工作方式,确保煤炭行业健康发展。

三 开阳县形成磷煤化工产业发展的新格局

(一)形成磷煤化工产业配套及"湿热并举"的产业新格局

随着开磷120万吨磷铵、开阳化工公司50万吨合成氨、重庆双赢集团100万吨生态肥等一批重大项目陆续建设及建成投产,开阳磷煤化工产业配套及"湿热并举"的磷煤化工产业新格局已基本形成,以磷化工、煤化工为主,能源、"三废"及伴生资源综合利用等多产业相互共生耦合的生态工业产业链初具规模。

(二)企业呈集群化发展态势,实现"量"与"质"的同步提升

全县目前磷及磷化工企业31户(占42户规模以上企业的比重达73.8%),其中百亿元产值企业1户,1亿~10亿元企业30户。形成了以国有大型企业开磷集团为龙头,路发实业、开阳化工、青利天盟、国华天鑫、开阳磷化工、黔能天和等大批民营企业为骨干的企业群落。近年来入驻开阳工业园区的企业包括世界500强企业、国内500强企业各2家,国内民营500强企业1家,国内化工500强企业2家,从业人员近20000人。2014年,实现规模以上工业总产值328.65亿元,磷及磷化工企业实现工业总产值达251.62亿元,占全部规模以上工业总产值的比重为76.6%。①

(三)自主创新能力不断提升,自主研发达到国际领先水平

目前全县拥有工业类技术服务中心7个,相关企业拥有有效专利105项,其中,发明专利43项、实用新型专利35项、外观设计专利27项。部分科研成果已成功运用到产业项目建设中。其中开磷集团200万吨硫磺制酸项目转化率和吸收率技术达到国际领先水平;磷化工全废料自胶凝充填采矿技术项目和

---

① 开阳县工信局:《开阳县磷煤化工产业发展情况》,2014。

磷石膏充填无废害开采综合技术研究获国家科技进步二等奖，磷矿矿浆浓密技术研究获省科技进步三等奖、市科技进步一等奖；"脉内采准无间柱连续分段充填采矿法综合技术研究"获贵州省科学技术进步一等奖；"地下磷矿山深部开采地压监测与井巷支护技术研究"获贵州省科学技术进步三等奖；安达化工公司开发的新能源材料用作电动汽车电池生产原料，为高附加值的电子级产品；国华天鑫利用黄磷尾气制草酸酯中试装置已试产成功，采用四川天一科技股份有限公司开发的黄磷尾气净化提纯专利技术和天津大学开发的 CO 气相偶联合成草酸酯及草酸酯水解生产草酸专利技术，充分体现产、学、研的紧密结合和价值提升。青利天盟 7 万吨甲酸钠生产线是国内单套生产能力最大的装置。随着科技集成攻关能力的迅速提升，磷矿资源就地转化率由 2010 年的56.8% 提升到 2014 年的 83%。

（四）循环经济稳步推进，成功冠名"绿色磷都"

按照循环经济发展理念，结合产业发展实际，大力推进黄磷尾气、磷渣、磷石膏工业"三废"资源化利用，大大提高了资源利用效率，减轻了工业发展对生态环境的影响。2012 年，规模以上企业万元产值能耗 1.45 吨标煤，下降10.49%；利用工业固体废弃物 37.14 万吨，黄磷尾气综合利用率达 45%，重点磷化工企业废水实现 100% 循环利用。近年来，开阳县先后被评为"中国绿色磷都""国家新型工业化产业示范基地""全国首个循环经济磷煤化工生态工业示范基地县"等。安达公司磷酸铁锂、白马磷肥公司过磷酸钙等 4 个产品荣获"贵阳市名牌产品"称号。

四　开阳县磷煤化工产业发展的五大制约因素

（一）产业结构不合理，龙头企业带动能力减弱

开阳县磷煤化工产业结构不合理主要表现为原料产品多、终端消费品少，低端产品多、高端产品少，初加工产品多、深加工精加工产品少，磷化工初级产品比重仍过大，工业结构性矛盾突出，多以采矿业、原材料和粗加工为代表的重工业，与其他产业关联度不高，对其他产业带动能力不强。省属企业开磷

集团 2012 年产值占全县的比重达到 75%，但近年来无新增长点，加上产品价格大幅下跌，导致产值增速慢，2013 年产值还下降 8.4%，2012~2014 年产值为 130 亿元左右。[①]

（二）产业要素受制约，项目发展资源支撑无保障

一是产业要素受到严重制约。在煤炭资源方面，开阳县引进山东兖矿集团建成 50 万吨合成氨项目，但由于开阳煤资源储量有限，所以缺口很大。在电力供应方面，由于云南、四川采取了更加灵活的电力供应政策，同类企业的用电成本远低于开阳县，导致全县黄磷行业在市场竞争中一直处于劣势。另外，工业用地计划指标少。随着园区建设加快推进，园区年度建设用地计划指标满足不了用地需求。

二是项目发展资源支撑无保障。虽然开阳拥有量大质优的磷矿资源，但绝大部分已探明资源已配置到开磷集团等企业，地方民企占有资源储量过低，只占有总量的 15%，县级政府难以根据产业发展实际需求进行有效调节，导致新入驻开阳的磷化工企业没有资源支撑，不能安心发展。

（三）资源综合利用率不高，产业生态化受阻

产业生态化类似于自然界的生态系统，能源和物料的流通是其中的关键环节。尽管近年来开阳县在基础设施、废物利用等方面取得较大发展，但仍不能适应快速发展的经济社会需求，依旧处于劣势地位，主要表现在开阳县资源综合利用研发投入不足，大量废弃物的资源化利用已成为磷化工产业可持续发展迫切需要解决的问题。"三废"利用特别是黄磷尾气利用率还比较低（2014 年为 64.1%）。目前磷矿中的氟、碘等元素回收利用工作已启动，其中开磷矿肥公司低品位碘回收装置已建成投产。

（四）自主创新能力不够，高新技术企业培育难度大

磷煤化工产业作为开阳县的支柱性产业，要实现技术改造和产业链的延伸仍需较长时间。目前，全县科技投入总量较小，高新技术产业增加值占 GDP

[①] 开阳县工业和信息化局：《开阳县工业和信息化局关于县委十一届三次全会精神工作落实情况报告》，2014。

比重低。部分磷煤化工企业思想观念陈旧，不愿引进专业的研发机构和技术人才，产品严重依赖自然资源，没有专门的技术开发机构和团队，导致技术落后、粗放经营、研发能力薄弱，这些因素成为制约全县磷煤化工企业高新技术培育的瓶颈，造成产品消耗高、浪费大、资源利用效率低。严重限制了磷煤化工企业自主创新品牌的建设与高新技术的发展，难以应对复杂多变的市场形势。

（五）煤炭资源管理缺口较大，煤矿关闭矛盾频发

在对个别煤矿的关闭上，由于前期准备工作不充分，与各产煤乡（镇）之间没有顺畅沟通，引发了不少问题和矛盾。双流镇挖煤冲煤矿原业主以各种理由搪塞，不与兼并重组主体企业办理采矿权过户手续。此外，还存在煤炭行业从业人员素质普遍偏低的现象。由于受煤炭产业政策的影响，煤矿技改建设和生产长期处于时断时续状态，非常不稳定，导致大部分原从事该行业的熟练技工外出打工或改行，如目前动工生产的企业在招聘员工时，普遍面临应聘人员文化较低和年龄较大等难题。

五　关于磷煤化工产业集约化、精细化、专业化、高端化发展的思路

开阳县政府全面贯彻落实科学发展观，转变发展观念，创新发展模式，推进经济结构调整和经济增长方式转变，提高发展质量；加快促进磷煤化工产业的转型和循环经济的制度转型，积极构建循环型工业体系，进一步推进磷煤矿资源就地转化，形成磷化工、煤化工、氯碱化工、能源工业和"三废"综合利用五大产业共生耦合协调发展。

守住两条底线，以优化产业结构和产业升级为主线，以自主创新和科技进步为动力，以市场为导向，以企业为主体，立足磷资源优势和磷煤化工产业基础平台，按照"立足磷、跳出磷、超越磷"的发展理念，推动磷煤化工产业向集约化、精细化、专业化、高端化发展。突出招商引资工作的针对性和前瞻性，加强与东部发达地区的沟通对接，承接东部发达地区劳动密集型产业转移，推动磷煤化工替代产业加快发展，促进工业产业结构调整。

六 开阳县磷煤化工产业的科学发展方向

（一）资源整合，推进煤电磷一体化发展

对全县磷煤化工产业进行科学规划，不断加强与上级部门之间的沟通与联系，加快推进煤电磷一体化各项工作。通过煤炭、电力等资源整合的形式，对磷煤化工产业进行综合开发，对于各产业部门的持续稳定发展都具有重大的现实意义。

一是以政府为主导，依托龙头企业，逐步整合地方的水电能源生产企业，通过政府直接收购或参与企业联合控股等市场化运作的方式，引进县有资源、技术、资金及市场优势的大型企业，整合县内现有的水电生产企业，将开阳县的水电资源作为煤电磷一体化基地内龙头企业及大用户的主要水电来源。二是考虑通过扩大水电资源的跨区域合作等方式，与开阳周边可利用的水电资源，如与乌江水电、六广河水电等水电企业达成共识，形成强有力的供电后盾保障，逐步完善水电供电网络，向磷化工企业进行电力直供。三是根据工业企业近、远期规划及园区用电需求，拟建火力发电厂作为磷化工企业的主要供电来源，配合水电资源，水火并济，相互补充，形成完善的电力网络，作为园区强有力的电力支撑。四是强化产业整合。通过促进相关企业之间的产业整合来提高县域经济效益。相关企业的整合能够延伸产业链，提高各个企业的综合效益，进而带动全县经济的增长。

（二）转型升级，优化发展精深加工产业

精深加工产业是将精深加工产品作为工业添加剂应用于其他产品，以提升该产品质量、增强其性能、提高其产品档次的产业。精细磷煤化工产品附加值高，收益高。以黄磷精深加工为例，黄磷属于磷煤化工初级产品，其硫、砷等杂质含量较高，只能作为低档次产品进行销售，但如果采取精深加工工艺，对黄磷产品进行精深加工，除去黄磷中的杂质，那么它的附加值和收益就会倍增。

开阳县磷煤化工产业的发展要树立大力发展精深加工的理念，生产附加值高的精细化煤磷化工产品。积极推进新型工业化，施行磷煤化工产业精深加工，实现产业多元化发展和优化升级。一方面，密切关注国家产业政策的新变

化，引导企业投资发展同类产业，并从招商引资、项目审批等环节，加强源头监管，严控黄磷、饲料级磷酸氢钙、三聚磷酸钠等过剩产能的建设；另一方面，继续加快产业自主创新建设步伐，依靠集成创新和技术引进，推动科技成果转化及产业化，促进传统产业改造升级。

（三）生态优先，大力发展绿色工业

根据贵阳市对开阳"生态保护发展区"的发展定位，大力发展绿色环保工业和循环经济。大力发展循环经济，全面实现生态工业，建立县域生态工业系统，一是坚持用生态学的观点来研究和发展工业经济，进一步研究制定与工业文明和生态文明发展相适应的发展战略，切实提升生态自觉，增强生态自信，实现生态自强。二是继续高度重视，切实抓好"百千万"工程，紧密结合五大环境友好型、生态友好型产业，紧密结合"5个100工程"，集中力量全面、深入抓好产业园区建设，推动工业化和生态化齐头并进，实现产业共生、生态和谐。三是整合项目资金，严格落实各项优惠政策，建立工业产业专项扶持资金，每年至少安排1000万元重点支持具有重大行业带动示范作用以及新型建材产业、高新技术、电子信息等产业项目。

（四）科技创新，加快磷煤化工产业发展

一是抓好工业园区建设。抓住工业园区成功申报为国家级新型工业化产业示范基地的发展机遇，加大园区基础设施建设力度，着力培育千亿级产业园区。二是促进产业结构调整。依托现有产业发展平台，大力发展有机化工。按照"湿热并举"的发展思路，突破湿法磷酸净化技术，鼓励支持黄磷、磷铵下游产品研发和生产，稳步推进磷渣、黄磷尾气、伴生资源等综合利用项目，不断延长产业链，拓宽产业幅度，提高资源就地转化率，推进工业产业转型升级。三是加强科学技术创新。通过加强与高等院校、专业科研机构等合作，搭建科学技术、人才、智力平台，大力推进产学研结合工作，加快磷煤化工、废弃物资源化等科学技术创新，实现磷煤化工产业进一步发展，提升企业市场竞争力。

（五）多措并举，加强磷煤矿产资源管理

严格按照省、市、县关于推进磷资源就地加工转化工作有关要求，加快磷

矿资源整合力度和生产管理，实行"一票通"和电子监管，推进和谐矿区建设，大力推进深加工项目建设，提高全县磷资源就地加工率，切实将资源优势转化为经济优势，多举措强化磷煤矿产资源管理。

一是抓好煤矿行业安全监管工作。制订执法计划，对煤矿行业安全实施有效监管。通过强抓隐患排查治理工作，进一步督促煤矿企业落实企业主体责任。通过查隐患、抓治理，严格落实隐患排查相关工作要求，抓好煤炭行业安全监管工作，确保煤矿无安全生产事故发生。二是稳妥推进煤矿企业兼并重组各项工作。对煤矿关闭做好前期准备工作，加强与各产煤乡（镇）的沟通和协作，提前摸清关闭煤矿存在的历史遗留问题和矛盾，针对问题和矛盾对症下药，制订出行之有效的解决方案，确保关闭任务的顺利完成。对煤矿企业进行技术指导，协助企业制订好采掘计划。加大兼并重组工作力度，确保全县煤矿企业兼并重组工作稳步推进。

（六）技术突破，推动磷煤化工产业发展

围绕转方式、调结构、促转型的主线寻求科技创新工作新的突破，加强技术创新，促进科技成果转化，依靠科技进步，推动全县磷煤化工产业的全面发展。

一是巩固综合科技进步指数（科技进步贡献率）监测工作取得的成果，加强科技软实力和硬件建设，进一步提高网上直报成员单位统计人员技术，确保综合科技进步指数统计监测结果达到45%以上。二是大力推进区域科技自主创新体系建设。搭建以企业为主体的产学研技术创新平台，不断完善创新服务体系，培育和完善企业工程技术研究中心。三是大力发展高新技术产业和特色优势产业。紧紧抓住开阳县丰富的磷煤矿石资源优势，借助外资，加强自主创新能力，大力发展高新技术产业，推动产品换代、技术和设备更新，实现产业结构优化升级。四是强化应用技术研究与开发资金的监管。组织对到期科技计划扶持项目的验收，对未按规定开展研究和未按规定使用资金的科技计划项目承担单位提出整改意见；对严重违反规定的项目承担单位做出收回扶持资金等处理。

（七）科学规划，壮大培育发展替代产业

按照"立足磷、跳出磷、超越磷"的发展理念，着力破解"一磷独撑"的

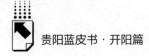

难题。一是坚持"快、转、高"并举,加快推进煤电磷一体化和千亿级产业园区建设,推动磷煤化工产业向集约化、精细化、专业化、高端化发展。二是借助中关村贵阳科技园及开阳超星数字信息文化产业园建设平台,大力发展高新技术产业和现代制造业,重点在节能环保、现代技术信息、新能源材料、移动终端制造及应用电子等重点领域关键技术上实现重大突破。三是强化招商引资,做好发达地区产业转移承接工作。密切关注东部地区劳动密集型产业转移动向,深入开展与东部发达地区的沟通和合作,促进东部地区劳动密集型产业及企业入驻开阳发展。

参考文献

中共开阳县委、开阳县人民政府:《关于开阳县"十二五"以来的工作总结及今后一段时期工作思路、目标和措施的情况报告》,2013。

中共开阳县委、开阳县人民政府:《关于开阳县工业产业发展情况的报告》,2014。

开阳县工业和信息化局:《开阳县工业和信息化局关于县委十一届三次全会精神工作落实情况报告》,2014。

开阳县工业和信息化局:《开阳县磷煤化工产业发展情况》,2014。

开阳县工业园区管委会:《开阳县工业园区建设情况汇报》,2014。

开阳县循环经济办公室:《开阳县磷化工循环经济产业发展情况汇报》,2014。

左文良:《努力把马边建成四川省重要磷化工基地——赴湖北贵州学习考察磷化工产业发展的报告》,《中共乐山市委党校学报》(他山之石版)2010年第9期。

关于开阳县建设"现代高效农业
示范园区"的考察报告

摘　要：　开阳县是硒资源丰富、气候条件优越的农业大县。通过强化
　　　　　组织保障、基础配套设施、园区考核等方面的建设，现代高
　　　　　效农业示范园区已成为开阳的发动机和助推器，为都市现代
　　　　　特色农业的发展注入活力，从而实现了全县农业结构调整，
　　　　　提高了土地产出率、特色农产品知名度、农产品商品率和科
　　　　　技对农业的贡献份额。

关键词：　开阳县现代高效农业　　示范园区

随着人民生活水平的提高，"健康"成为人们最关注的话题。优质无污染
绿色农产品的供应，已经在国家决策部门、各级政府、企业和消费者之间达成
共识。为实现农业转型升级，开阳县结合国家产业政策的发展方向，按照
"四化同步"的要求和"规划设计科学、产业特色鲜明、基础设施配套、生产
要素集聚、科技含量较高、经营机制完善、农产品商品率高、综合效益显著"
的基本思路，全力打造"高效生态农业示范园区"。

一　开阳县现代高效农业示范园区的
基本情况与主要特色

根据贵州省"5个100工程"现代高效农业示范园区建设要求，开阳县
委、县政府结合县情实际，确立以"以园带区，以区促县"的发展思路，紧
紧围绕"立足本地、服务全市、辐射全省、影响全国"的目标，以都市现代

农业为统领，以"四在农家·美丽乡村"建设为载体，以工业化的理念谋划农业园区工作，以转变农业发展方式为主线，以科技进步和改革创新为动力，以培育市场经营主体为核心，以规模化、设施化、标准化、产业化为标志，在全县范围内因地制宜，重点打造现代高效农业示范园区。

2014年，开阳县成功申报创建省级现代高效农业示范园区4个，其中，省级重点示范园区1个（开阳县生态高效农业示范园区）、省级园区3个（贵州开阳十里画廊农旅一体（扶贫）示范园区、开阳县特色水产养殖生态休闲农业示范园区、贵州开阳黔茗湖现代高效观光农业示范园区）（见图1）。园区规划总面积18.57万亩，建成核心面积4万亩。

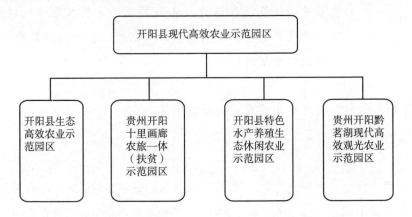

图1 开阳县现代高效农业示范园区构成

资料来源：开阳县农业局。

（一）开阳县生态高效农业示范园区

开阳县生态高效农业示范园区位于龙岗镇坝子村，规划面积5.55万亩。近年来，开阳县以"种养结合、农工贸一体化"为发展思路，以"生态、高效、绿色、有机"为发展理念，将园区分为六个产业园，即有机富硒茶叶产业园、生态蛋鸡产业园、绿色蔬菜产业园、优质牧草产业园、优质烤烟产业园、农产品加工园。以畜、茶为主导产业，重点打造"茶旅一体化"，带动蔬菜、牧草种植业发展，促进加工、运输、贸易等相关产业发展，实现第一、第二、第三产业联动。

（二）贵州开阳十里画廊农旅一体（扶贫）示范园区

贵州开阳十里画廊农旅一体（扶贫）示范园区位于开阳县南江乡、禾丰乡，距贵阳市中心城区 40 公里，距开阳县城 20 公里。规划面积为 6 万亩。园区按照产业配套、整体推进、分园发展的原则，以 2 万亩富硒枇杷、葡萄等特色水果及 2 万亩富硒茶产业为支撑；以"廊中八景"（南江峡谷、旧林故渊、古风河韵、廊桥遗梦、金盆玉水、土司古寨、书香门第、布衣十三坊）为依托；以"水东"土司文化、布依民族文化、农耕文化为内涵；以民族风情"三月三""六月六"为点缀；按照"一区九园、一带多点"的总体布局建设核心区和拓展区，并在核心区配套建设"八大中心"（培训、展示、繁育、体验、演艺、创意、文化及服务中心）。通过贵开路及本园区中的乡村绿道串联九个园区，并与乌当区的新堡、羊昌及百宜等乡镇的生态农业园区衔接，联动发展。

（三）开阳县特色水产养殖生态休闲农业示范园区

开阳县特色水产养殖生态休闲农业示范园区位于开阳县双流镇三合村，规划面积 2.02 万亩，以大鲵、冷水鱼特色水产养殖为主导，分为"五区一基地"进行建设，即水产养殖区、泉水生产区、技术培训区、产品展示区、休闲娱乐区和核桃种植基地；通过新技术、新装备应用，将特色种养殖、山泉水生产、生态休闲观光有机结合，实现第一、第二、第三产业联动发展，到2018 年，将园区打造成为全省一流的设施渔业精品示范园、珍稀水产品养殖的展示园、农业科技的示范基地和休闲观光农业的样板园。

（四）贵州开阳黔茗湖现代高效观光农业示范园区

贵州开阳黔茗湖现代高效观光农业示范园区位于龙岗镇大石板村，规划面积 5 万亩，以优化生态系统、美化园区环境为宗旨，以具有特色的生态循环有机茶种植为依托，以建立农业产业链和完善基础设施为重点，形成"一心、两轴、三片区"总体布局。到 2018 年将园区打造成为具有典型山水环境、浓郁地方特色，以茶文化为主题，集农业、山地、观光、生态等多功能于一体的休闲农业示范园区。

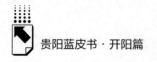

二 开阳县现代高效农业示范园区建设中存在的问题分析

（一）园区建设资金缺乏

开阳县现代高效农业示范园区缺乏建设资金主要表现在两个方面。一是整个开阳现代高效农业示范园区的建设周期较长，导致其人力、物力、财力等各方面的投入都较大，从而导致资金周转不畅、回报率不高的问题。二是融资渠道不健全。在当今社会多元化的投融资市场大环境中，诸如保险、贷款、外资等各项融资方式的建立健全，均可影响园区资金的发展。

（二）园区科技力量支撑乏力

科技是现代农业发展的重要力量，现代高效农业示范园区更离不开强有力的科技力量支撑。开阳县现代高效农业示范园区仍然缺乏科技力量支撑，主要表现在各示范园区的科技支撑单位都不够明确，人才引进、产学研平台建立以及引智这三方面工作缺位。一是农业科技和园区管理人才短缺。园区设施和待遇、条件等各种因素，直接影响引进人才和留住人才。雄厚的科研实力和强大的科技力量支撑也是吸引人才的关键要素之一，就开阳现代高效农业示范园区目前的发展情况而言，各园区缺乏专业人才的现象普遍存在。二是农业科研院所和专业院校介入不多。三是智力引进工作不到位。农业园区在将优质智力引进以及成果转化等方面，尚未形成有效的良性机制，科技对农业园区的支撑作用没有得到很好的发挥。

（三）园区扶持政策有待完善

园区扶持政策有待完善主要表现在园区开发企业引进、科技创新，以及土地流转三方面。在农业园区开发中，目前开阳多数农业园区没有足够完善的配套设施，从而难以吸引优秀的企业入驻，进而导致社会资金进园困难。因此，完善园区基础设施配套尤为重要。在科技创新方面，关于扶持园区的优惠政策有待完善。在建立健全科技服务体系方面，如何促进各园区与科研单位、推广单位和生产单位结成利益共同体，调动园区与科研单位、推广单位和生产单位积极性的政策性问题尚未解决。最后，在土地流转方面，由于土地流转相关知识普及程度不高，部分农民对土地流转政策不理解，造成土地流转尚存在较大困难，给园区的集约化经营、基地化生产带来一定程度的影响。

（四）园区基础设施与建设发展不对等

园区基础配套设施是园区发展的重要根基，也是园区招商引资的基本要件。虽然近年来开阳高效农业示范园区的基础设施建设力度逐年加大，园区内的基础设施也不断得到完善，但截至目前，园区内仍普遍存在基础设施建设与产业发展不相匹配的问题，设施不健全，建设滞后。造成这一情况的主要原因是开阳县的交通设施尚处于逐步完善中，高速公路的建设、开阳港的建设等逐渐将开阳交通推向前方，但离建成趋于完善的交通体系尚有很大差距。此外，部分农田水利设施以及基本农田建设抵御自然灾害的能力也较弱，离现代高效示范农业的设计要求还存在一定的距离。

（五）园区生态效益与社会效益有待提高

虽然目前园区的经济效益显著提高，但园区的生态效益和社会效益没有体现出来。生态效益和环境效益应该成为园区建设过程中必须思考和关注的一个问题。究其原因，经济效益、社会效益和生态效益是整个现代高效农业示范园区产业效益的总和。生态效益在很大程度上决定了园区是否能健康地持续运行。在调研过程中发现，开阳县现代高效农业示范园区因自主创新能力较弱，很难不依赖于自然资源、政府扶持而独立运行，由此衍生出一系列对利益的追逐问题，从而导致生态发展和社会效益大打折扣。

三 强化示范园区建设发展关键、基础、核心和保障

现代高效农业示范园区是推进开阳县农业转型升级的有力抓手，是加快发展现代农业的重要载体。为突出传统优势产业提升和新兴特色产业培育两个重

点，开阳县通过强化组织领导、优化协作、培育和引进有一定管理水平和经济实力的建设业主，强化现代农业园区建设目标责任制和考核办法，强化现代高效农业示范园区的发展关键、发展基础、发展核心和发展保障，加快推进全县现代生态农业发展。

（一）领导重视是园区发展的关键

近年来，开阳县委、县政府对园区建设高度重视，始终把园区建设作为促进农民增收、推进统筹城乡发展和实现"三化同步"的重要抓手，强化措施，常抓不懈。县委、县政府主要领导先后多次召开会议研究部署现代农业园区建设工作。县政府分管领导多次带领县农业、生态、水利等相关部门负责人，深入园区建设一线，开展园区检查、指导、督促工作，帮助园区解决实际问题。同时，县委、县政府还成立农业园区建设领导小组和资金整合领导小组，建立县委、县政府主要领导联系园区制度，落实部门职责，狠抓工作推进，为园区建设提供了强有力的组织保障。

（二）部门配合是园区发展的基础

为形成推进园区建设的合力，开阳县各部门集中人力、财力、物力，全力抓好农业示范园区建设，积极争取省、市项目经费支持，扩大本地财政投入等，重点整合部门项目资源，跟进园区基础设施配套建设，努力创造投资洼地，筑巢引凤，用有限的财政投入，撬动更多的社会资本建设园区，有力地推动现代高效农业示范园区发展。同时，县政府又连续制定了支持现代高效农业示范园区建设的补助资金管理、市场体系建设、项目整合方案和贷款担保等扶持措施，鼓励发展高效设施农业，对新建钢架大棚、智能温室等高效设施农业达到一定规模的，申请中央农机补贴项目优先支持；鼓励园区加强农业产业基地建设，对在园区核心区建设农业产业基地的，以高于常规基地建设补助标准进行补助；落实用电扶持政策，对园区内的种养殖场、农产品加工企业等用电价格按农用价格计算；落实用地扶持政策，对高效设施农业用地，凡不破坏耕作条件的，按农业用地管理；高效设施农业建设中的管理、仓储用房等附属设施用地，按照设施农用地管理等。① 部门资源整合力度进一步加大，引导各类社会资金投入园区的政策措施更加完善，现代高效农业示范园区加快发展的环境已初步形成。

（三）主体培育是园区发展的核心

龙头企业、农民专业合作社、专业大户是园区建设的主体。积极培育和引进有一定管理水平和经济实力的建设业主是园区建设的核心。园区建设按照"依托优势资源、吸引优良资本、扩张企业规模、壮大园区实力"的思路，积极引导龙头企业、农民专业合作社、种养专业大户等参与园区建设；通过"公司+合作社+农户""企业+基地+农户""家庭农场"等模式，采取"项目策划、平台对接、土地集约、先行整理、基础配套、环境优化"等措施，采取"走出去引进来、动员外出能人返乡创业"等办法，支持和鼓励乡村干部，农技人员先行先试，进入园区发展农业和相关产业，领办或兴办加工企业，组建经营实体参与园区建设；鼓励大学生和返乡农民工等到园区创业就业，引导广大农户采取承包方式或以土地、劳动力、资金、技术等各种生产要素入股等形式参与农业示范园区建设。紧紧围绕园区建设规划、产业定位和优势资源等，下功夫开展现代农业招商引资，培育龙头企业，实施龙头企业带动战略，培育了一批像南贡河、硒味园、禾锋霖、青蓝紫、久事、由由、三合庄园等规模企业，带动了土地、资金、技术、管理等生产要素向园区聚集，提升了现代高效农业示范园区建设水平。

（四）强化考核是园区发展的保障

为加强现代农业园区建设管理，县委、县政府不断完善包抓现代农业园区建设目标责任制和考核办法，不断落实相关部门及工作人员包抓责任，横向上建立起园区考核机制，纵向上形成管理责任制，齐抓园区发展保障。实行县级领导干部领衔园区建设责任制，切实解决园区建设中的各种矛盾和问题。对园区建设进行严格督查、定期通报，建立激励奖惩制度，实行动态管理。对园区

---

① 中共开阳县委、开阳县人民政府：《关于加快推进现代高效农业示范园区建设的实施意见》，2013年6月5日。

建设的各项指标实行专项目标责任管理，逐级分解任务、层层签订责任状，切实抓好责任落实。同时，把目标完成情况纳入行政问责的考核范围，严格考核。对工作成效突出的单位、个人予以表彰，对工作推进不力的单位进行通报批评，按相关规定进行问责。[①]

四　现代高效农业示范园区成为驱动开阳发展的"推进器"和"发动机"

经过科学规划与设计，通过上述"四大"园区发展基础建设手段，重点抓市场、抓销售、抓品牌，开阳县现代高效农业示范园区建设目前发展成效显著，已成为驱动全县产业经济发展的"推进器"和"发动机"。开阳县现代高效农业示范园区建设取得的成效主要表现在以下几方面。

（一）组织机构健全

通过抓组织机构建设，开阳县园区内逐步形成一套系统合理的组织机构。一是成立了农业园区管委会。根据贵州省"5个100工程"创建要求和2014年4月贵阳市农业园区观摩会相关精神，开阳县成立县农业园区管理委员会，由县委副书记担任党工委书记，县政府分管副县长担任园区管委会主任，成员由县督办督查中心、财政局、发改局、工信局、生态文明局、审计局、农业局、水利局、交通局、国土局、住建局、移民局、民宗局等相关部门及乡镇负责人组成，主要负责园区建设统筹协调工作。二是成立了现代高效农业示范园区办公室。开阳县经贵阳市编委办批复（筑编办发〔2014〕49号），成立现代高效农业示范园区办公室，隶属农业局正科级事业单位，人员编制15名，专项负责开阳县现代高效农业示范园区建设工作。三是搭建了平台公司。开阳县于2014年9月注册了"贵州开阳金秋园农业开发有限公司"，注册资金5000万元，主要从事农业观光旅游投资、开发，现代高效农业示范园区建设，农村新型社区建设，市政工程，农业资源调查等业

[①] 中共开阳县委、开阳县人民政府：《关于加快推进现代高效农业示范园区建设的实施意见》，2013年6月5日。

务，公司按照"一套人马，两块牌子"的原则，与现代高效农业示范园区办公室合署办公。

（二）招商引资成效显著

开阳县成立现代高效农业示范园区招商引资工作小组，就园区茶叶、蔬菜、"茶旅一体"、农产品加工等方面精心包装项目，赴四川、湖北、北京、台湾等地开展招商引资工作，并与正大集团、中粮集团、天福集团、晋江商会、太朴集团、丰侨集团、湖北利川金利茶叶有限公司负责人见面洽谈，就园区茶叶、蔬菜、有机食品开发、中药材、农产品加工等项目投资进行协商；一是与丰桥集团就中药种植、加工、交易、物流与研发达成21亿元的投资意向，已于2014年7月31日签订协议，目前已流转土地1200亩。二是与贵州太朴生态农业有限公司达成了2亿元的投资意向，主要投资有机蔬菜基地、有机水稻基地、有机农场等项目，公司已在禾丰乡典寨村流转土地500亩，管理用房也修建完成，管理人员已到位5人。三是与贵州奇林生态农业有限公司签订4.8亿元的投资协议，公司已在禾丰乡穿洞村流转土地2300亩。

（三）产业化效益显著提升

生态高效农业产业化效益是在农业产业网络流程中，实行农业产业的生态化生产、生态化加工、生态化销售所获得的生态农业产业化的经济效益、生态效益与社会效益的总和。开阳县生态高效农业示范园区目前生态效益、社会效益初显，经济效益显著提升。一是开阳县生态高效农业示范园区目前已建成茶叶基地1.7万亩，年产茶叶300吨；蔬菜基地8000亩，年产蔬菜1.6万吨；烤烟基地3000亩，年产烤烟240吨；奶牛存栏3000头，年产鲜奶1.1万吨；蛋鸡存栏80万羽，年产鸡蛋1.4万吨；生态高效农业示范园区年总产值达6亿元。二是贵州开阳十里画廊农旅一体示范园区建设。园区目前已拥有茶叶基地2万亩，枇杷基地1万亩，葡萄基地1200亩，金刺梨种植1600亩，软石榴300亩，农家乐160多个，预计将实现年总产值7.5亿元。三是开阳特色水产养殖生态休闲农业示范园区目前养殖冷水鱼15万尾；建成山泉水加工厂房4000平方米，年生产加工泉水10万吨，实现年产值1.1亿元。四是贵州开阳黔茗高效观光农业示范园区目前建成有机茶园基地5000

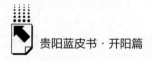

亩，其中投产 1000 亩；黑山羊存栏 3000 头；建成蔬菜基地 8000 亩；实现年产值 1.2 亿元。

（四）项目建设重点突出

一是开阳县生态高效农业示范园区 13 公里主干道路全面贯通，已完成硬化 5 公里；5000 吨精制茶厂主体工程已完成，正进行设施设备安装；茶叶研发中心主体工程已完工，立即启动室内装修工程；生态停车场已完成主体工程；展示中心、培训中心正在规划中，预计 2015 年 1 月启动建设，2015 年 5 月全面建成投入使用，目前完成投资 2.53 亿元。二是贵州开阳十里画廊农旅一体示范园区 1000 平方米培训中心、游客服务中心、展示中心、繁育中心、接待中心、布衣十三坊、精品客栈均已完成主体工程建设，预计 2015 年 2 月全面建成并投入使用，目前完成投资 3.3 亿元。三是开阳县特色水产养殖生态休闲农业示范园区建设门头一个，建成主干道路 0.8 公里；冷水鱼苗种孵化车间（繁育中心）已建成投入使用；农产品展示中心、农民技术培训中心主体工程已完成，正进行室内装修，目前已完成投资 1.1 亿元。四是开阳黔茗湖现代高效观光农业示范园区新建茶叶种植基地 1000 亩，修建机耕道 6 公里；建设主干道 2 公里（砂石路面）；8000 平方米茶叶加工厂房已完成主体工程；生态广场平基工程已完成，目前已完成投资 0.9 亿元。

（五）品牌建设成效显著

园区立足县域特色产业优势，紧紧围绕农产品品牌化发展新思路，以特色优势产业基地为基础，不断优化农业产业结构，大力实施品牌战略，发挥产业优势、整合品牌资源，集中培育了"开洋""云顶山""南贡""小家碧玉""百花碧芽""蓝芝""馋解香""欢祥""长生硒源""三合庄园"等 20 多个贵州省著名商标及知名富硒农产品品牌，产品有米、食用植物油、蛋及蛋制品、茶叶、蔬菜、枇杷、麻辣土豆丝、桶（瓶）装饮用水等。其中青蓝紫茶业公司通过杭州中农质量认证中心颁证，获"中国有机食品"认证，贵州硒味园食品开发有限公司的"富硒有机大米"获得中国质量认证中心的有机转换证，"百花碧芽"等 6 个绿茶品牌获上海国际茶叶博览会全国名优绿茶评比活动金奖，"小家碧玉"在中茶杯评奖中连续两年获得优质奖。同时，园区整

权威·前沿·原创

社会科学文献出版社

皮 书 系 列

2015年

盘点年度资讯　预测时代前程

社会科学文献出版社 学术传播中心 编制

社会科学文献出版社
SOCIAL SCIENCES ACADEMIC PRESS (CHINA)

社会科学文献出版社成立于1985年，是直属于中国社会科学院的人文社会科学专业学术出版机构。

成立以来，特别是1998年实施第二次创业以来，依托于中国社会科学院丰厚的学术出版和专家学者两大资源，坚持"创社科经典，出传世文献"的出版理念和"权威、前沿、原创"的产品定位，社科文献立足内涵式发展道路，从战略层面推动学术出版五大能力建设，逐步走上了智库产品与专业学术成果系列化、规模化、数字化、国际化、市场化发展的经营道路。

先后策划出版了著名的图书品牌和学术品牌"皮书"系列、"列国志"、"社科文献精品译库"、"全球化译丛"、"全面深化改革研究书系"、"近世中国"、"甲骨文"、"中国史话"等一大批既有学术影响又有市场价值的系列图书，形成了较强的学术出版能力和资源整合能力。2014年社科文献出版社发稿5.5亿字，出版图书1500余种，承印发行中国社科院院属期刊71种，在多项指标上都实现了较大幅度的增长。

凭借着雄厚的出版资源整合能力，社科文献出版社长期以来一直致力于从内容资源和数字平台两个方面实现传统出版的再造，并先后推出了皮书数据库、列国志数据库、中国田野调查数据库等一系列数字产品。数字出版已经初步形成了产品设计、内容开发、编辑标引、产品运营、技术支持、营销推广等全流程体系。

在国内原创著作、国外名家经典著作大量出版，数字出版突飞猛进的同时，社科文献出版社从构建国际话语体系的角度推动学术出版国际化。先后与斯普林格、荷兰博睿、牛津、剑桥等十余家国际出版机构合作面向海外推出了"皮书系列""改革开放30年研究书系""中国梦与中国发展道路研究丛书""全面深化改革研究书系"等一系列在世界范围内引起强烈反响的作品；并持续致力于中国学术出版走出去，组织学者和编辑参加国际书展，筹办国际性学术研讨会，向世界展示中国学者的学术水平和研究成果。

此外，社科文献出版社充分利用网络媒体平台，积极与中央和地方各类媒体合作，并联合大型书店、学术书店、机场书店、网络书店、图书馆，逐步构建起了强大的学术图书内容传播平台。学术图书的媒体曝光率居全国之首，图书馆藏率居于全国出版机构前十位。

上述诸多成绩的取得，有赖于一支以年轻的博士、硕士为主体，一批从中国社科院刚退出科研一线的各学科专家为支撑的300多位高素质的编辑、出版和营销队伍，为我们实现学术立社，以学术品位、学术价值来实现经济效益和社会效益这样一个目标的共同努力。

作为已经开启第三次创业梦想的人文社会科学学术出版机构，2015年的社会科学文献出版社将迎来她30周岁的生日，"三十而立"再出发，我们将以改革发展为动力，以学术资源建设为中心，以构建智慧型出版社为主线，以社庆三十周年系列活动为重要载体，以"整合、专业、分类、协同、持续"为各项工作指导原则，全力推进出版社数字化转型，坚定不移地走专业化、数字化、国际化发展道路，全面提升出版社核心竞争力，为实现"社科文献梦"奠定坚实基础。

社长致辞

我们是图书出版者，更是人文社会科学内容资源供应商；

我们背靠中国社会科学院，面向中国与世界人文社会科学界，坚持为人文社会科学的繁荣与发展服务；

我们精心打造权威信息资源整合平台，坚持为中国经济与社会的繁荣与发展提供决策咨询服务；

我们以读者定位自身，立志让爱书人读到好书，让求知者获得知识；

我们精心编辑、设计每一本好书以形成品牌张力，以优秀的品牌形象服务读者，开拓市场；

我们始终坚持"创社科经典，出传世文献"的经营理念，坚持"权威、前沿、原创"的产品特色；

我们"以人为本"，提倡阳光下创业，员工与企业共享发展之成果；

我们立足于现实，认真对待我们的优势、劣势，我们更着眼于未来，以不断的学习与创新适应不断变化的世界，以不断的努力提升自己的实力；

我们愿与社会各界友好合作，共享人文社会科学发展之成果，共同推动中国学术出版乃至内容产业的繁荣与发展。

社会科学文献出版社社长
中国社会学会秘书长

2015 年 1 月

❖ 皮书起源 ❖

"皮书"起源于十七、十八世纪的英国，主要指官方或社会组织正式发表的重要文件或报告，多以"白皮书"命名。在中国，"皮书"这一概念被社会广泛接受，并被成功运作、发展成为一种全新的出版形态，则源于中国社会科学院社会科学文献出版社。

❖ 皮书定义 ❖

皮书是对中国与世界发展状况和热点问题进行年度监测，以专业的角度、专家的视野和实证研究方法，针对某一领域或区域现状与发展态势展开分析和预测，具备权威性、前沿性、原创性、实证性、时效性等特点的连续性公开出版物，由一系列权威研究报告组成。皮书系列是社会科学文献出版社编辑出版的蓝皮书、绿皮书、黄皮书等的统称。

❖ 皮书作者 ❖

皮书系列的作者以中国社会科学院、著名高校、地方社会科学院的研究人员为主，多为国内一流研究机构的权威专家学者，他们的看法和观点代表了学界对中国与世界的现实和未来最高水平的解读与分析。

❖ 皮书荣誉 ❖

皮书系列已成为社会科学文献出版社的著名图书品牌和中国社会科学院的知名学术品牌。2011年，皮书系列正式列入"十二五"国家重点出版规划项目；2012~2014年，重点皮书列入中国社会科学院承担的国家哲学社会科学创新工程项目；2015年，41种院外皮书使用"中国社会科学院创新工程学术出版项目"标识。

经 济 类

经济类皮书涵盖宏观经济、城市经济、大区域经济，
提供权威、前沿的分析与预测

经济蓝皮书

2015年中国经济形势分析与预测

李 扬 / 主编   2014年12月出版   定价:69.00元

◆ 本书为总理基金项目，由著名经济学家李扬领衔，联合
中国社会科学院、国务院发展中心等数十家科研机构、国家
部委和高等院校的专家共同撰写，系统分析了2014年的中国
经济形势并预测2015年我国经济运行情况，2015年中国经济
仍将保持平稳较快增长，预计增速7%左右。

城市竞争力蓝皮书

中国城市竞争力报告 No.13

倪鹏飞 / 主编   2015年5月出版   定价:89.00元

◆ 本书由中国社会科学院城市与竞争力研究中心主任倪鹏
飞主持编写，以"巨手：托起城市中国新版图"为主题，分
别从市场、产业、要素、交通一体化角度论证了东中一体化
程度不断加深。建议：中国经济分区应该由四分区调整为二
分区；按照"一团五线"的发展格局对中国的城市体系做出
重大调整。

西部蓝皮书

中国西部发展报告（2015）

姚慧琴   徐璋勇 / 主编   2015年7月出版   估价:89.00元

◆ 本书由西北大学中国西部经济发展研究中心主编，汇集
了源自西部本土以及国内研究西部问题的权威专家的第一手
资料，对国家实施西部大开发战略进行年度动态跟踪，并对
2015年西部经济、社会发展态势进行预测和展望。

中部蓝皮书

中国中部地区发展报告（2015）

喻新安／主编　　2015年7月出版　　估价：69.00元

◆ 本书敏锐地抓住当前中部地区经济发展中的热点、难点问题，紧密地结合国家和中部经济社会发展的重大战略转变，对中部地区经济发展的各个领域进行了深入、全面的分析研究，并提出了具有理论研究价值和可操作性强的政策建议。

世界经济黄皮书

2015年世界经济形势分析与预测

王洛林　张宇燕／主编　　2015年1月出版　　定价：69.00元

◆ 本书为中国社会科学院创新工程学术出版资助项目，由中国社会科学院世界经济与政治研究所的研创团队撰写。该书认为，2014年，世界经济维持了上年度的缓慢复苏，同时经济增长格局分化显著。预计2015年全球经济增速按购买力平价计算的增长率为3.3%,按市场汇率计算的增长率为2.8%。

中国省域竞争力蓝皮书

中国省域经济综合竞争力发展报告（2013~2014）

李建平　李闽榕　高燕京／主编　　2015年2月出版　　定价：198.00元

◆ 本书充分运用数理分析、空间分析、规范分析与实证分析相结合、定性分析与定量分析相结合的方法，建立起比较科学完善、符合中国国情的省域经济综合竞争力指标评价体系及数学模型，对2012~2013年中国内地31个省、市、区的经济综合竞争力进行全面、深入、科学的总体评价与比较分析。

城市蓝皮书

中国城市发展报告No.8

潘家华　魏后凯／主编　2015年9月出版　　估价：69.00元

◆ 本书由中国社会科学院城市发展与环境研究中心编著，从中国城市的科学发展、城市环境可持续发展、城市经济集约发展、城市社会协调发展、城市基础设施与用地管理、城市管理体制改革以及中国城市科学发展实践等多角度、全方位地立体展示了中国城市的发展状况，并对中国城市的未来发展提出了建议。

金融蓝皮书

中国金融发展报告（2015）

李扬　王国刚/主编　2014年12月出版　定价:75.00元

◆　由中国社会科学院金融研究所组织编写的《中国金融发展报告（2015）》,概括和分析了2014年中国金融发展和运行中的各方面情况,研讨和评论了2014年发生的主要金融事件。本书由业内专家和青年精英联合编著,有利于读者了解掌握2014年中国的金融状况,把握2015年中国金融的走势。

低碳发展蓝皮书

中国低碳发展报告（2015）

齐晔/主编　2015年7月出版　估价:89.00元

◆　本书对中国低碳发展的政策、行动和绩效进行科学、系统、全面的分析。重点是通过归纳中国低碳发展的绩效,评估与低碳发展相关的政策和措施,分析政策效应的制度背景和作用机制,为进一步的政策制定、优化和实施提供支持。

经济信息绿皮书

中国与世界经济发展报告（2015）

杜平/主编　2014年12月出版　定价:79.00元

◆　本书是由国家信息中心组织专家队伍精心研究编撰的年度经济分析预测报告,书中指出,2014年,我国经济增速有所放慢,但仍处于合理运行区间。主要新兴国家经济总体仍显疲软。2015年应防止经济下行和财政金融风险相互强化,促进经济向新常态平稳过渡。

低碳经济蓝皮书

中国低碳经济发展报告（2015）

薛进军　赵忠秀/主编　2015年6月出版　定价:85.00元

◆　本书汇集来自世界各国的专家学者、政府官员,探讨世界金融危机后国际经济的现状,提出"绿色化"为经济转型期国家的可持续发展提供了重要范本,并将成为解决气候系统保护与经济发展矛盾的重要突破口,也将是中国引领"一带一路"沿线国家实现绿色发展的重要抓手。

社会政法类

社会政法类皮书聚焦社会发展领域的热点、难点问题，
提供权威、原创的资讯与视点

社会蓝皮书

2015 年中国社会形势分析与预测

李培林　陈光金　张　翼 / 主编　2014 年 12 月出版　定价 :69.00 元

◆　本书由中国社会科学院社会学研究所组织研究机构专家、高校学者和政府研究人员撰写，聚焦当下社会热点，指出 2014 年我国社会存在城乡居民人均收入增速放缓、大学生毕业就业压力加大、社会老龄化加速、住房价格继续飙升、环境群体性事件多发等问题。

法治蓝皮书

中国法治发展报告 No.13（2015）

李　林　田　禾 / 主编　　2015 年 3 月出版　　定价 :105.00 元

◆　本年度法治蓝皮书回顾总结了 2014 年度中国法治取得的成效及存在的问题，并对 2015 年中国法治发展形势进行预测、展望，还从立法、人权保障、行政审批制度改革、反价格垄断执法、教育法治、政府信息公开等方面研讨了中国法治发展的相关问题。

环境绿皮书

中国环境发展报告（2015）

刘鉴强 / 主编　　2015 年 7 月出版　　估价 :79.00 元

◆　本书由民间环保组织"自然之友"组织编写，由特别关注、生态保护、宜居城市、可持续消费以及政策与治理等版块构成，以公共利益的视角记录、审视和思考中国环境状况，呈现 2014 年中国环境与可持续发展领域的全局态势，用深刻的思考、科学的数据分析 2014 年的环境热点事件。

反腐倡廉蓝皮书

中国反腐倡廉建设报告 No.4

李秋芳　张英伟 / 主编　2014 年 12 月出版　　定价 :79.00 元

◆　本书继续坚持"建设"主题，既描摹出反腐败斗争的感性特点，又揭示出反腐政治格局深刻变化的根本动因。指出当前症结在于权力与资本"隐蔽勾连"、"官场积弊"消解"吏治改革"效力、部分公职人员基本价值观迷乱、封建主义与资本主义思想依然影响深重。提出应以科学思维把握反腐治标与治本问题，建构"不需腐"的合理合法薪酬保障机制。

女性生活蓝皮书

中国女性生活状况报告 No.9（2015）

韩湘景 / 主编　2015 年 4 月出版　　定价 :79.00 元

◆　本书由中国妇女杂志社、华坤女性生活调查中心和华坤女性消费指导中心组织编写，通过调查获得的大量调查数据，真实展现当年中国城市女性的生活状况、消费状况及对今后的预期。

华侨华人蓝皮书

华侨华人研究报告 (2015)

贾益民 / 主编　2015 年 12 月出版　　估价 :118.00 元

◆　本书为中国社会科学院创新工程学术出版资助项目，是华侨大学向世界提供最新涉侨动态、理论研究和政策建议的平台。主要介绍了相关国家华侨华人的规模、分布、结构、发展趋势，以及全球涉侨生存安全环境和华文教育情况等。

政治参与蓝皮书

中国政治参与报告（2015）

房　宁 / 主编　2015 年 7 月出版　　估价 :105.00 元

◆　本书作者均来自中国社会科学院政治学研究所，聚焦中国基层群众自治的参与情况介绍了城镇居民的社区建设与居民自治参与和农村居民的村民自治与农村社区建设参与情况。其优势是其指标评估体系的建构和问卷调查的设计专业，数据量丰富，统计结论科学严谨。

行 业 报 告 类

行业报告类皮书立足重点行业、新兴行业领域，
提供及时、前瞻的数据与信息

房地产蓝皮书

中国房地产发展报告 No.12（2015）

魏后凯　李景国 / 主编　　2015 年 5 月出版　　定价 :79.00 元

◆　本年度房地产蓝皮书指出，2014 年中国房地产市场出现了较大幅度的回调，商品房销售明显遇冷，库存居高不下。展望2015 年，房价保持低速增长的可能性较大，但区域分化将十分明显，人口聚集能力强的一线城市和部分热点二线城市房价有回暖、房价上涨趋势，而人口聚集能力差、库存大的部分二线城市或三四线城市房价会延续下跌（回调）态势。

保险蓝皮书

中国保险业竞争力报告（2015）

姚庆海　王 力 / 主编　2015 年 12 出版　　估价 :98.00 元

◆　本皮书主要为监管机构、保险行业和保险学界提供保险市场一年来发展的总体评价，外在因素对保险业竞争力发展的影响研究；国家监管政策、市场主体经营创新及职能发挥、理论界最新研究成果等综述和评论。

企业社会责任蓝皮书

中国企业社会责任研究报告（2015）

黄群慧　彭华岗　钟宏武　张 蒽 / 编著
2015 年 11 月出版　估价 :69.00 元

◆　本书系中国社会科学院经济学部企业社会责任研究中心组织编写的《企业社会责任蓝皮书》2015 年分册。该书在对企业社会责任进行宏观总体研究的基础上，根据 2014 年企业社会责任及相关背景进行了创新研究，在全国企业中观层面对企业健全社会责任管理体系提供了弥足珍贵的丰富信息。

投资蓝皮书

中国投资发展报告（2015）

谢平／主编　2015年4月出版　定价：128.00元

◆ 2014年，适应新常态发展的宏观经济政策逐步成型和出台，成为保持经济平稳增长、促进经济活力增强、结构不断优化升级的有力保障。2015年，应重点关注先进制造业、TMT产业、大健康产业、大文化产业及非金融全新产业的投资机会，适应新常态下的产业发展变化，在投资布局中争取主动。

住房绿皮书

中国住房发展报告（2014~2015）

倪鹏飞／主编　2014年12月出版　定价：79.00元

◆ 本年度住房绿皮书指出，中国住房市场从2014年第一季度开始进入调整状态，2014年第三季度进入全面调整期。2015年的住房市场走势：整体延续衰退，一、二线城市2015年下半年、三四线城市2016年下半年复苏。

人力资源蓝皮书

中国人力资源发展报告（2015）

余兴安／主编　2015年9月出版　估价：79.00元

◆ 本书是在人力资源和社会保障部部领导的支持下，由中国人事科学研究院汇集我国人力资源开发权威研究机构的诸多专家学者的研究成果编写而成。作为关于人力资源的蓝皮书，本书通过充分利用有关研究成果，更广泛、更深入地展示近年来我国人力资源开发重点领域的研究成果。

汽车蓝皮书

中国汽车产业发展报告（2015）

国务院发展研究中心产业经济研究部　中国汽车工程学会

大众汽车集团（中国）／主编　2015年8月出版　估价：128.00元

◆ 本书由国务院发展研究中心产业经济研究部、中国汽车工程学会、大众汽车集团（中国）联合主编，是关于中国汽车产业发展的研究性年度报告，介绍并分析了本年度中国汽车产业发展的形势。

国别与地区类

国别与地区类皮书关注全球重点国家与地区，
提供全面、独特的解读与研究

亚太蓝皮书

亚太地区发展报告（2015）

李向阳／主编　　2015年1月出版　　定价：59.00元

◆　本年度的专题是"一带一路"，书中对"一带一路"战略的经济基础、"一带一路"与区域合作等进行了阐述。除对亚太地区 2014 年的整体变动情况进行深入分析外，还在此基础上提出了对于 2015 年亚太地区各个方面发展情况的预测。

日本蓝皮书

日本研究报告（2015）

李　薇／主编　　2015年4月出版　　定价：69.00元

◆　本书由中华日本学会、中国社会科学院日本研究所合作推出，是以中国社会科学院日本研究所的研究人员为主完成的研究成果。对 2014 年日本的政治、外交、经济、社会文化作了回顾、分析，并对 2015 年形势进行展望。

德国蓝皮书

德国发展报告（2015）

郑春荣　伍慧萍／主编　　2015年5月出版　　定价：69.00元

◆　本报告由同济大学德国研究所组织编撰，由该领域的专家学者对德国的政治、经济、社会文化、外交等方面的形势发展情况，进行全面的阐述与分析。德国作为欧洲大陆第一强国，与中国各方面日渐紧密的合作关系，值得国内各界深切关注。

国际形势黄皮书

全球政治与安全报告（2015）

李慎明　张宇燕／主编　2015年1月出版　定价：69.00元

◆　本书对中、俄、美三国之间的合作与冲突进行了深度分析，揭示了影响中美、俄美及中俄关系的主要因素及变化趋势。重点关注了乌克兰危机、克里米亚问题、苏格兰公投、西非埃博拉疫情以及西亚北非局势等国际焦点问题。

拉美黄皮书

拉丁美洲和加勒比发展报告（2014~2015）

吴白乙／主编　2015年5月出版　定价：89.00元

◆　本书是中国社会科学院拉丁美洲研究所的第14份关于拉丁美洲和加勒比地区发展形势状况的年度报告。本书对2014年拉丁美洲和加勒比地区诸国的政治、经济、社会、外交等方面的发展情况做了系统介绍，对该地区相关国家的热点及焦点问题进行了总结和分析，并在此基础上对该地区各国2015年的发展前景做出预测。

美国蓝皮书

美国研究报告（2015）

郑秉文　黄　平／主编　2015年6月出版　定价：89.00元

◆　本书是由中国社会科学院美国所主持完成的研究成果，重点讲述了美国的"再平衡"战略，另外回顾了美国2014年的经济、政治形势与外交战略，对2014年以来美国内政外交发生的重大事件以及重要政策进行了较为全面的回顾和梳理。

大湄公河次区域蓝皮书

大湄公河次区域合作发展报告（2015）

刘　稚／主编　2015年9月出版　估价：79.00元

◆　云南大学大湄公河次区域研究中心深入追踪分析该区域发展动向，以把握全面，突出重点为宗旨，系统介绍和研究大湄公河次区域合作的年度热点和重点问题，展望次区域合作的发展趋势，并对新形势下我国推进次区域合作深入发展提出相关对策建议。

地方发展类

 地方发展类皮书关注大陆各省份、经济区域，
提供科学、多元的预判与咨政信息

北京蓝皮书

北京公共服务发展报告（2014~2015）

施昌奎 / 主编　2015年1月出版　定价：69.00元

◆ 本书是由北京市政府职能部门的领导、首都著名高校的教授、知名研究机构的专家共同完成的关于北京市公共服务发展与创新的研究成果。本年度主题为"北京公共服务均衡化发展和市场化改革"，内容涉及了北京市公共服务发展的方方面面，既有对北京各个城区的综合性描述，也有对局部、细部、具体问题的分析。

上海蓝皮书

上海经济发展报告（2015）

沈开艳 / 主编　2015年1月出版　定价：69.00元

◆ 本书系上海社会科学院系列之一，本年度将"建设具有全球影响力的科技创新中心"作为主题，对2015年上海经济增长与发展趋势的进行了预测，把握了上海经济发展的脉搏和学术研究的前沿。

广州蓝皮书

广州经济发展报告（2015）

李江涛　朱名宏 / 主编　2015年7月出版　估价：69.00元

◆ 本书是由广州市社会科学院主持编写的"广州蓝皮书"系列之一，本报告对广州2014年宏观经济运行情况作了深入分析，对2015年宏观经济走势进行了合理预测，并在此基础上提出了相应的政策建议。

文 化 传 媒 类

文化传媒类皮书透视文化领域、文化产业，
探索文化大繁荣、大发展的路径

新媒体蓝皮书

中国新媒体发展报告 No.6（2015）

唐绪军 / 主编　　2015 年 7 月出版　　定价 :79.00 元

◆　本书深入探讨了中国网络信息安全、媒体融合状况、微信
谣言问题、微博发展态势、互联网金融、移动舆论场舆情、传
统媒体转型、新媒体产业发展、网络助政、网络舆论监督、大
数据、数据新闻、数字版权等热门问题，展望了中国新媒体的
未来发展趋势。

舆情蓝皮书

中国社会舆情与危机管理报告（2015）

谢耘耕 / 主编　　2015 年 8 月出版　　估价 :98.00 元

◆　本书由上海交通大学舆情研究实验室和危机管理研究中心
主编，已被列入教育部人文社会科学研究报告培育项目。本书
以新媒体环境下的中国社会为立足点，对 2014 年中国社会舆情、
分类舆情等进行了深入系统的研究，并预测了 2015 年社会舆
情走势。

文化蓝皮书

中国文化产业发展报告（2015）

张晓明 王家新 章建刚 / 主编　　2015 年 7 月出版　　估价 :79.00 元

◆　本书由中国社会科学院文化研究中心编写。从 2012 年开
始，中国社会科学院文化研究中心设立了国内首个文化产业的
研究类专项资金——"文化产业重大课题研究计划"，开始在
全国范围内组织多学科专家学者对我国文化产业发展重大战略
问题进行联合攻关研究。本书集中反映了该计划的研究成果。

经济类

G20国家创新竞争力黄皮书
二十国集团（G20）国家创新竞争力发展报告（2015）
著(编)者:黄茂兴 李闽榕 李建平 赵新力
2015年9月出版 / 估价:128.00元

产业蓝皮书
中国产业竞争力报告（2015）
著(编)者:张其仔 2015年7月出版 / 估价:79.00元

长三角蓝皮书
2015年全面深化改革中的长三角
著(编)者:张伟斌 2015年10月出版 / 估价:69.00元

城乡一体化蓝皮书
中国城乡一体化发展报告（2015）
著(编)者:付崇兰 汝信 2015年12月出版 / 估价:79.00元

城市创新蓝皮书
中国城市创新报告（2015）
著(编)者:周天勇 旷建伟 2015年8月出版 / 估价:69.00元

城市竞争力蓝皮书
中国城市竞争力报告（2015）
著(编)者:倪鹏飞 2015年5月出版 / 定价:89.00元

城市蓝皮书
中国城市发展报告NO.8
著(编)者:潘家华 魏后凯 2015年9月出版 / 估价:69.00元

城市群蓝皮书
中国城市群发展指数报告（2015）
著(编)者:刘新静 刘士林 2015年10月出版 / 估价:59.00元

城乡统筹蓝皮书
中国城乡统筹发展报告（2015）
著(编)者:潘晨光 程志强 2015年7月出版 / 估价:59.00元

城镇化蓝皮书
中国新型城镇化健康发展报告（2015）
著(编)者:张占斌 2015年7月出版 / 估价:79.00元

低碳发展蓝皮书
中国低碳发展报告（2015）
著(编)者:齐晔 2015年7月出版 / 估价:89.00元

低碳经济蓝皮书
中国低碳经济发展报告（2015）
著(编)者:薛进军 赵忠秀 2015年6月出版 / 定价:85.00元

东北蓝皮书
中国东北地区发展报告（2015）
著(编)者:马克 黄文艺 2015年8月出版 / 估价:79.00元

发展和改革蓝皮书
中国经济发展和体制改革报告（2015）
著(编)者:邹东涛 2015年11月出版 / 估价:98.00元

工业化蓝皮书
中国工业化进程报告（2015）
著(编)者:黄群慧 吕铁 李晓华 2015年11月出版 / 估价:89.00元

国际城市蓝皮书
国际城市发展报告（2015）
著(编)者:屠启宇 2015年1月出版 / 定价:79.00元

国家创新蓝皮书
中国创新发展报告（2015）
著(编)者:陈劲 2015年7月出版 / 估价:59.00元

环境竞争力绿皮书
中国省域环境竞争力发展报告（2015）
著(编)者:李建平 李闽榕 王金南
2015年12月出版 / 估价:198.00元

金融蓝皮书
中国金融发展报告（2015）
著(编)者:李扬 王国刚 2014年12月出版 / 定价:75.00元

金融信息服务蓝皮书
金融信息服务发展报告（2015）
著(编)者:鲁广锦 殷剑峰 林义相
2015年7月出版 / 估价:89.00元

经济蓝皮书
2015年中国经济形势分析与预测
著(编)者:李扬 2014年12月出版 / 定价:69.00元

经济蓝皮书·春季号
2015年中国经济前景分析
著(编)者:李扬 2015年5月出版 / 定价:79.00元

经济蓝皮书·夏季号
中国经济增长报告（2015）
著(编)者:李扬 2015年7月出版 / 估价:69.00元

经济信息绿皮书
中国与世界经济发展报告（2015）
著(编)者:杜平 2014年12月出版 / 定价:79.00元

就业蓝皮书
2015年中国大学生就业报告
著(编)者:麦可思研究院 2015年7月出版 / 定价:98.00元

就业蓝皮书
2015年中国高职高专生就业报告
著(编)者:麦可思研究院 2015年6月出版 / 定价:98.00元

就业蓝皮书
2015年中国本科生就业报告
著(编)者:麦可思研究院 2015年6月出版 / 定价:98.00元

临空经济蓝皮书
中国临空经济发展报告（2015）
著(编)者:连玉明 2015年9月出版 / 估价:79.00元

民营经济蓝皮书
中国民营经济发展报告（2015）
著(编)者:王钦敏 2015年12月出版 / 估价:79.00元

农村绿皮书
中国农村经济形势分析与预测（2014~2015）
著(编)者:中国社会科学院农村发展研究所
　　　　国家统计局农村社会经济调查司
2015年4月出版 / 定价:69.00元

农业应对气候变化蓝皮书
气候变化对中国农业影响评估报告（2015）
著(编)者：矫梅燕　2015年8月出版 / 估价：98.00元

企业公民蓝皮书
中国企业公民报告（2015）
著(编)者：邹东涛　2015年12月出版 / 估价：79.00元

气候变化绿皮书
应对气候变化报告（2015）
著(编)者：王伟光 郑国光　2015年10月出版 / 估价：79.00元

区域蓝皮书
中国区域经济发展报告（2014~2015）
著(编)者：梁昊光　2015年5月出版 / 定价：79.00元

全球环境竞争力绿皮书
全球环境竞争力报告（2015）
著(编)者：李建建 李闽榕 李建平 王金南
2015年12月出版 / 估价：198.00元

人口与劳动绿皮书
中国人口与劳动问题报告No.15
著(编)者：蔡昉　2015年1月出版 / 定价：59.00元

商务中心区蓝皮书
中国商务中心区发展报告（2015）
著(编)者：中国商务区联盟
中国社会科学院城市发展与环境研究所
2015年10月出版 / 估价：69.00元

商务中心区蓝皮书
中国商务中心区发展报告No.1（2014）
著(编)者：魏后凯 李国红　2015年1月出版 / 定价：89.00元

世界经济黄皮书
2015年世界经济形势分析与预测
著(编)者：王洛林 张宇燕　2015年1月出版 / 定价：69.00元

世界旅游城市绿皮书
世界旅游城市发展报告（2015）
著(编)者：鲁勇 周正宇 宋宇　2015年7月出版 / 估价：88.00元

西北蓝皮书
中国西北发展报告（2015）
著(编)者：赵宗福 孙发平 苏海红 鲁顺元 段庆林
2014年12月出版 / 定价：79.00元

西部蓝皮书
中国西部发展报告（2015）
著(编)者：姚慧琴 徐璋勇　2015年7月出版 / 估价：89.00元

新型城镇化蓝皮书
新型城镇化发展报告（2015）
著(编)者：李伟　2015年10月出版 / 估价：89.00元

新兴经济体蓝皮书
金砖国家发展报告（2015）
著(编)者：林跃勤 周文　2015年7月出版 / 估价：79.00元

中部竞争力蓝皮书
中国中部经济社会竞争力报告（2015）
著(编)者：教育部人文社会科学重点研究基地
南昌大学中国中部经济社会发展研究中心
2015年9月出版 / 估价：79.00元

中部蓝皮书
中国中部地区发展报告（2015）
著(编)者：喻新安　2015年7月出版 / 估价：69.00元

中国省域竞争力蓝皮书
中国省域经济综合竞争力发展报告（2013~2014）
著(编)者：李建平 李闽榕 高燕京
2015年2月出版 / 估价：198.00元

中三角蓝皮书
长江中游城市群发展报告（2015）
著(编)者：秦尊文　2015年10月出版 / 估价：69.00元

中小城市绿皮书
中国中小城市发展报告（2015）
著(编)者：中国城市经济学会中小城市经济发展委员会
《中国中小城市发展报告》编纂委员会
中小城市发展战略研究院
2015年10月出版 / 估价：98.00元

中原蓝皮书
中原经济区发展报告（2015）
著(编)者：李英杰　2015年7月出版 / 估价：88.00元

社会政法类

北京蓝皮书
中国社区发展报告（2015）
著(编)者：于燕燕　2015年7月出版 / 估价：69.00元

殡葬绿皮书
中国殡葬事业发展报告（2014~2015）
著(编)者：李伯森　2015年4月出版 / 定价：158.00元

城市管理蓝皮书
中国城市管理报告（2015）
著(编)者：谭维克 刘林　2015年12月出版 / 估价：158.00元

城市生活质量蓝皮书
中国城市生活质量报告（2015）
著(编)者：中国经济实验研究院　2015年7月出版 / 估价：59.00元

城市政府能力蓝皮书
中国城市政府公共服务能力评估报告（2015）
著(编)者：何艳玲　2015年7月出版 / 估价：59.00元

创新蓝皮书
创新型国家建设报告（2015）
著(编)者：詹正茂　2015年7月出版 / 估价：69.00元

慈善蓝皮书
中国慈善发展报告（2015）
著(编)者:杨团　2015年6月出版 / 定价:79.00元

地方法治蓝皮书
中国地方法治发展报告No.1（2014）
著(编)者:李林 田禾　2015年1月出版 / 定价:98.00元

法治蓝皮书
中国法治发展报告No.13（2015）
著(编)者:李林 田禾　2015年3月出版 / 定价:105.00元

反腐倡廉蓝皮书
中国反腐倡廉建设报告No.4
著(编)者:李秋芳 张英伟　2014年12月出版 / 定价:79.00元

非传统安全蓝皮书
中国非传统安全研究报告（2014~2015）
著(编)者:余潇枫 魏志江　2015年5月出版 / 定价:79.00元

妇女发展蓝皮书
中国妇女发展报告（2015）
著(编)者:王金玲　2015年9月出版 / 估价:148.00元

妇女教育蓝皮书
中国妇女教育发展报告（2015）
著(编)者:张李玺　2015年7月出版 / 估价:78.00元

妇女绿皮书
中国性别平等与妇女发展报告（2015）
著(编)者:谭琳　2015年12月出版 / 估价:99.00元

公共服务蓝皮书
中国城市基本公共服务力评价（2015）
著(编)者:钟君 吴正杲　2015年12月出版 / 估价:79.00元

公共服务满意度蓝皮书
中国城市公共服务评价报告（2015）
著(编)者:胡伟　2015年12月出版 / 估价:69.00元

公共外交蓝皮书
中国公共外交发展报告（2015）
著(编)者:赵启正 雷蔚真　2015年4月出版 / 定价:89.00元

公民科学素质蓝皮书
中国公民科学素质报告（2015）
著(编)者:李群 许佳军　2015年7月出版 / 估价:79.00元

公益蓝皮书
中国公益发展报告（2015）
著(编)者:朱健刚　2015年7月出版 / 估价:78.00元

管理蓝皮书
中国管理发展报告（2015）
著(编)者:张晓东　2015年9月出版 / 估价:98.00元

国际人才蓝皮书
中国国际移民报告（2015）
著(编)者:王辉耀　2015年2月出版 / 定价:79.00元

国际人才蓝皮书
中国海归发展报告（2015）
著(编)者:王辉耀 苗绿　2015年7月出版 / 估价:69.00元

国际人才蓝皮书
中国留学发展报告（2015）
著(编)者:王辉耀 苗绿　2015年9月出版 / 估价:69.00元

国家安全蓝皮书
中国国家安全研究报告（2015）
著(编)者:刘慧　2015年7月出版 / 估价:98.00元

行政改革蓝皮书
中国行政体制改革报告（2014~2015）
著(编)者:魏礼群　2015年4月出版 / 估价:98.00元

华侨华人蓝皮书
华侨华人研究报告（2015）
著(编)者:贾益民　2015年12月出版 / 估价:118.00元

环境绿皮书
中国环境发展报告（2015）
著(编)者:刘鉴强　2015年7月出版 / 估价:79.00元

基金会蓝皮书
中国基金会发展报告（2015）
著(编)者:刘忠祥　2016年6月出版 / 估价:69.00元

基金会绿皮书
中国基金会发展独立研究报告（2015）
著(编)者:基金会中心网　2015年8月出版 / 估价:88.00元

基金会透明度蓝皮书
中国基金会透明度发展研究报告（2015）
著(编)者:基金会中心网 清华大学廉政与治理研究中心
2015年9月出版 / 估价:78.00元

教师蓝皮书
中国中小学教师发展报告（2014）
著(编)者:曾晓东 鱼霞　2015年6月出版 / 定价:69.00元

教育蓝皮书
中国教育发展报告（2015）
著(编)者:杨东平　2015年5月出版 / 定价:79.00元

科普蓝皮书
中国科普基础设施发展报告（2015）
著(编)者:任福君　2015年7月出版 / 估价:59.00元

劳动保障蓝皮书
中国劳动保障发展报告（2015）
著(编)者:刘燕斌　2015年7月出版 / 估价:89.00元

老龄蓝皮书
中国老年宜居环境发展报告(2015)
著(编)者:吴玉韶　2015年9月出版 / 估价:79.00元

连片特困区蓝皮书
中国连片特困区发展报告（2014~2015）
著(编)者:游俊 冷志明 丁建军 2015年3月出版 / 定价:98.00元

民间组织蓝皮书
中国民间组织报告(2015)
著(编)者:潘晨光 黄晓勇　2015年8月出版 / 估价:69.00元

民调蓝皮书
中国民生调查报告（2015）
著(编)者:谢耘耕　2015年7月出版 / 估价:128.00元

民族发展蓝皮书
中国民族发展报告（2015）
著(编)者:郝时远 王延中 王希恩
2015年4月出版 / 定价:98.00元

女性生活蓝皮书
中国女性生活状况报告No.9（2015）
著(编)者:韩湘景 2015年4月出版 / 定价:79.00元

企业公众透明度蓝皮书
中国企业公众透明度报告(2014~2015)No.1
著(编)者:黄速建 王晓光 肖红军
2015年1月出版 / 定价:98.00元

企业国际化蓝皮书
中国企业国际化报告(2015)
著(编)者:王辉耀 2015年10月出版 / 估价:79.00元

汽车社会蓝皮书
中国汽车社会发展报告（2015）
著(编)者:王俊秀 2015年7月出版 / 估价:59.00元

青年蓝皮书
中国青年发展报告No.3
著(编)者:廉思 2015年7月出版 / 估价:59.00元

区域人才蓝皮书
中国区域人才竞争力报告（2015）
著(编)者:桂昭明 王辉耀 2015年7月出版 / 估价:69.00元

群众体育蓝皮书
中国群众体育发展报告（2015）
著(编)者:刘国永 杨桦 2015年8月出版 / 估价:69.00元

人才蓝皮书
中国人才发展报告（2015）
著(编)者:潘晨光 2015年8月出版 / 估价:85.00元

人权蓝皮书
中国人权事业发展报告（2015）
著(编)者:中国人权研究会 2015年8月出版 / 估价:99.00元

森林碳汇绿皮书
中国森林碳汇评估发展报告（2015）
著(编)者:闫文德 胡文臻 2015年9月出版 / 估价:79.00元

社会保障绿皮书
中国社会保障发展报告（2015）No.7
著(编)者:王延中 2015年4月出版 / 定价:89.00元

社会工作蓝皮书
中国社会工作发展报告（2015）
著(编)者:民政部社会工作研究中心
2015年8月出版 / 估价:79.00元

社会管理蓝皮书
中国社会管理创新报告（2015）
著(编)者:连玉明 2015年9月出版 / 估价:89.00元

社会蓝皮书
2015年中国社会形势分析与预测
著(编)者:李培林 陈光金 张翼
2014年12月出版 / 定价:69.00元

社会体制蓝皮书
中国社会体制改革报告No.3（2015）
著(编)者:龚维斌 2015年4月出版 / 定价:79.00元

社会心态蓝皮书
中国社会心态研究报告（2015）
著(编)者:王俊秀 杨宜音 2015年10月出版 / 估价:69.00元

社会组织蓝皮书
中国社会组织评估发展报告（2015）
著(编)者:徐家良 廖鸿 2015年12月出版 / 估价:69.00元

生态城市绿皮书
中国生态城市建设发展报告（2015）
著(编)者:刘举科 孙伟平 胡文臻 2015年7月出版 / 估价:98.00元

生态文明绿皮书
中国省域生态文明建设评价报告（ECI 2015）
著(编)者:严耕 2015年9月出版 / 估价:85.00元

世界社会主义黄皮书
世界社会主义跟踪研究报告（2014~2015）
著(编)者:李慎明 2015年4月出版 / 定价:258.00元

水与发展蓝皮书
中国水风险评估报告（2015）
著(编)者:王浩 2015年9月出版 / 估价:69.00元

土地整治蓝皮书
中国土地整治发展研究报告No.2
著(编)者:国土资源部土地整治中心 2015年5月出版 / 定价:89.00元

网络空间安全蓝皮书
中国网络空间安全发展报告（2015）
著(编)者:惠志斌 唐涛 2015年4月出版 / 定价:79.00元

危机管理蓝皮书
中国危机管理报告（2015）
著(编)者:文学国 2015年8月出版 / 估价:89.00元

协会商会蓝皮书
中国行业协会商会发展报告（2014）
著(编)者:景朝阳 李勇 2015年4月出版 / 定价:99.00元

形象危机应对蓝皮书
形象危机应对研究报告（2015）
著(编)者:唐钧 2015年7月出版 / 定价:149.00元

医改蓝皮书
中国医药卫生体制改革报告（2015~2016）
著(编)者:文学国 房志武 2015年12月出版 / 估价:79.00元

医疗卫生绿皮书
中国医疗卫生发展报告（2015）
著(编)者:申宝忠 韩玉珍 2015年7月出版 / 估价:75.00元

应急管理蓝皮书
中国应急管理报告（2015）
著(编)者:宋英华 2015年10月出版 / 估价:69.00元

政治参与蓝皮书
中国政治参与报告（2015）
著(编)者:房宁 2015年7月出版 / 估价:105.00元

政治发展蓝皮书
中国政治发展报告（2015）
著(编)者:房宁 杨海蛟　2015年7月出版 / 估价:88.00元

中国农村妇女发展蓝皮书
流动女性城市融入发展报告（2015）
著(编)者:谢丽华　2015年11月出版 / 估价:69.00元

宗教蓝皮书
中国宗教报告（2015）
著(编)者:金泽 邱永辉　2016年5月出版 / 估价:59.00元

行业报告类

保险蓝皮书
中国保险业竞争力报告（2015）
著(编)者:项俊波　2015年12月出版 / 估价:98.00元

彩票蓝皮书
中国彩票发展报告（2015）
著(编)者:益彩基金　2015年4月出版 / 定价:98.00元

餐饮产业蓝皮书
中国餐饮产业发展报告（2015）
著(编)者:邢颖　2015年4月出版 / 定价:69.00元

测绘地理信息蓝皮书
智慧中国地理空间智能体系研究报告（2015）
著(编)者:库热西·买合苏提　2015年12月出版 / 估价:98.00元

茶业蓝皮书
中国茶产业发展报告（2015）
著(编)者:杨江帆 李闽榕　2015年10月出版 / 估价:78.00元

产权市场蓝皮书
中国产权市场发展报告（2015）
著(编)者:曹和平　2015年12月出版 / 估价:79.00元

电子政务蓝皮书
中国电子政务发展报告（2015）
著(编)者:洪毅 杜平　2015年11月出版 / 估价:79.00元

杜仲产业绿皮书
中国杜仲橡胶资源与产业发展报告（2014~2015）
著(编)者:杜红岩 胡文臻 俞锐
2015年1月出版 / 定价:85.00元

房地产蓝皮书
中国房地产发展报告No.12（2015）
著(编)者:魏后凯 李景国　2015年5月出版 / 定价:79.00元

服务外包蓝皮书
中国服务外包产业发展报告（2015）
著(编)者:王晓红 刘德军　2015年7月出版 / 估价:89.00元

工业和信息化蓝皮书
移动互联网产业发展报告（2014~2015）
著(编)者:洪京一　2015年4月出版 / 定价:79.00元

工业和信息化蓝皮书
世界网络安全发展报告（2014~2015）
著(编)者:洪京一　2015年4月出版 / 定价:69.00元

工业和信息化蓝皮书
世界制造业发展报告（2014~2015）
著(编)者:洪京一　2015年4月出版 / 定价:69.00元

工业和信息化蓝皮书
世界信息化发展报告（2014~2015）
著(编)者:洪京一　2015年4月出版 / 定价:69.00元

工业和信息化蓝皮书
世界信息技术产业发展报告（2014~2015）
著(编)者:洪京一　2015年4月出版 / 定价:79.00元

工业设计蓝皮书
中国工业设计发展报告（2015）
著(编)者:王晓红 于炜 张立群　2015年9月出版 / 估价:138.00元

互联网金融蓝皮书
中国互联网金融发展报告（2015）
著(编)者:芮晓武 刘烈宏　2015年8月出版 / 估价:79.00元

会展蓝皮书
中外会展业动态评估年度报告（2015）
著(编)者:张敏　2015年1月出版 / 估价:78.00元

金融监管蓝皮书
中国金融监管报告（2015）
著(编)者:胡滨　2015年4月出版 / 定价:89.00元

金融蓝皮书
中国商业银行竞争力报告（2015）
著(编)者:王松奇　2015年12月出版 / 估价:69.00元

客车蓝皮书
中国客车产业发展报告（2014~2015）
著(编)者:姚蔚　2015年2月出版 / 定价:85.00元

老龄蓝皮书
中国老龄产业发展报告（2015）
著(编)者:吴玉韶 党俊武　2015年9月出版 / 估价:79.00元

流通蓝皮书
中国商业发展报告（2015）
著(编)者:荆林波　2015年7月出版 / 估价:89.00元

旅游安全蓝皮书
中国旅游安全报告（2015）
著(编)者:郑向敏 谢朝武　2015年5月出版 / 定价:128.00元

旅游景区蓝皮书
中国旅游景区发展报告（2015）
著(编)者:黄安民　2015年7月出版 / 估价:79.00元

旅游绿皮书
2014~2015年中国旅游发展分析与预测
著(编)者:宋瑞　2015年1月出版 / 定价:98.00元

煤炭蓝皮书
中国煤炭工业发展报告（2015）
著(编)者:岳福斌　2015年12月出版 / 估价:79.00元

民营医院蓝皮书
中国民营医院发展报告（2015）
著(编)者:庄一强　2015年10月出版 / 估价:75.00元

闽商蓝皮书
闽商发展报告（2015）
著(编)者:王日根 李闽榕　2015年12月出版 / 估价:69.00元

能源蓝皮书
中国能源发展报告（2015）
著(编)者:崔民选 王军生　2015年8月出版 / 估价:79.00元

农产品流通蓝皮书
中国农产品流通产业发展报告（2015）
著(编)者:贾敬敦 张东科 张玉玺 孔令羽 张鹏毅
2015年9月出版 / 估价:89.00元

企业蓝皮书
中国企业竞争力报告（2015）
著(编)者:金碚　2015年11月出版 / 估价:89.00元

企业社会责任蓝皮书
中国企业社会责任研究报告（2015）
著(编)者:黄群慧　彭华岗 钟宏武 张蒽
2015年11月出版 / 估价:69.00元

汽车安全蓝皮书
中国汽车安全发展报告（2015）
著(编)者:中国汽车技术研究中心
2015年7月出版 / 估价:79.00元

汽车工业蓝皮书
中国汽车工业发展年度报告（2015）
著(编)者:中国汽车工业协会 中国汽车技术研究中心
丰田汽车（中国）投资有限公司
2015年4月出版 / 定价:128.00元

汽车蓝皮书
中国汽车产业发展报告（2015）
著(编)者:国务院发展研究中心产业经济研究部
中国汽车工程学会 大众汽车集团（中国）
2015年7月出版 / 定价:128.00元

清洁能源蓝皮书
国际清洁能源发展报告（2015）
著(编)者:国际清洁能源论坛（澳门）
2015年9月出版 / 估价:89.00元

人力资源蓝皮书
中国人力资源发展报告（2015）
著(编)者:余兴安　2015年9月出版 / 估价:79.00元

融资租赁蓝皮书
中国融资租赁业发展报告（2014~2015）
著(编)者:李光荣 王力　2015年1月出版 / 定价:89.00元

软件和信息服务业蓝皮书
中国软件和信息服务业发展报告（2015）
著(编)者:陈新河 洪京一　2015年12月出版 / 估价:198.00元

上市公司蓝皮书
上市公司质量评价报告（2015）
著(编)者:张跃文 王力　2015年10月出版 / 估价:118.00元

设计产业蓝皮书
中国设计产业发展报告（2014~2015）
著(编)者:陈冬亮 梁昊光　2015年3月出版 / 定价:89.00元

食品药品蓝皮书
食品药品安全与监管政策研究报告（2015）
著(编)者:唐民皓　2015年7月出版 / 估价:69.00元

世界能源蓝皮书
世界能源发展报告（2015）
著(编)者:黄晓勇　2015年6月出版 / 定价:99.00元

碳市场蓝皮书
中国碳市场报告（2015）
著(编)者:低碳发展国际合作联盟
2015年11月出版 / 估价:69.00元

体育蓝皮书
中国体育产业发展报告（2015）
著(编)者:阮伟 钟秉枢　2015年7月出版 / 估价:69.00元

体育蓝皮书
长三角地区体育产业发展报告（2014~2015）
著(编)者:张林　2015年4月出版 / 定价:79.00元

投资蓝皮书
中国投资发展报告（2015）
著(编)者:谢平　2015年4月出版 / 定价:128.00元

物联网蓝皮书
中国物联网发展报告（2015）
著(编)者:黄桂田　2015年7月出版 / 估价:59.00元

西部工业蓝皮书
中国西部工业发展报告（2015）
著(编)者:方行明 甘犁 刘方健 姜凌 等
2015年9月出版 / 估价:79.00元

西部金融蓝皮书
中国西部金融发展报告（2015）
著(编)者:李忠民　2015年8月出版 / 估价:75.00元

新能源汽车蓝皮书
中国新能源汽车产业发展报告（2015）
著(编)者:中国汽车技术研究中心
日产（中国）投资有限公司 东风汽车有限公司
2015年8月出版 / 估价:69.00元

信托市场蓝皮书
中国信托业市场报告（2014~2015）
著(编)者:用益信托工作室　2015年2月出版 / 定价:198.00元

信息产业蓝皮书
世界软件和信息技术产业发展报告（2015）
著(编)者：洪京一　2015年8月出版 / 估价：79.00元

信息化蓝皮书
中国信息化形势分析与预测（2015）
著(编)者：周宏仁　2015年8月出版 / 估价：98.00元

信用蓝皮书
中国信用发展报告（2014~2015）
著(编)者：章政　田侃　2015年4月出版 / 定价：99.00元

休闲绿皮书
2015年中国休闲发展报告
著(编)者：刘德谦　2015年7月出版 / 估价：59.00元

医药蓝皮书
中国中医药产业园战略发展报告（2015）
著(编)者：裴长洪　房书亭　吴篠心　2015年7月出版 / 估价：89.00元

邮轮绿皮书
中国邮轮产业发展报告（2015）
著(编)者：汪泓　2015年9月出版 / 估价：79.00元

中国上市公司蓝皮书
中国上市公司发展报告（2015）
著(编)者：许雄斌　张平　2015年9月出版 / 估价：98.00元

中国总部经济蓝皮书
中国总部经济发展报告（2015）
著(编)者：赵弘　2015年7月出版 / 估价：79.00元

住房绿皮书
中国住房发展报告（2014~2015）
著(编)者：倪鹏飞　2014年12月出版 / 定价：79.00元

资本市场蓝皮书
中国场外交易市场发展报告（2015）
著(编)者：高峦　2015年8月出版 / 估价：79.00元

资产管理蓝皮书
中国资产管理行业发展报告（2015）
著(编)者：智信资产管理研究院　2015年6月出版 / 定价：89.00元

文化传媒类

传媒竞争力蓝皮书
中国传媒国际竞争力研究报告（2015）
著(编)者：李本乾　2015年9月出版 / 估价：88.00元

传媒蓝皮书
中国传媒产业发展报告（2015）
著(编)者：崔保国　2015年5月出版 / 定价：98.00元

传媒投资蓝皮书
中国传媒投资发展报告（2015）
著(编)者：张向东　2015年7月出版 / 估价：89.00元

动漫蓝皮书
中国动漫产业发展报告（2015）
著(编)者：卢斌　郑玉明　牛兴侦　2015年7月出版 / 估价：79.00元

非物质文化遗产蓝皮书
中国非物质文化遗产发展报告（2015）
著(编)者：陈平　2015年5月出版 / 定价：98.00元

广电蓝皮书
中国广播电影电视发展报告（2015）
著(编)者：杨明品　2015年7月出版 / 估价：98.00元

广告主蓝皮书
中国广告主营销传播趋势报告（2015）
著(编)者：黄升民　2015年7月出版 / 估价：148.00元

国际传播蓝皮书
中国国际传播发展报告（2015）
著(编)者：胡正荣　李继东　姬德强
2015年7月出版 / 估价：89.00元

国家形象蓝皮书
2015年国家形象研究报告
著(编)者：张昆　2015年7月出版 / 估价：79.00元

纪录片蓝皮书
中国纪录片发展报告（2015）
著(编)者：何苏六　2015年9月出版 / 估价：79.00元

科学传播蓝皮书
中国科学传播报告（2015）
著(编)者：詹正茂　2015年7月出版 / 估价：69.00元

两岸文化蓝皮书
两岸文化产业合作发展报告（2015）
著(编)者：胡惠林　李保宗　2015年7月出版 / 估价：79.00元

媒介与女性蓝皮书
中国媒介与女性发展报告（2015）
著(编)者：刘利群　2015年8月出版 / 估价：69.00元

全球传媒蓝皮书
全球传媒发展报告（2015）
著(编)者：胡正荣　2015年12月出版 / 估价：79.00元

少数民族非遗蓝皮书
中国少数民族非物质文化遗产发展报告（2015）
著(编)者：肖远平　柴立　2015年6月出版 / 定价：128.00元

世界文化发展蓝皮书
世界文化发展报告（2015）
著(编)者：张庆宗　高乐田　郭熙煌
2015年7月出版 / 估价：89.00元

视听新媒体蓝皮书
中国视听新媒体发展报告（2015）
著(编)者:袁同楠　2015年7月出版 / 定价:98.00元

文化创新蓝皮书
中国文化创新报告（2015）
著(编)者:于平 傅才武　2015年7月出版 / 估价:79.00元

文化建设蓝皮书
中国文化发展报告（2015）
著(编)者:江畅 孙伟平 戴茂堂
2016年4月出版 / 估价:138.00元

文化科技蓝皮书
文化科技创新发展报告（2015）
著(编)者:于平 李凤亮　2015年10月出版 / 估价:89.00元

文化蓝皮书
中国文化产业供需协调检测报告（2015）
著(编)者:王亚南　2015年2月出版 / 定价:79.00元

文化蓝皮书
中国文化消费需求景气评价报告（2015）
著(编)者:王亚南　2015年2月出版 / 定价:79.00元

文化蓝皮书
中国文化产业发展报告（2015）
著(编)者:张晓明 王家新 章建刚
2015年7月出版 / 估价:79.00元

文化蓝皮书
中国公共文化投入增长测评报告(2015)
著(编)者:王亚南　2014年12月出版 / 定价:79.00元

文化蓝皮书
中国文化政策发展报告（2015）
著(编)者:傅才武 宋文玉 燕东升
2015年9月出版 / 估价:98.00元

文化品牌蓝皮书
中国文化品牌发展报告（2015）
著(编)者:欧阳友权　2015年4月出版 / 定价:89.00元

文化遗产蓝皮书
中国文化遗产事业发展报告（2015）
著(编)者:刘世锦　2015年12月出版 / 定价:89.00元

文学蓝皮书
中国文情报告（2014~2015）
著(编)者:白烨　2015年5月出版 / 定价:49.00元

新媒体蓝皮书
中国新媒体发展报告No.6（2015）
著(编)者:唐绪军　2015年7月出版 / 定价:79.00元

新媒体社会责任蓝皮书
中国新媒体社会责任研究报告（2015）
著(编)者:钟瑛　2015年10月出版 / 定价:79.00元

移动互联网蓝皮书
中国移动互联网发展报告（2015）
著(编)者:官建文　2015年6月出版 / 定价:79.00元

舆情蓝皮书
中国社会舆情与危机管理报告（2015）
著(编)者:谢耘耕　2015年8月出版 / 估价:98.00元

地方发展类

安徽经济蓝皮书
芜湖创新型城市发展报告（2015）
著(编)者:杨少华 王开玉　2015年7月出版 / 估价:69.00元

安徽蓝皮书
安徽社会发展报告（2015）
著(编)者:程桦　2015年4月出版 / 定价:89.00元

安徽社会建设蓝皮书
安徽社会建设分析报告（2015）
著(编)者:黄家海 王开玉 蔡宪　2015年7月出版 / 估价:69.00元

澳门蓝皮书
澳门经济社会发展报告（2014~2015）
著(编)者:吴志良 郝雨凡　2015年5月出版 / 定价:79.00元

北京蓝皮书
北京公共服务发展报告（2014~2015）
著(编)者:施昌奎　2015年1月出版 / 定价:69.00元

北京蓝皮书
北京经济发展报告（2014~2015）
著(编)者:杨松　2015年6月出版 / 定价:79.00元

北京蓝皮书
北京社会治理发展报告（2014~2015）
著(编)者:殷星辰　2015年6月出版 / 定价:79.00元

北京蓝皮书
北京文化发展报告（2014~2015）
著(编)者:李建盛　2015年5月出版 / 定价:79.00元

北京蓝皮书
北京社会发展报告（2015）
著(编)者:缪青　2015年7月出版 / 估价:79.00元

北京蓝皮书
北京社区发展报告（2015）
著(编)者:于燕燕　2015年1月出版 / 定价:79.00元

北京旅游绿皮书
北京旅游发展报告（2015）
著(编)者:北京旅游学会　2015年7月出版 / 估价:88.00元

北京律师蓝皮书
北京律师发展报告（2015）
著(编)者:王隽　2015年12月出版 / 定价:75.00元

北京人才蓝皮书
北京人才发展报告（2015）
著(编)者:于淼　2015年7月出版 / 估价:89.00元

北京社会心态蓝皮书
北京社会心态分析报告（2015）
著(编)者:北京社会心理研究所　2015年7月出版 / 估价:69.00元

北京社会组织管理蓝皮书
北京社会组织发展与管理（2015）
著(编)者:黄江松　2015年4月出版 / 定价:78.00元

北京养老产业蓝皮书
北京养老产业发展报告（2015）
著(编)者:周明明　冯喜良　2015年4月出版 / 定价:69.00元

滨海金融蓝皮书
滨海新区金融发展报告（2015）
著(编)者:王爱俭　张锐钢　2015年9月出版 / 估价:79.00元

城乡一体化蓝皮书
中国城乡一体化发展报告（北京卷）（2014~2015）
著(编)者:张宝秀　黄序　2015年5月出版 / 定价:79.00元

创意城市蓝皮书
北京文化创意产业发展报告（2015）
著(编)者:张京成　2015年11月出版 / 估价:65.00元

创意城市蓝皮书
无锡文化创意产业发展报告（2015）
著(编)者:谭军　张鸣年　2015年10月出版 / 估价:75.00元

创意城市蓝皮书
武汉市文化创意产业发展报告（2015）
著(编)者:袁堃　黄永林　2015年11月出版 / 估价:85.00元

创意城市蓝皮书
重庆创意产业发展报告（2015）
著(编)者:程宇宁　2015年7月出版 / 估价:89.00元

创意城市蓝皮书
青岛文化创意产业发展报告（2015）
著(编)者:马达　张丹妮　2015年7月出版 / 估价:79.00元

福建妇女发展蓝皮书
福建省妇女发展报告（2015）
著(编)者:刘群英　2015年10月出版 / 估价:58.00元

甘肃蓝皮书
甘肃舆情分析与预测（2015）
著(编)者:陈双梅　郝树声　2015年1月出版 / 定价:79.00元

甘肃蓝皮书
甘肃文化发展分析与预测（2015）
著(编)者:安文华　周小华　2015年1月出版 / 定价:79.00元

甘肃蓝皮书
甘肃社会发展分析与预测（2015）
著(编)者:安文华　包晓霞　2015年1月出版 / 定价:79.00元

甘肃蓝皮书
甘肃经济发展分析与预测（2015）
著(编)者:朱智文　罗哲　2015年1月出版 / 定价:79.00元

甘肃蓝皮书
甘肃县域经济综合竞争力评价（2015）
著(编)者:刘进军　2015年7月出版 / 估价:69.00元

甘肃蓝皮书
甘肃县域社会发展评价报告（2015）
著(编)者:刘进军　柳民　王建兵　2015年1月出版 / 定价:79.0

广东蓝皮书
广东省电子商务发展报告（2015）
著(编)者:程晓　2015年12月出版 / 估价:69.00元

广东蓝皮书
广东社会工作发展报告（2015）
著(编)者:罗观翠　2015年7月出版 / 估价:89.00元

广东社会建设蓝皮书
广东省社会建设发展报告（2015）
著(编)者:广东省社会工作委员会　2015年10月出版 / 估价:89.

广东外经贸蓝皮书
广东对外经济贸易发展研究报告（2014~2015）
著(编)者:陈万灵　2015年5月出版 / 定价:89.00元

广西北部湾经济区蓝皮书
广西北部湾经济区开放开发报告（2015）
著(编)者:广西北部湾经济区规划建设管理委员会办公室
　　　　广西社会科学院广西北部湾发展研究院
2015年8月出版 / 估价:79.00元

广州蓝皮书
广州社会保障发展报告（2015）
著(编)者:蔡国萱　2015年7月出版 / 估价:65.00元

广州蓝皮书
2015年中国广州社会形势分析与预测
著(编)者:张强　陈怡霓　杨秦　2015年6月出版 / 定价:79.00元

广州蓝皮书
广州经济发展报告（2015）
著(编)者:李江涛　朱名宏　2015年7月出版 / 估价:69.00元

广州蓝皮书
广州商贸业发展报告（2015）
著(编)者:李江涛　王旭东　荀振英　2015年7月出版 / 估价:69.

广州蓝皮书
2015年中国广州经济形势分析与预测
著(编)者:庾建设　沈奎　谢博能
2015年6月出版 / 定价:79.00元

广州蓝皮书
中国广州文化发展报告（2015）
著(编)者:徐俊忠　陆志强　顾涧清
2015年7月出版 / 估价:69.00元

广州蓝皮书
广州农村发展报告（2015）
著(编)者:李江涛　汤锦华　2015年8月出版 / 估价:69.00元

广州蓝皮书
中国广州城市建设与管理发展报告（2015）
著(编)者:董皞　冼伟雄　2015年7月出版 / 估价:69.00元

广州蓝皮书
中国广州科技和信息化发展报告（2015）
著(编)者：邹采荣 马正勇 冯元　2015年7月出版 / 估价:79.00元

广州蓝皮书
广州创新型城市发展报告（2015）
著(编)者：李江涛　2015年7月出版 / 估价:69.00元

广州蓝皮书
广州文化创意产业发展报告（2015）
著(编)者：甘新　2015年8月出版 / 估价:79.00元

广州蓝皮书
广州志愿服务发展报告（2015）
著(编)者：魏国华 张强　2015年9月出版 / 估价:69.00元

广州蓝皮书
广州城市国际化发展报告（2015）
著(编)者：朱名宏　2015年9月出版 / 估价:59.00元

广州蓝皮书
广州汽车产业发展报告（2015）
著(编)者：李江涛 杨再高　2015年9月出版 / 估价:69.00元

贵州房地产蓝皮书
贵州房地产发展报告（2015）
著(编)者：武廷方　2015年6月出版 / 定价:89.00元

贵州蓝皮书
贵州人才发展报告（2015）
著(编)者：于杰 吴大华　2015年7月出版 / 估价:69.00元

贵州蓝皮书
贵安新区发展报告（2014）
著(编)者：马长青 吴大华　2015年4月出版 / 定价:69.00元

贵州蓝皮书
贵州社会发展报告（2015）
著(编)者：王兴骥　2015年5月出版 / 定价:79.00元

贵州蓝皮书
贵州法治发展报告（2015）
著(编)者：吴大华　2015年5月出版 / 定价:79.00元

贵州蓝皮书
贵州国有企业社会责任发展报告（2015）
著(编)者：郭丽　2015年10月出版 / 估价:79.00元

海淀蓝皮书
海淀区文化和科技融合发展报告（2015）
著(编)者：孟景伟 陈名杰　2015年7月出版 / 估价:75.00元

海峡西岸蓝皮书
海峡西岸经济区发展报告（2015）
著(编)者：黄端　2015年9月出版 / 估价:65.00元

杭州都市圈蓝皮书
杭州都市圈发展报告（2015）
著(编)者：董祖德 沈翔　2015年7月出版 / 估价:89.00元

杭州蓝皮书
杭州妇女发展报告（2015）
著(编)者：魏颖　2015年4月出版 / 定价:79.00元

河北经济蓝皮书
河北省经济发展报告（2015）
著(编)者：马树强 金浩 刘兵 张贵　2015年3月出版 / 定价:89.00元

河北蓝皮书
河北经济社会发展报告（2015）
著(编)者：周文夫　2015年1月出版 / 定价:79.00元

河北食品药品安全蓝皮书
河北食品药品安全研究报告（2015）
著(编)者：丁锦霞　2015年6月出版 / 定价:79.00元

河南经济蓝皮书
2015年河南经济形势分析与预测
著(编)者：胡五岳　2015年2月出版 / 定价:69.00元

河南蓝皮书
河南城市发展报告（2015）
著(编)者：谷建全 王建国　2015年3月出版 / 定价:79.00元

河南蓝皮书
2015年河南社会形势分析与预测
著(编)者：刘道兴 牛苏林　2015年4月出版 / 定价:69.00元

河南蓝皮书
河南工业发展报告（2015）
著(编)者：龚绍东 赵西三　2015年1月出版 / 定价:79.00元

河南蓝皮书
河南文化发展报告（2015）
著(编)者：卫绍生　2015年3月出版 / 定价:79.00元

河南蓝皮书
河南经济发展报告（2015）
著(编)者：喻新安　2014年12月出版 / 定价:79.00元

河南蓝皮书
河南法治发展报告（2015）
著(编)者：丁同民 闫德民　2015年7月出版 / 估价:69.00元

河南蓝皮书
河南金融发展报告（2015）
著(编)者：喻新安 谷建全　2015年6月出版 / 估价:69.00元

河南蓝皮书
河南农业农村发展报告（2015）
著(编)者：吴海峰　2015年4月出版 / 定价:69.00元

河南商务蓝皮书
河南商务发展报告（2015）
著(编)者：焦锦淼 穆荣国　2015年4月出版 / 定价:88.00元

黑龙江产业蓝皮书
黑龙江产业发展报告（2015）
著(编)者：于渤　2015年9月出版 / 估价:79.00元

黑龙江蓝皮书
黑龙江经济发展报告（2015）
著(编)者：曲伟　2015年1月出版 / 定价:79.00元

黑龙江蓝皮书
黑龙江社会发展报告（2015）
著(编)者：张新颖　2015年1月出版 / 定价:79.00元

湖北文化蓝皮书
湖北文化发展报告（2015）
著(编)者:江畅 吴成国　2015年7月出版 / 估价:89.00元

湖南城市蓝皮书
区域城市群整合
著(编)者:童中贤 韩未名　2015年12月出版 / 估价:79.00元

湖南蓝皮书
2015年湖南电子政务发展报告
著(编)者:梁志峰　2015年5月出版 / 定价:98.00元

湖南蓝皮书
2015年湖南社会发展报告
著(编)者:梁志峰　2015年5月出版 / 定价:98.00元

湖南蓝皮书
2015年湖南产业发展报告
著(编)者:梁志峰　2015年5月出版 / 定价:98.00元

湖南蓝皮书
2015年湖南经济展望
著(编)者:梁志峰　2015年5月出版 / 定价:128.00元

湖南蓝皮书
2015年湖南县域经济社会发展报告
著(编)者:梁志峰　2015年5月出版 / 定价:98.00元

湖南蓝皮书
2015年湖南两型社会与生态文明发展报告
著(编)者:梁志峰　2015年5月出版 / 定价:98.00元

湖南县域绿皮书
湖南县域发展报告No.2
著(编)者:朱有志　2015年7月出版 / 估价:69.00元

沪港蓝皮书
沪港发展报告（2014~2015）
著(编)者:尤安山　2015年4月出版 / 定价:89.00元

吉林蓝皮书
2015年吉林经济社会形势分析与预测
著(编)者:马克　2015年2月出版 / 定价:89.00元

济源蓝皮书
济源经济社会发展报告（2015）
著(编)者:喻新安　2015年4月出版 / 定价:69.00元

健康城市蓝皮书
北京健康城市建设研究报告（2015）
著(编)者:王鸿春　2015年4月出版 / 定价:79.00元

江苏法治蓝皮书
江苏法治发展报告（2015）
著(编)者:李力 龚廷泰　2015年9月出版 / 估价:98.00元

京津冀蓝皮书
京津冀发展报告（2015）
著(编)者:文魁 祝尔娟　2015年4月出版 / 定价:89.00元

经济特区蓝皮书
中国经济特区发展报告（2015）
著(编)者:陶一桃　2015年7月出版 / 估价:89.00元

辽宁蓝皮书
2015年辽宁经济社会形势分析与预测
著(编)者:曹晓峰 张晶 梁启东　2014年12月出版 / 定价:79.0□

南京蓝皮书
南京文化发展报告（2015）
著(编)者:南京文化产业研究中心　2015年12月出版 / 估价:79.□

内蒙古蓝皮书
内蒙古反腐倡廉建设报告（2015）
著(编)者:张志华 无极　2015年12月出版 / 估价:69.00元

浦东新区蓝皮书
上海浦东经济发展报告（2015）
著(编)者:沈开艳 陆沪根　2015年1月出版 / 定价:69.00元

青海蓝皮书
2015年青海经济社会形势分析与预测
著(编)者:赵宗福　2014年12月出版 / 定价:69.00元

人口与健康蓝皮书
深圳人口与健康发展报告（2015）
著(编)者:曾序春　2015年12月出版 / 估价:89.0□

山东蓝皮书
山东社会形势分析与预测（2015）
著(编)者:张华 唐洲雁　2015年7月出版 / 估价:89.00元

山东蓝皮书
山东经济形势分析与预测（2015）
著(编)者:张华 唐洲雁　2015年7月出版 / 估价:89.00元

山东蓝皮书
山东文化发展报告（2015）
著(编)者:张华 唐洲雁　2015年7月出版 / 估价:98.00元

山西蓝皮书
山西资源型经济转型发展报告（2015）
著(编)者:李志强　2015年5月出版 / 定价:89.00元

陕西蓝皮书
陕西经济发展报告（2015）
著(编)者:任宗哲 白宽犁 裴成荣　2015年1月出版 / 定价:69□

陕西蓝皮书
陕西社会发展报告（2015）
著(编)者:任宗哲 白宽犁 牛昉　2015年1月出版 / 定价:69.0□

陕西蓝皮书
陕西文化发展报告（2015）
著(编)者:任宗哲 白宽犁 王长寿　2015年1月出版 / 定价:6□

陕西蓝皮书
丝绸之路经济带发展报告（2015）
著(编)者:任宗哲 石英 白宽犁
2015年8月出版 / 估价:79.00元

上海蓝皮书
上海文学发展报告（2015）
著(编)者:陈圣来　2015年1月出版 / 定价:69.00元

上海蓝皮书
上海文化发展报告（2015）
著(编)者:荣跃明　2015年1月出版 / 定价:74.00元

上海蓝皮书
上海资源环境发展报告（2015）
著(编)者:周冯琦 汤庆合 任文伟
2015年1月出版 / 定价:69.00元

上海蓝皮书
上海社会发展报告（2015）
著(编)者:杨雄　周海旺　2015年1月出版 / 定价:69.00元

上海蓝皮书
上海经济发展报告（2015）
著(编)者:沈开艳　　　　2015年1月出版 / 定价:69.00元

上海蓝皮书
上海传媒发展报告（2015）
著(编)者:强荧 焦雨虹　2015年1月出版 / 定价:69.00元

上海蓝皮书
上海法治发展报告（2015）
著(编)者:叶青　　　　　2015年5月出版 / 定价:69.00元

上饶蓝皮书
上饶发展报告（2015）
著(编)者:朱寅健　　　　2015年7月出版 / 估价:128.00元

社会建设蓝皮书
2015年北京社会建设分析报告
著(编)者:宋贵伦 冯虹　2015年7月出版 / 估价:79.00元

深圳蓝皮书
深圳劳动关系发展报告（2015）
著(编)者:汤庭芬　2015年7月出版 / 估价:75.00元

深圳蓝皮书
深圳经济发展报告（2015）
著(编)者:张骁儒　2015年7月出版 / 估价:79.00元

深圳蓝皮书
深圳社会发展报告（2015）
著(编)者:叶民辉 张骁儒　2015年7月出版 / 估价:89.00元

深圳蓝皮书
深圳法治发展报告（2015）
著(编)者:张骁儒　2015年5月出版 / 定价:69.00元

四川蓝皮书
四川文化产业发展报告（2015）
著(编)者:侯水平　2015年4月出版 / 定价:79.00元

四川蓝皮书
四川企业社会责任研究报告（2014~2015）
著(编)者:侯水平 盛毅　2015年4月出版 / 定价:79.00元

四川蓝皮书
四川法治发展报告（2015）
著(编)者:郑泰安　2015年1月出版 / 定价:69.00元

四川蓝皮书
四川生态建设报告（2015）
著(编)者:李晟之　2015年4月出版 / 定价:79.00元

四川蓝皮书
四川城镇化发展报告（2015）
著(编)者:侯水平 范秋美　2015年4月出版 / 定价:79.00元

四川蓝皮书
四川社会发展报告（2015）
著(编)者:郭晓鸣　2015年4月出版 / 定价:79.00元

四川蓝皮书
2015年四川经济发展形势分析与预测
著(编)者:杨钢　2015年1月出版 / 定价:89.00元

四川法治蓝皮书
四川依法治省年度报告No.1（2015）
著(编)者:李林 杨天宗 田禾　2015年3月出版 / 定价:108.00元

天津金融蓝皮书
天津金融发展报告（2015）
著(编)者:王爱俭 杜强　2015年9月出版 / 估价:89.00元

温州蓝皮书
2015年温州经济社会形势分析与预测
著(编)者:潘忠强 王春光 金浩　2015年4月出版 / 定价:69.00元

扬州蓝皮书
扬州经济社会发展报告（2015）
著(编)者:丁纯　2015年12月出版 / 估价:89.00元

长株潭城市群蓝皮书
长株潭城市群发展报告（2015）
著(编)者:张萍　2015年7月出版 / 估价:69.00元

郑州蓝皮书
2015年郑州文化发展报告
著(编)者:王哲　2015年9月出版 / 估价:65.00元

中医文化蓝皮书
北京中医药文化传播发展报告（2015）
著(编)者:毛嘉陵　2015年5月出版 / 定价:79.00元

珠三角流通蓝皮书
珠三角商圈发展研究报告（2015）
著(编)者:林至颖 王先庆　2015年7月出版 / 估价:98.00元

国别与地区类

阿拉伯黄皮书
阿拉伯发展报告（2015）
著(编)者:马晓霖　2015年7月出版 / 估价:79.00元

北部湾蓝皮书
泛北部湾合作发展报告（2015）
著(编)者:吕余生　2015年8月出版 / 估价:69.00元

大湄公河次区域蓝皮书
大湄公河次区域合作发展报告（2015）
著(编)者:刘稚　2015年9月出版 / 估价:79.00元

大洋洲蓝皮书
大洋洲发展报告（2015）
著(编)者:喻常森　2015年8月出版 / 估价:89.00元

德国蓝皮书
德国发展报告（2015）
著(编)者:郑春荣 伍慧萍　2015年5月出版 / 定价:69.00元

东北亚黄皮书
东北亚地区政治与安全（2015）
著(编)者:黄凤志 刘清才 张慧智
2015年7月出版 / 估价:69.00元

东盟黄皮书
东盟发展报告（2015）
著(编)者:崔晓麟　2015年7月出版 / 估价:75.00元

东南亚蓝皮书
东南亚地区发展报告（2015）
著(编)者:王勤　2015年7月出版 / 估价:79.00元

俄罗斯黄皮书
俄罗斯发展报告（2015）
著(编)者:李永全　2015年7月出版 / 估价:79.00元

非洲黄皮书
非洲发展报告（2015）
著(编)者:张宏明　2015年7月出版 / 估价:79.00元

国际形势黄皮书
全球政治与安全报告（2015）
著(编)者:李慎明 张宇燕　2015年1月出版 / 定价:69.00元

韩国蓝皮书
韩国发展报告（2015）
著(编)者:刘宝全 牛林杰　2015年8月出版 / 估价:79.00元

加拿大蓝皮书
加拿大发展报告（2015）
著(编)者:仲伟合　2015年4月出版 / 定价:89.00元

拉美黄皮书
拉丁美洲和加勒比发展报告（2014~2015）
著(编)者:吴白乙　2015年5月出版 / 定价:89.00元

美国蓝皮书
美国研究报告（2015）
著(编)者:郑秉文 黄平　2015年6月出版 / 定价:89.00元

缅甸蓝皮书
缅甸国情报告（2015）
著(编)者:李晨阳　2015年8月出版 / 估价:79.00元

欧洲蓝皮书
欧洲发展报告（2015）
著(编)者:周弘　2015年7月出版 / 估价:89.00元

葡语国家蓝皮书
葡语国家发展报告（2015）
著(编)者:对外经济贸易大学区域国别研究所　葡语国家研究中心
2015年7月出版 / 估价:89.00元

葡语国家蓝皮书
中国与葡语国家关系发展报告·巴西（2014）
著(编)者:澳门科技大学　2015年7月出版 / 估价:89.00元

日本经济蓝皮书
日本经济与中日经贸关系研究报告（2015）
著(编)者:王洛林 张季风　2015年5月出版 / 定价:79.00元

日本蓝皮书
日本研究报告（2015）
著(编)者:李薇　2015年4月出版 / 定价:69.00元

上海合作组织黄皮书
上海合作组织发展报告（2015）
著(编)者:李进峰 吴宏伟 李伟
2015年9月出版 / 估价:89.00元

世界创新竞争力黄皮书
世界创新竞争力发展报告（2015）
著(编)者:李闽榕 李建平　赵新力
2015年12月出版 / 估价:148.00元

土耳其蓝皮书
土耳其发展报告（2015）
著(编)者:郭长刚 刘义　2015年7月出版 / 估价:89.00元

图们江区域合作蓝皮书
图们江区域合作发展报告（2015）
著(编)者:李铁　2015年4月出版 / 定价:98.00元

亚太蓝皮书
亚太地区发展报告（2015）
著(编)者:李向阳　2015年1月出版 / 定价:59.00元

印度蓝皮书
印度国情报告（2015）
著(编)者:吕昭义　2015年7月出版 / 估价:89.00元

印度洋地区蓝皮书
印度洋地区发展报告（2015）
著(编)者:汪戎　2015年5月出版 / 定价:89.00元

中东黄皮书
中东发展报告（2015）
著(编)者:杨光　2015年11月出版 / 估价:89.00元

中欧关系蓝皮书
中欧关系研究报告（2015）
著(编)者:周弘　2015年12月出版 / 估价:98.00元

中亚黄皮书
中亚国家发展报告（2015）
著(编)者:孙力 吴宏伟　2015年9月出版 / 估价:89.00元

中国皮书网

www.pishu.cn

发布皮书研创资讯，传播皮书精彩内容
引领皮书出版潮流，打造皮书服务平台

栏目设置：

□ 资讯：皮书动态、皮书观点、皮书数据、
　　　　皮书报道、皮书发布、电子期刊
□ 标准：皮书评价、皮书研究、皮书规范
□ 服务：最新皮书、皮书书目、重点推荐、在线购书
□ 链接：皮书数据库、皮书博客、皮书微博、在线书城
□ 搜索：资讯、图书、研究动态、皮书专家、研创团队

中国皮书网依托皮书系列"权威、前沿、原创"的优质内容资源，通过文字、图片、音频、视频等多种元素，在皮书研创者、使用者之间搭建了一个成果展示、资源共享的互动平台。

自2005年12月正式上线以来，中国皮书网的IP访问量、PV浏览量与日俱增，受到海内外研究者、公务人员、商务人士以及专业读者的广泛关注。

2008年、2011年，中国皮书网均在全国新闻出版业网站荣誉评选中获得"最具商业价值网站"称号；2012年，获得"出版业网站百强"称号。

2014年，中国皮书网与皮书数据库实现资源共享，端口合一，将提供更丰富的内容，更全面的服务。

皮书数据库

中国社会科学院 社会科学文献出版社

首页　数据库检索　学术资源群　我的文献库　皮书动态　有关调查　皮书报道　皮书研究　联系我们　读者帮助　搜索报告

权威报告　热点资讯　海量资源

当代中国与世界发展的高端智库平台

皮书数据库 www.pishu.com.cn

　　皮书数据库是专业的人文社会科学综合学术资源总库，以大型连续性图书——皮书系列为基础，整合国内外相关资讯构建而成。包含七大子库，涵盖两百多个主题，囊括了近十几年间中国与世界经济社会发展报告，覆盖经济、社会、政治、文化、教育、国际问题等多个领域。

　　皮书数据库以篇章为基本单位，方便用户对皮书内容的阅读需求。用户可进行全文检索，也可对文献题目、内容提要、作者名称、作者单位、关键字等基本信息进行检索，还可对检索到的篇章再做二次筛选，进行在线阅读或下载阅读。智能多维度导航，可使用户根据自己熟知的分类标准进行分类导航筛选，使查找和检索更高效、便捷。

　　权威的研究报告，独特的调研数据，前沿的热点资讯，皮书数据库已发展成为国内最具影响力的关于中国与世界现实问题研究的成果库和资讯库。

皮书俱乐部会员服务指南

1. 谁能成为皮书俱乐部成员？
● 皮书作者自动成为俱乐部会员
● 购买了皮书产品（纸质书/电子书）的个人用户

2. 会员可以享受的增值服务
● 免费获赠皮书数据库100元充值卡
● 加入皮书俱乐部，免费获赠该纸质图书的电子书
● 免费定期获赠皮书电子期刊
● 优先参与各类皮书学术活动
● 优先享受皮书产品的最新优惠

3. 如何享受增值服务？
（1）免费获赠100元皮书数据库体验卡
第1步 刮开皮书附赠充值的涂层（右下）；
第2步 登录皮书数据库网站
（www.pishu.com.cn），注册账号；

第3步 登录并进入"会员中心"—"在线充值"—"充值卡充值"，充值成功后即可使用。
（2）加入皮书俱乐部，凭数据库体验卡获赠该书的电子书
第1步 登录社会科学文献出版社官网（www.ssap.com.cn），注册账号；
第2步 登录并进入"会员中心"—"皮书俱乐部"，提交加入皮书俱乐部申请；
第3步 审核通过后，再次进入皮书俱乐部，填写页面所需图书、体验卡信息即可自动兑换相应电子书。

4. 声明
解释权归社会科学文献出版社所有

皮书俱乐部会员可享受社会科学文献出版社其他相关免费增值服务，有任何疑问，均可与我们联系。
图书销售热线：010-59367070/7028 图书服务QQ：800045692 图书服务邮箱：duzhe@ssap.cn
数据库服务热线：400-008-6695 数据库服务QQ：2475522410 数据库服务邮箱：database@ssap.cn
欢迎登录社会科学文献出版社官网（www.ssap.com.cn）和中国皮书网（www.pishu.cn）了解更多信息

皮书大事记
（2014）

☆ 2014年10月，中国社会科学院2014年度皮书纳入创新工程学术出版资助名单正式公布，相关资助措施进一步落实。

☆ 2014年8月，由中国社会科学院主办，贵州省社会科学院、社会科学文献出版社承办的"第十五次全国皮书年会（2014）"在贵州贵阳隆重召开。

☆ 2014年8月，第二批淘汰的27种皮书名单公布。

☆ 2014年7月，第五届优秀皮书奖评审会在京召开。本届优秀皮书奖首次同时评选优秀皮书和优秀皮书报告。

☆ 2014年7月，第三届皮书学术评审委员会于北京成立。

☆ 2014年6月，社会科学文献出版社与北京报刊发行局签订合同，将部分重点皮书纳入邮政发行系统。

☆ 2014年6月，《中国社会科学院皮书管理办法》正式颁布实施。

☆ 2014年4月，出台《社会科学文献出版社关于加强皮书编审工作的有关规定》《社会科学文献出版社皮书责任编辑管理规定》《社会科学文献出版社关于皮书准入与退出的若干规定》。

☆ 2014年1月，首批淘汰的44种皮书名单公布。

☆ 2014年1月，"2013(第七届)全国新闻出版业网站年会"在北京举办，中国皮书网被评为"最具商业价值网站"。

☆ 2014年1月,社会科学文献出版社在原皮书评价研究中心的基础上成立了皮书研究院。

皮书数据库
www.pishu.com.cn

更多信息请登录

中国皮书网
http://www.pishu.cn

中国皮书网
http://www.pishu.cn

皮书微博
http://weibo.com/pishu

中国皮书网的BLOG [编辑]
http://blog.sina.com.cn/pishu

皮书博客
http://blog.sina.com.cn/pishu

皮书微信
皮书说

合了全县大米品牌、茶叶品牌、蔬菜品牌,推出了"开阳富硒茶""开洋牌"富硒米、"黔山牌——南江"蔬菜、"黔山牌——富硒枇杷"等品牌。并积极支持企业搭建富硒农产品研发平台,对搭建平台与新产品开发进行补助。目前,贵州硒味园食品开发有限公司已与"贵州大学生命科学学院"共同建立产、学、研合作基地,共建"贵州富硒农产品工程技术中心",为开阳富硒农产品的研发提供技术保障。

(六)市场前景广阔

开阳县现代高效农业示范园区发展拥有广阔的市场前景。一是挂牌成立了开阳富硒农产品行业商会。商会现有企业会员48家,商会会刊《福地》与开阳富硒农产品行业商会网站主要以宣传开阳企业产品和富硒产品营养保健知识为主,对开阳的富硒农产品的宣传及富硒产品营养保健知识的传播起到积极的推广作用,使社会上更多的有识之士参与到富硒农产品的开发、营销及消费中来,对富硒农产品的开发及推动全民健康起到了积极的作用。二是抢抓机遇,与北京一轻控股有限公司签订框架合作协议,积极推动地方农特产品进驻北京一轻集团旗下超市。通过对北京市场行情实地考察和综合分析,结合北方人口味特点,精心筛选馋解香牌麻辣土豆丝和水香坊牌蔬菜面条2个品牌产品,先行先试进驻北京"百年义利"食品连锁店销售。

参考文献

开阳县农业局:《开阳县现代高效农业示范园区建设情况汇报》,2014。

涂同明、杨晓红、曹冬发:《我国现代农业园区建设有关问题的理性思考》,武汉市农业局。

B.7
关于开阳县招商引资、招商选商的调研报告

摘　要： 近年来，开阳县以科学发展观统领全县对外开放招商引资全局，按照"在谈项目快签约、签约项目快落地、落地项目快开工、开工项目快建成、建成项目快收益"的要求，以工作机制有序化、项目编制全域化、外出招商效率化、签约项目多元化、项目跟踪常态化、会展工作多样化的"六化"工作机制为依托，全面提高招商引资质量。

关键词： 招商引资　"六化"工作机制　三大局限

近年来，贵州省、贵阳市分别出台了一系列关于加强招商引资工作的文件和优惠政策，开展了"北京·贵阳创新驱动区域合作""贵州·北京大数据产业发展推介会"等系列活动，还将贵州纳入长江经济带进行统一发展，对贵州的经济腾飞起到重要的推动作用。开阳地处黔中腹地，是黔中经济发展的重要组成部分。招商引资、招商选商作为开阳经济社会发展的要件之一，是加快全县工业化进程、城镇化建设，推进农牧业产业化、稳定全县大局、建设小康社会强有力的助推器。

一　开阳县招商引资、招商选商的 "六化"工作机制

近年来，开阳县以科学发展观统领全县对外开放招商引资全局，进一步加快对外开放，开展"走出去"和"请进来"招商；以工作机制有序化、项目编制全域化、外出招商效率化、签约项目多元化、项目跟踪常态化、会展工作多样化的"六化"工作机制，促进开阳县招商引资、招商选商的发展。

（一）工作机制有序化

开阳县招商引资、招商选商工作机制有序化主要表现在以下五个方面：一是成立了由县委书记、县长任组长的开阳县对外开放暨招商引资工作领导小组，统筹研究全县对外开放暨招商引资工作。二是制定了《关于进一步加强招商引资工作的意见》，落实现有各部门的招商经费，充分发挥政府财政资金的导向作用，县、乡财政把招商引资工作经费列入年初财政预算，及时划拨工作经费。三是完善各乡（镇）、各有关部门招商引资机构设置，明确人员编制，充分调动县内各乡（镇）、各部门参与招商引资的积极性、主动性，选派熟悉产业经济、精通项目谈判的人员充实到招商引资队伍。四是结合乡镇产业布局及区域优势，部门主管业务及资源掌握情况，对目标责任单位实行分类考核，确保考核结果公平、合理；实施乡（镇）党政主要领导干部带头招商制度，明确了每一位党政主要领导必须引进一个5000万元以上的省外投资项目；重点部门承担县领导带头招商任务。五是定期召开工作例会，及时掌握各责任单位工作推进情况，对亮点工作进行集中观摩，如2014年4月初组织全县15个乡（镇）到高寨乡观摩招商引资项目集中签约活动，调动各乡（镇）学比赶超的积极性。定期召开重大招商项目推进会，为大项目有序、快速推进保驾护航。

（二）项目编制全域化

一是立足开阳实际，以加快发展高新技术产业和现代制造业为重点，以调整产业结构、促进产业转型升级为目的，按照全县产业空间布局，结合县域资源优势、生态优势、特色产业优势，围绕"一核心四区域"和"5个100工程"进行重点项目编制。目前已精心编制和挑选61个项目进行重点包装，总投资达204.4亿元。其中工业类项目25个，投资达115亿元；农业类项目11个，投资达8.6亿元；第三产业类项目25个，投资达80.8亿元。二是全面协调县相关部门和各乡镇，严格按照省、市投资促进局有关工作要求，详细补充入库项目相关资料，保证开阳项目库成熟可靠，并具有较高可行性和较强投资吸引力。

（三）外出招商效率化

2013年以来，开阳县委、县政府领导同志分别率队参加省、市举办的招商活动，同时还率队赴北京、山东、香港、浙江、云南等地开展了一系列招商推介活动，取得显著成绩。一是参加了省、市举办的"贵州面向全国优强民企招商推介会""贵州面向长三角招商项目推介会暨签约仪式""中国·贵州生态产品（技术）博览会开幕式暨生态项目签约仪式""2013 贵州·香港投资贸易活动周""活力澳门推广周·贵州贵阳"等招商活动，与北京超星公司、美国空气化工公司、重庆谦翔置业有限公司、中国凯瑞国际经济技术合作有限公司、贵州黔新茂源牧业有限公司、澳门万国集团等签署了总投资 58.21 亿元的意向合作框架协议。二是在北京举行了"创新驱动·区域合作——开阳县走进中关村、走进京企招商推介活动媒体见面会"和"创新驱动·区域合作——开阳县走进中关村、走进京企招商推介暨签约仪式"，与香港黔晋夏都国际投资有限公司等签订了总投资 12 亿元的意向合作框架协议。同时还与北京理工大学科技园发展有限公司、北京一轻控股有限公司、朝阳区工商联、海淀园信息产业服务业协会签订了战略合作框架协议。三是率队到北京一轻、北京首都旅游集团、北京理工大学科技园发展有限公司、云南泰康消防化工、山东宇泰光电等企业考察，积极推介宣传开阳，并达成合作意向。

（四）签约项目多元化

开阳县招商引资签约的项目涵盖工业、农业、旅游、科技等各个方面，实现单一化向多元化的转化。据开阳县投促局统计数据显示，2013 年以来，共签约落地 25 个重大项目，签约资金 118.63 亿元。其中，高新技术产业项目 3 个，总投资 18.8 亿元（北京超星公司开阳超星文化产业园、美国空气化工公司收购并运行开阳化工空分装置、凯瑞国际公司黄磷尾气综合利用循环经济系列项目）；环保类项目 1 个，总投资 8 亿元（绿地环保集团污水处理及垃圾填埋生态示范工程建设项目）；富硒农产品开发系列项目 2 个，总投资 10.86 亿元（贵州硒味园富硒旅游产业园项目、贵州黔新茂源牧业有限公司现代高效生态循环旅游休闲观光农业示范园区建设项目）；资源深加工项目 3 个，总投资 8.7 亿元（韩新化工公司 20 万吨脱氟磷酸三钙项目、吉首市裕鑫石材加工有限责任公司 30 万吨方解石开采加工项目、黑龙江北大农垦集团精细磷酸盐建设项目）；旅游类项目 2 个，总投资 16 亿元（中国高宝投资有限公司紫江地缝景区开发项目，澳门万国控股集团投资工业节能改造、节能产品生产及旅游服务配套设施建设项目）；城市综合体项目 3 个，总投资 40.73 亿元（重庆谦翔置业公司环城北路至西绕线城市综合体项目、四川星星建设集团有限公司城市综合体项目、深圳量建置业投资有限公司城市综合体项目）；其他项目 11 个，总投资 15.54 亿元（贵州华心谊电力物资有限公司电线电缆加工项目、贵州南垭电气科技有限公司三期厂房建设项目、重庆盛博建设工程集团有限公司翁洞小型水电站建设项目、贵州艺丰园林有限公司清洁能源项目、黔晋夏都国际大酒店建设等）。

（五）项目跟踪常态化

全面做好项目动态管理工作，加快项目建设进度，确保项目实施质量，继续将领导干部带头招商、系列招商省级调度项目纳入常态化管理。一是围绕项目准入、数据录入、档案管理、落地督查、加强部门联动协作等，抓好常态化调度和协调服务，其中协助开洲大酒店、贵州都匀黔昌畜牧发展有限责任公司、美国空气化工产品公司等投资企业办理各项手续 40 次，有力推进了项目建设进度。二是通过电话咨询或到项目现场了解项目落地推进中存在的困难与问题，全力协调各部门帮助解决相关困难与问题，推动项目顺利建设。三是将项目情况及时汇总后向县委、县政府进行报送，全年共报送招商引资跟踪信息或招商引资项目督查通报 12 期，有力推动了招商引资项目建设。四是通过招商引资统计平台，做好重点调度项目月跟踪、季通报和经常性抽查，及时掌握项目"四率"①进展情况，对各乡镇和县政府有关部门招商引资工作实行动态综合排名，并将排位情况报送县督办督查中心，实行末位重点督办。

（六）会展工作多样化

会展工作对于开阳来说是一项具有挑战性又极为重要的工作。近年来，开阳县政府精心组织参加各项节庆展会，力求扩大规模和影响，增强活动效应。一是积极参加"贵州面向全国优强民营企业招商项目推介活动""2013 贵州·香港投资贸易活动周""活力澳门推广周·贵州贵阳""第九届泛珠大会和第三届酒博会"等活动，为宣传推介开阳、提升开阳知名度和美誉度起到了积

---

① "四率"：履约率、开工率、年度计划资金到位率、投产率。

极作用。二是认真组织"创新驱动·区域合作——开阳县走进中关村、走进京企"等活动。三是积极协办"2013 中国·贵阳避暑季开幕式暨重点旅游产品发布会""2013 中国·开阳'十里画廊'乡村旅游文化节""南江大峡谷自然水域激流越野赛开幕式"等活动。2013 年全年开阳政府共参加省、市重大招商推介活动 10 次，共组织会展交流活动 6 场，协办 3 场。

二　开阳县招商引资、招商选商的三大局限

（一）投资环境落后，造成招商引资工作后劲乏力

近年来开阳县政府开启了项目全程"保姆式"服务，但相对于其他省市投资环境来说，其建设仍显不足，甚至在园区等配套设施上都较为落后，如此环境很难使招商引资获得长足发展。投资环境可分为硬环境和软环境。其中，硬环境大多涉及投资活动的关联性要素构建等物质环境，主要包括自然资源、气候环境、地理位置、能源、交通运输、通信设施等。软环境则包括政策法规、政治、经济、文化、管理水平等方面，大部分属于社会形态和制度。

开阳县在投资硬软环境上分别存在一定的问题。在硬环境方面，开阳县的基础配套设施不够齐全是影响招商的一个重要因素。诸如水利、交通等基础设施不同程度地影响了招商引资的发展。受地域条件、交通资源影响，开阳招商竞争力与发达地区相比较弱，招商工作出现"三多三少"的现象（一般性项目多，转型性项目少；小项目多，大项目少；意向性项目多，落地项目少）。在软环境方面，开阳县政府虽然制定了一系列吸引外资的优惠政策，但没有形成一套完善的体制机制，常常出现政府促发展、部门抓利益，政策落实不到位，重招商轻服务，企业办事难、政府部门办事效率低的情况。

此外，产业配套设施对于园区的发展是至关重要的，往往是一个落地企业急需的关键生产要素。而目前开阳县园区发展还存在基础设施配套严重不足的问题，在很大程度上制约了当地招商引资工作的开展。

（二）重签约、轻落地，造成招商引资工作实效不高

依托资源优势，目前开阳县已发展成为全国首个循环经济磷煤化工生态工业

示范基地和贵州省经济强县。然而，开阳县处于经济欠发达的西部山区，经济社会发展不快和综合实力不强，仅依靠国家扶持来推动当地经济发展不是长久之计。

综合来看，开阳县政府招商引资工作中出现了重数量、轻质量的情况，没有结合当地特色和长远发展对引资对象做进一步筛选，导致招商引资步伐缓慢，成效不大。主要表现在引资数量不高，资金到位率不高，实际产值和实际税收都不大。2012~2013 年的引资项目有所下降，实际到位资金同比增长率不高。某些乡镇或部门的招商措施有待完善，经费投入力度还需继续加大。

（三）专业招商人才缺乏、业务能力不强，成为招商引资发展瓶颈

开阳县招商引资人才队伍建设仍任重而道远，其不足之处主要表现在以下几个方面。一是缺乏招商引资人才。由于开阳县招商引资工作起步较晚，对这方面的人才储备不足，常常是县委、县政府领导牵头，从各职能部门临时抽调人员组成招商引资"专班"进行招商。二是业务基础不够扎实。虽然开阳县组建了专门从事招商引资的部门，但招商引资人员的业务素质还有待进一步提高。首先，对重要产业的生产工艺、流程以及关键环节，缺乏充分有效的认识，难以找到项目引进的突破口和方法；其次，对产业发展规律及趋势研究不到位、不透彻，策划的项目难以吸引投资者的兴趣。

三　开阳县招商引资、招商选商的发展方向

（一）因地制宜，强化三大意识

招商引资是开阳县自身发展的需要，是加快全县经济社会发展、加快工业化进程、加快城镇化建设，推进农牧业产业化、稳定全县大局、建设小康社会的需要。因此，开阳要继续加大招商引资力度来增强县域经济发展活力，通过招商引资、招商选商建设来促进县域经济社会的快速发展。同时，因招商引资自身的综合性、长期性和系统性，县域招商引资活动应该以科学发展观为指导，在招商引资过程中注重强化机遇意识、责任意识以及进取意识。

一是强化机遇意识。首先是政策机遇。近年来，省、市分别出台了一系列关于加强招商引资工作的文件和优惠政策，开展了"创新驱动·区域合作——

开阳县走进中关村、走进京企招商推介活动媒体见面会""贵州·北京大数据产业发展推介会"等系列活动，国家还将贵州纳入长江经济带进行统一发展，对开阳的经济腾飞起到助推作用。其次是产业转移的机遇。东部发达地区能源矿产开发和加工业、高新技术产业、现代服务业等加速向西部地区转移，促使西部地区产业格局更加合理、清晰。再次是要素支撑的机遇。开阳县目前已成功申报为第四批国家级新型工业化产业示范基地，省政府批复开阳设立省级经济开发区，批准建设煤电磷一体化产业基地。最后是区位交通逐步改善的机遇。随着贵阳市高速交通网络的快速形成、开阳县"4311立体交通网络"的规划建设，开阳县后发优势和交通物流优势进一步凸显。开阳县招商引资、招商选商工作应充分抓住这四大发展机遇，加快招商引资工作步伐。

二是强化责任意识。大力发扬"开明、开放、开拓"的开阳精神，以"时时争创一流、处处勇攀高峰"的干事创业热情，努力营造"个个都是招商主体、人人都为招商服务"的社会氛围，创造性地开展招商引资活动，确保圆满完成投资促进工作目标任务。

三是强化进取意识。当前，开阳在区位、资源、交通等方面优势逐步凸显，但经济社会发展、工业化、城镇化发展速度还不够快，与全市一些区、（市）县相比仍存在一定差距。因此开阳应持续快速推进大招商活动，努力为全县经济社会发展注入新鲜血液，推动生态文明建设取得实质性进展。

（二）夯实基础，优化两大环境

硬环境和软环境的建设各不相同。一方面要进一步加强硬环境建设。首先，加快交通基础设施建设，突破交通瓶颈制约，优化招商引资硬环境。其次，要做好重点招商引资项目的"三通一平"工作，为新项目的入驻和招商引资提供载体。再次，巩固和拓展友好关系平台。通过政府的全面协调与推动，不断加强招商部门与企业之间的联系，全面提升省、市多层次、宽领域、全方位的协作关系。最后，以建立新的友好协作关系为切入点，以互补性较强的项目合作为对接点，实现优势互补、互惠互利、平等合作和共同发展。另一方面要加强软环境建设。要适应新常态，把握新形势，着力加强政策环境、服务环境、法制环境以及人文环境建设，不断优化开阳县招商引资的软环境。

（三）多元并举，创新招商方式

开阳县应积极探索和完善多元并举的招商引资方式。一是按照国家有关政策，利用西南交通枢纽区位优势、合作成本相对低廉的条件，重点面向京津唐、长三角、珠三角等地区，分别派人前往北京、广东、福建、浙江、江苏、四川、山东、安徽、上海、重庆等地开展招商项目对接活动。二是充分利用省、市举办的各种招商引资展会活动及市政府驻京办、驻重庆办事处等平台，积极做好台湾名品博览会、重庆装备制造业展览会、长三角小型企业推介会等招商活动项目准备，全方位宣传、推介开阳特色优势和产业项目。三是因时因地制宜"走出去"，开展小分队招商，推介开阳特色产业，重点加强开阳"走出去"招商引资工作机制。四是立足资源优势"请进来"，吸引投资者开展投资考察、产业园区观摩、项目预约洽谈、项目签约等活动。五是继续拓宽招商渠道，继续加强在上海、广州、深圳、重庆及昆明等地成立招商办公室，同时继续深化实行招商雇员制和"一人一团队一行业"专业招商机制，充分调动社会各界人士参与招商。

（四）狠抓项目，突出两大抓手

随着市场经济的快速发展，招商引资成为县域经济发展的重要组成部分。面对各区域的竞争，开阳县应深刻认识到自身处于欠发达地区的竞争劣势。因此，开阳应突破传统思维，围绕招商引资重点项目做大做强开阳的招商引资活动。

一是抓项目包装。高起点定位、高标准设计开阳的招商引资规划，深入分析开阳磷煤化工、特色旅游、富硒农产品开发等产业现状，以项目围绕规划、围绕产业作为原则，精选一批吸引力强、投资见效快、可操作性强、社会贡献大的项目进行精包装，并着重向外推介。

二是抓项目跟踪服务。全力营造亲商、安商、富商的良好氛围，继续实行重大项目领导联系制度，为招商项目做好协调、追踪、服务等工作；继续要求各乡（镇）、各部门坚持把对外开放和招商引资工作作为党政"一把手"工程，切实加强领导和协调，研究解决重大问题，保障招商引资工作顺利开展。要切实提升招商引资工作服务水平，利用一系列招商引资平台，抓好招商引

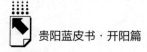

重大项目服务，使一大批产业带动力强、科技含量高、市场前景好的重点项目早签约、早审批、早开工、早投产。加强与各乡镇、各部门的协调配合，及时了解各乡镇、各部门的招商引资工作动态、项目签约情况及项目建设推动情况；加强与投资企业的紧密联系，及时了解企业在生产建设中所遇到的困难和问题，及时协调相关部门帮助解决；抓好重大项目的协调服务力度，积极做好超星数字信息文化产业园、黔晋夏都五星级酒店、雅晶电子厂等已签约项目的协调服务工作。

（五）推动发展，强化人才队伍建设

切实提高招商人员素质，加强招商队伍管理。建立一支熟悉产业经济、掌握投资政策、通晓商务惯例、精通项目谈判的专业化招商队伍对于招商引资的长足发展十分重要。因此，开阳县在招商引资过程中应进一步做好人才队伍的规划和建设、创新体制机制、加大资金、政策支持，确保开阳招商引资工作高效开展。

参考文献

开阳县投促局：《开阳县投促局关于 2013 年工作总结暨 2014 年工作安排的情况报告》，2014。

开阳县投促局：《开阳县上半年招商引资工作情况汇报》，2014。

开阳人民政府网站：《开阳县创新突破促发展招商引资结硕果》，2013。

贵阳人民政府网站：《开阳县 1－8 月经济运行情况》，2014。

李晨伟：《包头市招商引资对地方发展促进作用的研究》，硕士研究生学位论文，内蒙古大学 MPA 教育中心，2012。

B.8
关于开阳县生态文化旅游业
发展的调研报告

摘　要：　贵阳市2014年政府工作报告提出，要奋力走出一条西部欠
发达城市经济发展与生态改善"双赢"的可持续发展之路，
全力打造贵阳发展升级版，加快建设全国生态文明示范城
市。开阳作为贵阳市生态保护发展区，明确提出要守住发展
和生态"两条底线"。开阳具有优厚的生态、文化、旅游资
源，但三者如何融合发展，成为开阳县旅游产业一体化的难
题。本调研组通过对开阳县旅游景点开发、经营管理模式等
内容的实地调研，分析开阳县生态文化旅游发展中存在的问
题，并针对存在的问题，提出相应的对策与建议。

关键词：　生态文化旅游　五大优势　四大瓶颈

近年来，开阳县紧紧抓住中央、省、市关于加快发展旅游业的有利契机，
坚持旅游"立县"的战略定位，提出"中国避暑之都——皇冠上的明珠""人
类心灵栖息的美丽家园""爽爽贵阳·最美开阳"品牌定位，推动理念、产
品、业态、格局、营销、服务等全方位升级，旅游业呈现提质增效、持续向好
的发展趋势。2014年，开阳县共接待游客708.63万人次，同比增长20.4%；
实现旅游收入48.3亿元，同比增长22.2%，跻身全省十强旅游县。

一　开阳县生态文化旅游发展的五大优势

开阳县隶属贵阳市，辖8镇8乡2社区，总面积2026平方公里，有汉族、
布依族、苗族等20余个民族，总人口43万。

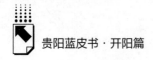

（一）区位优势明显

开阳地处黔中腹地，南距省会城市贵阳 66 公里，北距历史名城遵义 110 公里，距贵阳市龙洞堡机场 43 公里。贵开高等级公路和 305 省道二级公路使开阳融入贵阳市一小时经济圈。随着"黔中经济区"上升为国家战略，瓮安－开阳－息烽磷及磷化工产业带和贵阳－遵义经济带的打造，贵阳经开阳至瓮安高速公路、贵开城际快速铁路、久长－永温货运支线铁路、贵（阳）遵（义）高速公路复线和开阳港等重大交通设施的建设，使开阳将构建起"高速大走廊、铁路大动脉、水路大通道、空港大联运"的交通运输新格局，融入贵阳半小时经济圈，成为贵阳经济圈卫星城市、贵阳－遵义－重庆的重要节点城市和瓮安－开阳－息烽磷及磷化工产业带的核心组成部分。

（二）旅游资源丰富

全国旅游资源分为 6 大类 69 种，开阳县有 6 大类 26 种，占全国种类的 38%，具有多样性、完整性、地方性和典型性的特征。特别是开阳喀斯特地貌发育全面，类型丰富，是黔中精品。开阳县域内喀斯特区域面积 1694.4 平方公里，占全县土地面积的 83.6%，喀斯特资源占有率高达 89%，位居全国乃至世界榜首。开阳县囊括了峡谷、天生桥、洼地、漏斗、盲谷、暗河、峰丛、瀑布、溶洞 9 种典型喀斯特地貌，钙华"倒石莲"、石上森林等涵盖了贵州省内绝大多数绿色喀斯特景观类型。喀斯特环境的典型性，喀斯特景观的多样性和自然性造就了开阳"喀斯特生态博物馆"。著名的景区有被评为"中国最佳绿色生态景区"和"贵州十大魅力景区"的国家 4A 级旅游区南江大峡谷、森林覆盖率 80% 以上的紫江地缝景区、享有"一江十八寨"之称的十里画廊景区等。同时，开阳县境内天然温泉资源丰富，泉水富含硅酸、锶、锌等对人体有益的 14 种元素，宜泡宜饮的温泉水有"圣水"的美称。

（三）生态环境良好

良好的生态环境是发展生态文化旅游的物质前提。开阳县平均海拔 1200 米，大部分地区属北亚热带季风湿润气候，四季分明，年平均降雨量 1216.7

毫米，年平均相对湿度为84%，年平均温度在13.0℃左右，冬无严寒，夏无酷暑。在最热的7月，平均气温也仅为22.3℃，是省内外游客心目中消暑纳凉的避暑胜地。2014年的第四届全国生态旅游文化产业发展高峰论坛发布了"中国深呼吸小城100佳"，开阳县成为贵州省上榜的5个小城之一。开阳县各项生态环境指标优良率高。森林覆盖率达54.33%，高于全省48%的平均水平，居黔中之冠，而主要景观绿色度更是高达99%以上。特别是空气质量较高，全县空气质量优良率常年达90%以上。近年来，全国各地许多城市遭受雾霾天气困扰，而开阳县年环境空气质量优良天数达到了315天，灰雾天气仅有50天，高于贵阳278天的平均优良天数，在全国处于领先水平。开阳县有着"空气维生素"之称的负氧离子，空气中负氧离子的含量非常高。国际卫生组织对于清新空气的定义，即每立方厘米空气中有1000～1500个负氧离子，而开阳主要旅游景区空气负氧离子含量每立方厘米达5000～7000个，主要生活区域为每立方厘米5000个。开阳县可谓一个天然"大氧吧"。尤其是核心景区空气质量常年保持一级，每立方厘米负氧离子高达10万个，与外界相比，空气含尘量减少88%，细菌减少97%，空气湿度增加10%，非常有利于人体的身心健康。良好的生态环境为开阳县发展生态旅游提供了先天优势。

（四）民族风情浓郁

自古为少数民族聚居的"水东"地区，土司文化、少数民族文化和汉文化水乳交融。现保存完好的布依族"六月六"歌会、苗族杀鱼节、斗牛节风情独特。土司古寨、马头寨古建筑群为全国重点文物保护单位。

（五）历史积淀厚重

开阳境内拥有距今上万年的打儿窝旧石器古人类遗址和秦汉时期顶跛马崖壁画的文化发祥地；中有始于唐，历经宋、元，亡于明的水东宋氏土司文化传承；近有中国古建筑学和建筑史学奠基人、原北洋政府代总理朱启钤先生和辛亥革命先驱钟昌祚先生等享誉中外的历史人物。中国工农红军长征曾途经开阳高寨、禾丰底窝坝、楠木古渡等地，爱国将领张学良将军曾被幽禁在双流白安营近两年的时间。因此，这里充实着丰厚的红色文化底蕴。

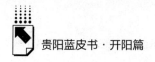

二　五大措施打造开阳生态文化旅游"升级版"

近年来，开阳县依托富集的森林、清新空气、凉爽气候等良好生态环境的"金字招牌"，吸引了很多国内外游客慕名而来。开阳县为打好"生态牌"，明确提出"要发挥比较优势，做大做强生态产业，3年建成旅游大县，5年建成旅游强县"的目标，通过实施五项措施，打造开阳生态文化旅游"升级版"。

（一）树立四个理念，叫响"开阳旅游"品牌

开阳县挖掘农业观赏、休闲和文化等功能，积极推进"茶旅一体化""农旅一体化"，将农业生产与生态旅游充分结合起来。一是树立"产业集群"发展理念。改变以往单一的旅游发展模式，将涉及旅游的所有优先发展产业集中到重点旅游发展区域，实现旅游规划、基础设施、品牌营销、企业发展的有机整合，推动旅游产业快速发展。二是树立旅游带动全民创业的发展理念。以打造十里画廊为主线，以景区发展带动乡村旅游，以乡村旅游促进景区发展，促进全民创业，拓宽农民就业渠道，从而解决农业增效慢、农村人口素质低、农民增收难等问题。三是树立生态文明建设发展理念。坚持以保护为主，按照"保持乡土本色，突出田园特色，避免城市化倾向"的原则，加强对原生态乡土本色的保护，避免商业化和乡村建设的现代化。四是树立"旅游资源＋旅游智业"的发展模式理念。结合开阳旅游资源开发的特点和优势，在本土专家作为智力支持的基础上，聘请全国知名旅游规划大师作为旅游经济顾问，协调旅游科研单位与景区企业联姻，实施专业策划和品牌运作，挖掘提炼独具特色的旅游产品、旅游商品、宣传方式及营销模式等。开阳县通过策划"避暑漂流、文化体验、田园骑行"等10余项主题活动，开创了"节会搭台，旅游唱戏"的新模式，在省内外产生了轰动效应，成功推出了"开阳旅游"形象品牌。

（二）五大模式，创新开发管理新路径

开阳县积极探索、不断创新，在实践中形成了五种发展模式。一是鼓

励多元主体参与，形成以政府为主导，公司参与，村民自建开发管理模式。二是建立起"集体（村支两委）+协会+村民"的经营管理模式，调动了农民的积极性和主动性。三是形成"南江大峡谷+十里画廊"的龙头景区带动乡村发展模式。南江大峡谷作为省内知名景区，前期依靠其品牌号召力和线路带动了十里画廊发展，后期十里画廊集聚大量人气后，通过提档升级建设绿道及精品避暑酒店等，反过来又促进了南江大峡谷发展。目前周边几个景区已形成共生共建、优势互补的发展关系。四是形成"久事+水头寨"的龙头企业带动村寨发展模式。久事公司进入水头寨后，先后建设了水调歌头避暑精品酒店、布衣食坊、布衣十三坊等设施，大大提升了水头寨原有农家乐式接待水平。现久事公司除经营自身餐饮酒店外，还整合部分寨内条件较好的民房代为统一管理，满足不同消费层次的游客需求。五是形成"白马峪温泉+周边村寨"的核心景区，带动周边村寨打造温泉小镇的发展模式。

（三）针对不同群体，着力培育四大产品体系

一是着力培育高端度假产品体系。面向国际市场，依托开阳特有的布依族、苗族以及水东土司古寨文化，让海外游客体验具有民族特色的开阳之旅，并率先在贵州省建立了第一家国际法式乡间会所——开阳禾丰乡水头寨的"青定阁"和全省第一条乡村旅游绿道及水东田园骑行基地。二是着力培育休闲度假产品体系。面向近郊客源市场，依托富硒果茶等农特产品，大量发展枇杷、樱桃、茶叶、葡萄等种植业，开发乡村旅游绿道骑行、农家乐、精品客栈等系列服务，让游客在老景区玩出新内容。三是着力培育避暑度假产品体系，打造"爽爽贵阳·最美开阳"旅游品牌。四是针对个性群体游客，着力培育乡村体验产品体系。

（四）依托"四大"载体，强化宣传营销

一是依托品牌，强化借船出海、借"鸡"生蛋的宣传营销。借助省、市"多彩贵州""爽爽贵阳"等宣传平台，大力推介宣传"多彩贵州·爽爽贵阳·醉美开阳"的开阳旅游形象品牌。二是依托资源，强化特色节日营销。通过举办十里画廊乡村旅游文化节、南江国际漂流越野大赛等大型节会赛事活

动，带动枇杷文化节、茶文化节、"六月六"等节会兴起，大力宣传开阳旅游品牌。三是依托媒体，强化多方出击营销。充分利用网络、报纸、杂志、微信、微博及声像媒体等现代宣传手段，全方位宣传促销开阳旅游。四是依托合作伙伴，强化网点宣传营销。加强与省内外客源地市场的旅行社、旅行商、景区企业、旅游协会的沟通和联系，建立联姻关系，建立友好景区关系，构建营销网点，开辟开阳宣传窗口，拓宽开阳旅游宣传渠道。五是依托游客，强化全员宣传营销。持续开展满意在开阳调查活动。在乡村旅游点设置游客意见征求簿，收集游客的意见和建议，并限期整改完善。同时，加大对游客服务人员的教育培训，文明服务，为前来开阳旅游的游客留下良好印象，让游客成为开阳乡村旅游的宣传员和营销员，做到全员宣传营销。

三 "开阳旅游"已打造成贵州旅游的一张名片

开阳县是中国最美风景县贵州十佳之一，全国 100 个深呼吸小城之一。"开阳旅游"已成功打造成贵州旅游的一张名片。2013 年，全年共接待游客 620 万人次，实现旅游收入 41.5 亿元。2014 年，全年共接待游客 708.63 万人次，实现旅游收入 48.3 亿元。

（一）形成政府主导、各部门联动、各产业要素整合、全社会广泛参与的发展格局

开阳县委、县政府始终高度重视旅游业发展。自 2006 年以来，开阳县先后出台了《关于推进旅游业转型升级的实施意见》《开阳县综合服务功能提升实施方案》《开阳县旅游业三年大会战实施方案》《开阳县旅游业产业发展三年行动计划》，提出了"将旅游业打造成继磷煤化工之后的又一支柱产业"和"将开阳打造成为贵州美丽乡村休闲度假旅游目的地"的战略目标。围绕战略目标，组建了开阳县旅游产业发展推进委员会，成立了开阳县旅游产业发展服务中心。针对各旅游项目，还组建了由县级领导任组长和指挥长的项目服务机构，从项目引进、手续办理、征地拆迁、纠纷排解、动工建设等方面做好协调服务。县委、人大、政府和政协主要领导、分管联系领导还经常带队调研旅游工作，各职能部门也千方百计地争取项目支持旅游发展。开阳

旅游已形成政府主导、各部门联动、各产业要素整合、全社会广泛参与的发展格局。

（二）接待设施日渐完善，接待能力明显增强

近年来，开阳县旅游业呈现良好的发展势头，游客接待总量和旅游总收入逐年攀升（见图1、图2），为生态文化旅游发展打下了坚实的基础。开阳县不断完善南江大峡谷、香火岩、猴耳天坑、十里画廊、马岔河、白马峪等景区景点的基础设施及旅游景区景点村庄整治工作，推进硒味园、布衣十三坊、云山茶海等生态旅游观光园区建设，通过完善景区基础设施建设及服务质量体系建设，提升旅游产业的综合竞争力。

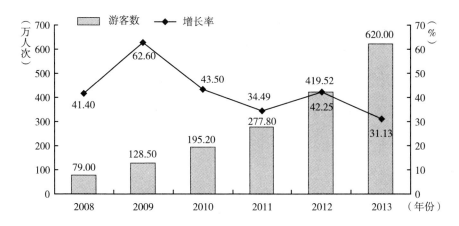

图1　2008～2013年开阳县游客情况统计

资料来源：开阳县人民政府网。

2009年以来，开阳县旅游业迅猛发展，旅游收入与游客人数同步增长，呈现出强劲的发展势头。但与此同时，这种数量扩张型的旅游发展模式对生态环境和资源也造成一定的压力，开阳县旅游业要在当地旅游产业实现提质升级上下功夫，大力发展生态文化旅游才是理想的选择。

近年来，开阳县进一步完善了星级宾馆酒店、乡村避暑精品酒店（乡村庄园）、精品农家乐（精品客栈）、游客服务中心、绿道、旅游公路、停车场、漂流码头、观光艇、缆车、索桥、栈桥、标识标牌、休憩廊亭及观景平台等配

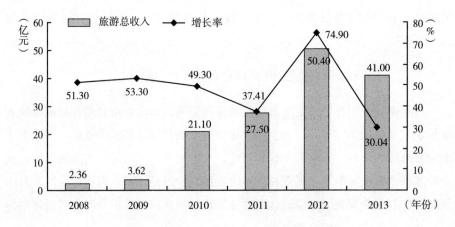

图2　2008～2013年开阳县旅游收入情况

资料来源：开阳县人民政府网。

套服务设施，景区承载能力不断增强。同时，强化对旅游业从业人员的培训，切实增强主动服务意识，服务质量和水平不断得到提高。

（三）产业要素不断扩大，旅游业态逐渐丰富

一是"吃"的要素。南江小花鱼、乐旺河鱼、麻辣丝等成为开阳的特有名吃，富硒枇杷等果品和富硒茶品，广受游客青睐。二是"住"的要素。目前，开阳县全县住宿床位数约10000个，能同时接待8000人住宿。三是"行"的要素。开阳县具有"4311立体交通网络"，外部通达性较好。"4311立体交通网络"包含：4条高速，分别是贵遵高速复线（贵阳市至遵义市）、贵瓮高速（贵阳市至瓮安县）、开息高速（开阳县至息烽县）、开瓮高速（开阳县至瓮安县）；3条铁路，分别是贵阳至开阳城际铁路、川黔铁路支线（四川省至贵州省）、久长至永温货运铁路；1个港口是开阳港；距离龙洞堡国际机场仅43公里。同时，景区内交通服务设施完善，能满足游客方便出行。四是"游"的要素。开阳县的旅游产品已从单一的资源观光型、"农家乐"型向避暑漂流、温泉养身、文化体验、田园骑行等观光、休闲度假并重的复合型产品转变，产品内容日益丰富，产品结构日益优化。五是"购"的要素。目前，开阳县有旅游商品生产和销售企业37家，旅游商品销售和展示大厅1个，大型商场超市2家，各种商品销售网点上百家，游客购买方便。同时，旅游商品开

发成成效显著。已开发的旅游商品有以"硒"为主题元素的菜油、辣椒、茶叶、米酒、糖姜片、蜂蜜、面条以及腊肉制品等，还有枇杷、葡萄、樱桃等时令水果，大大提高了游客消费率。六是"娱"的要素。棋牌、KTV、洗浴、茶园、果茶采摘、真人CS野战、漂流、打糍粑、尝米酒、推豆腐、泡温泉等娱乐、体验、康体疗养项目可满足游客旅游需求。

（四）品牌效应不断凸显，旅游形象不断提升

开阳县在旅游市场的策划和营销上颇具影响力，连续几年成功举办了"中国·开阳十里画廊乡村旅游文化节""中国·贵阳避暑季之开阳南江大峡谷自然水域激流越野邀请赛"等系列旅游推介活动。目前，开阳县品牌节赛事活动丰富多彩，如乡村旅游文化节、南江大峡谷国际激情漂流越野赛、"三月三""六月六""杀鱼节"等。南江大峡谷漂流、白马峪和马岔河温泉、十里画廊美丽乡村休闲度假游等已成为开阳旅游的"品牌"，慕名前来的游客逐年增加，"开阳旅游"形象不断提升，影响力不断增强。

（五）市场基础不断夯实，行业监管规范有力

随着接待设施的日趋完善，接待能力的不断增强，开阳县已逐步发展成为乡村旅游首选地。开阳旅游市场日益扩大，游客源已由原来的贵阳、安顺、遵义等省内城市近郊，扩大到广西、广东、重庆、四川、湖南、湖北、云南等省市。高寨苗族文化旅游区更是受到了香港地区、台湾地区、美国等地游客的青睐。为加强旅游市场的有序规范经营和发展，开阳县设置了旅游投诉电话，畅通投诉渠道，及时处理投诉事件。同时，监管部门定期对旅游景区、宾馆酒店、乡村旅游等旅游接待服务场所进行安全检查，并对导游持证情况进行检查，全年未发生旅游安全事故。

四 开阳县生态文化旅游发展存在四大瓶颈

（一）投资渠道单一，基础设施薄弱

从生态旅游长远发展来看，投入生态环境保护的资金必不可少。而目前开

阳旅游业发展主要依靠政府的项目资金投入。加之地理位置、交通等因素的制约，导致开阳县对外开放的力度不大，外界商家对开阳缺乏深层次的了解，因此到开阳主动投资的企业家不多。单一的投资渠道和有限的投入资金，致使开阳旅游基础设施薄弱，无法适应新时期旅游业发展的需要，影响了开阳旅游的开发速度，发展乏力。

目前，开阳县仅有5家二星级旅游饭店，接待服务设施严重不足。这一现象导致了来开阳住宿的游客量偏少。而住宿游客的不足反过来又影响了客商投资接待服务设施的积极性，致使旅游基础设施建设缓慢。

（二）旅游商品开发滞后，旅游产品单一

开阳虽然有厚重的历史文化、多彩的民族风情和丰富的旅游资源，但旅游商品的开发基本处于空白，没有开阳本土特色的文化旅游商品的研发、生产、销售。游客到开阳旅游后发现，没有什么可以购买的纪念品。旅游商品开发滞后既减弱了开阳旅游业的经济效益，又影响了开阳旅游知名度的提升。

从目前乡村旅游产品的总体开发情况来看，开阳县没有形成完整的乡村旅游产品体系。首先从乡村旅游产品档次来看，开阳仅有十里画廊旅游区的休闲旅游、农事体验、观光旅游等项目，没有形成满足不同游客需求的多层次的乡村旅游产品结构，特别是缺乏高档次的乡村旅游产品。其次从乡村旅游产品的类型来看，旅游业与民族文化、历史文化的融合深度不够，文化内涵不深厚，文化体验游、养生保健游、户外自驾游等旅游产品还未得到有效的开发。单一的旅游产品模式限制了游客市场规模扩大，降低了开阳旅游的市场竞争力。

（三）旅游项目缺乏科学规划，文化特色内涵有待深度挖掘

目前，开阳县的现代农业与观光休闲旅游产业规模较小，空间布局分散，大部分的观光休闲农业还只是停留在农家乐、果园采摘等几个单一项目上，没有实现生态与科技相结合、教育功能和市场功能相结合，由此导致了农业园区对季节依赖性增强，单纯依靠假日经济，没能带来较多的收益。

开发文化旅游要特别注重挖掘民族文化的精髓，只有独特的文化内涵和民族特色才能为旅游者所喜欢，才更具吸引力。开阳县尽管部分景区已经开始融入民族文化元素，但在整体上还缺乏浓郁的民族文化氛围、鲜明的民族文化特

色，以及丰富的民族文化产品。在苗族、布依族等聚居的文化旅游地，对于少数民族文化挖掘力度不够，特色不够鲜明。

（四）旅游行业规范性有待提高，专业服务技能较弱

开阳县已开发或待开发旅游区大部分属于喀斯特生态环境脆弱区，这类地区环境容量限制性强，旅游开发易对其造成不可恢复的破坏，且与环境保护之间矛盾突出。虽然近年来开阳县加大了对旅游市场的规范化、标准化的建设力度，但是由于旅游业进入门槛低、从业人员多、涉及行业范围广的特殊性，使得旅游行业的规范性较差。

另外，乡村旅游接待从经营管理者到服务人员，业务素质普遍较低，服务意识较薄弱，专业技能较低，严重制约了接待水平提高。这不仅加大了旅游资源的保护和开发难度，更重要的是对开阳旅游造成负面影响，不利于开阳旅游的长期发展。

五 关于开阳县生态文化旅游科学布局
重点发展的几点思考

开阳县努力打造美丽乡村休闲度假旅游目的地，在打响开阳县喀斯特峡谷旅游、户外运动、避暑度假、温泉休闲旅游品牌的基础上，通过强化资源整合、优化空间布局、完善度假功能、配套服务设施、提高服务质量等举措，建成世界级的喀斯特山水休闲度假胜地。在发展方式上实现"五个跨越"，在发展质量上实现"五大提升"，全面打造开阳旅游"升级版"。到2020年，全县旅游接待人次达到2000万，旅游总收入突破200亿元，成为贵州的旅游强县。

"五个跨越"的具体内容：一是实现从贵州旅游过境地向黔中旅游目的地跨越；二是实现从观光为主向喀斯特观光、休闲度假、专项旅游复合发展跨越；三是实现从门票经济为主向旅游产业综合经济跨越；四是实现从季节性旅游向全年全天候旅游跨越；五是实现从单一景点式旅游向以城市为依托的目的地旅游跨越。

"五大提升"的具体内容：一是旅游基础设施和旅游公共服务设施日趋完善，旅游服务水平明显提升；二是旅游管理、营销、服务和产品开发的市场化、国际化水平显著提升；三是旅游产业的规模、质量、效益明显提高，旅游

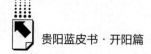

从业人员的整体素质显著提升；四是旅游带动就业、带动致富的作用更加明显，旅游的社会效益明显提升；五是游客满意度明显提升。

（一）高标准规划，合理布局旅游产业

高标准规划建成开阳东、南、西、北、中五大旅游板块。整合开州湖和马岔河温泉等旅游资源，打造集观光农业、水上旅游、温泉养生休闲度假为一体的东部休闲度假旅游带；突出以文物观赏、美丽乡村、峡谷观光和漂流为重点，深入挖掘水东文化内涵，加快推进乡村精品旅游产品的开发，形成开阳南部大5A核心区；积极探索工业旅游发展思路和模式，鼓励、支持县域内工矿企业充分利用现有资源，拓宽科技、老工业基地等内涵，开发"工业旅游"，打造西部生态工业和温泉康体文化旅游带；整体包装、打造和开发猴耳天坑景区、春彩洞景区，建成北部天坑和溶洞奇观旅游区；加快丰富县城各类住宿、美食、购物、娱乐等现代都市旅游元素，形成中部旅游接待服务功能区。

（二）开发特色旅游产品，全面丰富产品体系

全面发展观光旅游产品。以南江大峡谷、香火岩、紫江地缝为主体景观，植入水东文化、苗族文化、布依族文化等文化内涵，举办参与性强的游赏活动，打造具有观光性和体验性的观光旅游产品。重点打造三种特色旅游产品。一是喀斯特景观观光，主要是南江大峡谷、香火岩、紫江地缝、十万溪、椿菜洞等精品景区。二是民族文化旅游观光，主要是十里画廊和高寨苗族文化生态旅游区。三是美丽乡村观光，主要是以十里画廊沿线的村寨和高寨苗族原生态村寨为主。

着力打造休闲度假旅游产品。紧紧依托温泉、湖泊、田园、文化等资源优势，开发中高端度假旅游产品，打造一批特色休闲度假胜地。一是温泉度假。依托丰富、优质的地热水资源优势，建设集康体养生、文化体验、自然观光、休闲娱乐等为一体的综合型温泉度假区。二是乡村田园度假。依托优美的田园风光和特色的民族村寨，建起融生态田园休闲文化、生态农耕文化、民族风情文化等于一体的生态田园度假区。三是滨水度假。充分利用清水江、青龙河的水资源优势，在沿岸打造度假木屋群、临水生态景观带等项目，打造高端度假

产品集聚区。四是茶旅、农旅一体化度假。依托茶园和枇杷、樱桃、葡萄等富硒果园，打造茶旅、农旅等新型休闲度假方式。

着重深度开发文化体验旅游产品。以水东文化、苗族文化、田园文化及果茶文化等休闲文化为龙头，高标准开发文化旅游产品，形成特色文化体验基地。一是古村寨旅游，整合民族文化、建筑文化、农耕文化、美食文化等各种传统文化旅游资源，开发古村寨旅游产品。二是文化创意，以生态田园为背景，以土司文化、苗族文化、布依族文化为主要元素，以创意部落、创意农业为主要载体，开发文化创意旅游产品。三是文化演艺，依托地戏、傩戏等地方特色文化元素，策划以水东文化为主的大型舞台文化演艺产品，打响开阳水东文化牌。

实现旅游产品无季节空白。优化以夏季为代表的旺季旅游产品的结构，建成全年全天候旅游区。一是打造春季"踏春季"，举办"骑游大会""菜花节"等特色旅游活动。二是打造夏季"避暑季"，举办民俗文化、体育竞赛、乡村体验、森林度假等特色鲜明的避暑旅游活动。三是打造秋季"多彩季"，推出采摘体验游、登山健身游等旅游产品。四是打造冬季"温泉季"，加强温泉养生与乡村旅游、峡谷观光等旅游产品的有机结合，打造"泡温泉与游览观光结合，休闲旅游与健康养身联袂"的旅游产品。五是开发建设一批适应游客和市民休闲需要的夜间游乐设施，策划一系列城市夜间露天、街头、广场表演活动。

（三）发展三类优势项目，全面提升旅游魅力

建立户外运动基地。充分利用生态、气候等资源优势，打造一批户外运动训练基地、极限运动基地、自驾游训练基地、探险基地等知名的户外休闲运动基地。

打造特色旅游村寨。依托自然生态资源优势，以水东文化、布依族文化、苗族文化、红色文化等特色文化为底蕴，开发一批美丽乡村群落，高标准、高档次建设一批功能完善、运营高效的乡村旅游配套设施，带动全县乡村旅游不断提升。

建设温泉旅游产业集群。以清水江为依托，围绕开州湖、马岔河温泉、猴耳天坑温泉、白马峪温泉等优质水资源，开发水上观光、水上娱乐、临水度假

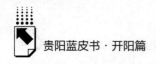

等业态，打造集温泉养生、餐饮住宿、购物娱乐、户外活动等多业态组合的综合性景区。

（四）构建三个服务体系，全面提高公共服务水平

开发独具地域文化特色的旅游商品体系。紧紧依托资源优势，加大旅游商品研发力度，注重旅游纪念品的科技含量和文化内涵，尤其在工艺水平、包装质量、实用价值、收藏价值等方面下功夫，做精做优油、米、茶、果、禽蛋及乳制品、肉制品、豆制品等"富硒农产品"，做大做强刺绣、银饰、竹编等民族手工艺品，做细做深水东土司文化、红色文化等独具开阳地域文化特色的旅游纪念品，促进旅游商品的推陈出新和更新换代，形成开阳旅游纪念品的产业化、系列化。

建设自驾车旅游服务体系。依托开阳的交通优势，以串联生态文化旅游区的县道、乡道为主要交通支撑，完善自驾车（自行车）旅游服务体系。在各个景区建立集散服务中心，为自驾旅游服务体系提供咨询、指引、停车、购物等服务。

完善其他基础设施体系。加快推进星级酒店、产权式酒店、经济型酒店、乡村避暑庄园、精品客栈、养老养生院、度假村等接待设施建设，进一步完善游客集散服务体系、旅游环卫设施体系、标示标牌体系、旅游安全服务体系等。设立旅游信息网络中心，完善开阳旅游网，建立开阳游客信息咨询中心网络，发展旅游电子商务，推进旅游企业上网工程。在重点景区和服务节点，新建水冲式旅游厕所或可移动环保型旅游厕所，延伸城镇垃圾回收、污水处理设施至各旅游景区。建立统一的旅游应急联动中心，制定并完善开阳县旅游突发应急救援预案。

（五）编制一套营销计划，全面开拓旅游市场

夯实市场营销基础工程。创建开阳旅游区电子商务网站，搭建电子营销平台。制作完善开阳旅游宣传图册和折页、旅游指南及开阳交通地图、开阳旅游明信片等，做好广告宣传，夯实开阳旅游长远营销基础。

启动新媒体营销策略。一是通过微博、博客、论坛、移动设备等多种渠道整合营销，与传统媒介营销相结合，形成全方位立体式营销，拓宽营销渠道。

二是邀请学者、作家等社会名人，进行访谈，撰写与开阳有关的文章。三是邀请著名影视制作单位，拍摄以开阳历史文化为主题的影视作品。

参考文献

开阳县旅发局：《开阳县 2013 年旅游工作计划》（开旅发〔2013〕3 号），2014。

开阳县旅发局：《开阳县旅游产业发展三年（2013－2015 年）行动计划》，2013。

开阳县旅发局：《开阳县乡村旅游发展概况》，2013。

开阳县旅游发展服务中心：《开阳县旅游产业"十三五"发展规划》，2014。

开阳县旅游发展服务中心：《开阳县旅游产业"三年大会战"工作实施方案》，2013。

中共开阳县委、开阳县人民政府：《关于进一步加快推进旅游业发展的意见》。

案 例 篇

Report of Cases

B.9
开阳县以"两创建一提升"为载体
全面提升城镇品质

摘　要：　随着工业经济的快速发展，在实现经济发展与生态保护双
赢，达到创建国家级文明县城、国家级卫生县城目标的道路
上，开阳面临着前所未有的挑战。为此，开阳县以"三个建
设""四大工程""五大窗口"；领导带头，部门联动，推行
创卫"网格包保责任制"；以整合全县各部门资源等八大手
段为载体，创建文明县城、卫生县城。通过创建活动，加强
城市管理，优化人居环境，改善城区生态，治理城区污染，
美化市容市貌，全面提升城镇品质，促进开阳经济社会又好
又快发展。

关键词：　两创建一提升　八大载体　城镇品质　经验启示

　　市容市貌是一个城市所呈现的最直观的城市形象，良好的城区环境更是

126

政府社会治理能力的直接体现，影响着该地区居民的生活质量。近年来，贵阳市大力推进城市文明建设，提出要在 2020 年建成全国生态文明示范城市。开阳县在贵阳创建全国生态文明示范城市的引领之下，与全市保持同步发展，在已有的省级、市级文明县创建成果的基础上，进一步提出了"两创建一提升"的目标，即创建全国文明县城、创建全国卫生县城、提升群众幸福指数。

一　"两创建一提升"活动的发展轨迹

开阳县是贵州省经济强县，矿产资源丰富，是全国首个循环经济磷煤化工生态工业示范基地县，磷及磷煤化工产业在全县经济社会发展中有着不可撼动的重要地位。因此，开阳县在实现经济发展与生态保护双赢，达到创建国家级文明县城、国家级卫生县城目标的道路上，面临着前所未有的挑战。

开阳的文明创建工程始于 2003 年。2003 年开阳县文明委组建了文明县创建机构，县委、县政府率先提出提高居民素质和城市文明程度、优化全县发展环境、树立县城良好形象的目标，开展创建文明县工作行动。2003 年 12 月，开阳举办创文明县万人誓师大会，以创建"文明县"为龙头，统领开阳文明建设各项工作的思路决策。通过加大城市基础设施建设投入，开展群众性精神文明创建活动，开展"卫生与秩序"整治等主题活动，经过一年的整治提升，开阳于 2004 年成功创建市级文明县。秉承着继承、创新、发展的理念，开阳县委、县政府于 2007 年又提出创建省级文明县、全省园林县城、国家卫生县城"三创"总体工作目标，成立了由县委、县政府主要领导任组长的"三创"工作领导小组，切实将各项创建工作落到实处。从 2003 年到 2011 年，历经 9 年，开阳最终获得"省级文明县"称号。

在已有的市级、省级文明县创建成果的基础上，开阳县又提出更高的明确目标和责任，全力推进"两创建一提升"活动，追逐更高的文明创建目标（见图 1）。

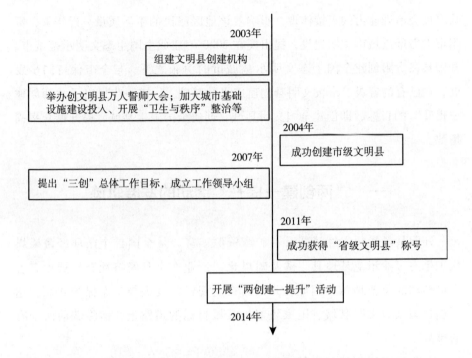

图1 开阳县文明创建之路

资料来源：开阳县人民政府门户网站。

二 "两创建一提升"之八大载体

创建文明县城，就是在全面建设小康社会、推进社会主义现代化建设的新的发展阶段，坚持科学发展观，使经济和社会各项事业全面进步，物质文明、政治文明与精神文明建设协调发展，居民整体素质和文明程度显著提高，反映出一个地区的整体文明水平。创建卫生县城，就是改善居民的物质生存空间和精神享受空间，在健康教育、市容环境卫生、环境保护、公共场所及生活饮用水卫生、食品卫生、传染病防治、城区除四害等方面有着严格的检验标准。创建国家卫生县城活动，将极大地改善当地的卫生面貌和形象，提高政府综合管理水平，完善和拓展城乡整体功能。开阳县以八大载体开展"两创建一提升"活动。

(一)"三个建设""四大工程""五大窗口"筑牢创文工作之基

在创建国家级文明县城过程中,开阳县委、县政府提出了做实"三个建设"、实施"四大工程"、打造"五大窗口"的要求。"三个建设"即思想道德建设、城市基础设施建设、社区建设;"四大工程"即市民素质工程、市容美化工程、文明社区工程、军警民共建工程;"五大窗口"即文明示范街区、文明社区、文明示范车站、文明示范医院、文明示范广场。根据贵阳市创建文明城市常态化管理的要求和创建国家卫生县城考核要求,从2015年1月起,开阳对"两创建一提升"工作实行"月评、月查",实行每月排名、通报制度,让文明创建工作实现长期抓和常态化。以"三个建设""四大工程""五大窗口"为载体,通过开展做文明市民、"改陋习、树新风"、文明市民评选、文明社区创建、军警民共建等活动,做好开阳县文明创建各环节的工作。

(二)领导带头,部门联动,推行创卫"网格包保责任制"

为确保顺利通过创建国家卫生县城各项验收,开阳县制订了《开阳县创建国家卫生县城网格包保实施方案》,实行县级领导和部门(单位)网格包保责任制,将开阳县城区划分成46个网格管理包,由各责任单位独立负责。

一是督促网格内的门店认真履行"门前三包";二是配合城管、卫生、工商、质监、城建等部门完善市容市貌的长效管理,采用"三个一"(刷好一面墙、补好一块地、打扫一角落)的方式重点整治网格区域内的背街小巷、楼群院落;三是抓好各农贸市场、客运站、学校、医院、社区(村)居委会的宣传教育,按规定规范设置健康教育专栏和信息栏;四是认真做好督促检查工作,对敷衍了事等不作为的行为及时曝光通报,确保包保见成效。

推行网格包保,重点是加强领导、适时调度、领导带头、部门联动。在整个创建过程中,明确一名副县长亲自抓、专门抓"两创建一提升"工作。在攻坚阶段,由指挥部办公室存在的问题、难点指标,分重点、分板块,每月制订不同的工作计划,针对全县"两创建一提升"工作进行安排和检查;各包保领导及包保单位明确责任,由行业主管职能部门负总责,乡镇、社区、居委会起主战场作用,联合各包保牵头部门和责任单位对包保区域内的环境、卫生、宣传、秩序、绿化等开展认真排查。同时,通过走访群众,征求意见建

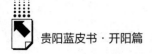

议，广泛宣传发动市民参与创卫工作，对存在的问题认真梳理，做到底数清、情况明，积极协调解决相关困难和问题，确保按时完成工作任务。另外，每周召开一次调度会，及时了解和反馈各项工作的进度与存在的问题，以便于进行分析和整改。

（三）整合全县各部门资源，确保创卫工作顺利推进

为确保"两创建一提升"工作顺利推进，开阳县卫生系统积极行动、细化任务、切实制定工作计划和措施。卫生系统是"两创建一提升"工作顺利开展的重要保障，尤其在创卫工作中肩负着重要职责。全县各医疗卫生单位严格按照《开阳县卫生系统创建国家卫生县城目标任务分解表》，扎实完成各项工作任务，确保"两创建一提升"工作顺利开展。

县卫生局严格执行餐饮、公共场所网格化责任管理，严格按照标准对各区域餐饮经营单位、公共场所经营单位进行督查，针对县城区弱点和强点区域进行管理。

各医疗卫生机构进一步加大健康教育宣传力度，确保病人和陪护家属健康知识知晓率达80%以上；设置兼职吸烟劝阻员，进一步完善控烟工作机制；县医院按照国家标准在院内设置发热门诊和肠道门诊；疾控中心进一步做好健康教育、传染病防治、病媒生物的监测工作及资料收集；乡镇卫生院做好村卫生室的管理，医政科加强对民营医疗机构、个体诊所的管理。

（四）司法系统联动，创建民主公正的法制环境

开阳县法院围绕"公正与效率"主题，积极推进审判队伍建设和审判机制创新；县检察院以"强化法律监督、维护公平正义"为主题推行主诉检察官办案责任制；县司法局开通法律服务热线，完善了法律援助和服务机构，全县各乡（镇、社区）均设立人民调解委员会，维权举报电话畅通；县劳动监督大队加大非法用工打击力度，维护进城务工人员的合法权益；25家非公企业建立劳动争议调解委员会并切实发挥作用。

（五）加强社会综合治理，维护社会环境安全稳定

安全稳定的社会环境是提升居民幸福指数的重要保障，在加强社会治

安综合治理力度方面，开阳严格落实领导干部抓综治责任制，完善报警服务网络系统，设立了思想教育、法制教育和心理干预场所；努力实施平安创建工程，严厉打击"两抢一盗"，杜绝邪教人员的"四类"案件和事件发生，实行社区民警值班制度，积极建立群防群治巡逻队伍；广泛开展防灾、减灾、救灾宣传教育，进一步完善突发公共事件应急处理机制和灾害应急管理体系。

（六）软环境、硬设施建设并行，优化精神文明环境

在精神文明建设方面，开阳县大力弘扬贵阳"知行合一、协力争先"及开阳"开明、开放、开拓"的城市精神，不断加强社会主义核心价值体系建设；以实施阵地工程、净化工程、宣教工程、救助工程为抓手，探索加强和改进未成年人思想道德建设工作的新思路、新举措，全力构建学校、社区、家庭"三位一体"的未成年人思想道德教育网络；实施"千校万师"未成年人思想道德建设骨干教师培训工程。

在基础设施建设方面，目前已投入资金1000余万元，进一步完善县文化馆、体育馆、图书馆、乡村学校少年宫及各类爱国主义教育基地等硬件设施。

（七）发展循环经济，生态环境可持续发展

可持续发展原则是全球经济社会发展的指导原则。该原则充分体现了人与自然的协调关系，同时也体现了人类世代传承的责任精神。开阳的磷煤化工产业在国民经济发展中占据重要地位。发展循环经济，实施清洁生产，走可持续发展之路，成为开阳"两创建一提升"工作的关键环节之一。开阳县淘汰落后产能及工艺设备，严格监控重点工业企业污染物排放，将工业企业主要污染物排放控制在下达的总量控制目标内，万元生产总值能耗下降，公众对城市环境保护总体满意率逐年上升。

（八）"绿丝带"志愿服务常态化，掀起全民参与热潮

自开展创建活动以来，开阳县积极组织动员市民参加"绿丝带"志愿服务，到目前共招募注册志愿者25136人，其中党员志愿者6000余人。各部门各单位干部职工积极响应，走上街头对行人乱穿马路、翻越护栏等不文明行为

和违规占道经营者进行劝阻和制止，对街道、卫生死角和市政设施进行清扫，并通过设立志愿者监督岗，将"绿丝带"志愿服务常态化，为"两创建一提升"工作的深入开展进一步营造了良好的氛围。此外，组织全县各单位、社会团体、个人担当"志愿者"，尤其是县"老年义务除陋队""青年志愿者""党员志愿服务队"等带头参与"文明交通、环境卫生"等志愿活动，有效带动了全县市民争做文明市民的热情。

三 "两创建一提升"全方位提升开阳城镇品质

开展"两创建一提升"活动，是建设城乡环境、实施社会治理、改善人居环境、构建和谐社会的重要手段。创建活动，能加强开阳城市管理、优化人居环境、改善城区生态、治理城区污染、美化市容市貌，全面提升全县城镇品质，促进开阳经济社会又好又快发展（见图2）。

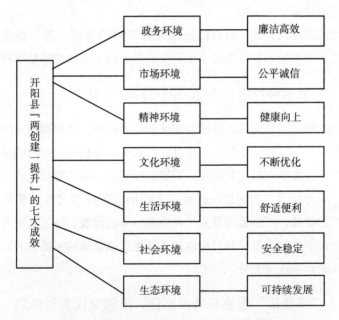

图2　开阳县"两创建一提升"的七大成效

资料来源：根据网络资料整理。

（一）政务环境廉洁高效

创建中开阳不断加强和完善党委（组）中心组学习制度和领导干部理论学习考核制度，强化干部理想信念，组织了全县7300多名党员干部参加理论学习及考试，以检验学习成效，有效地提高了党员干部学习的自觉性；建设高效的政务环境，切实解决了群众"门难进、脸难看、事难办"的问题；深化行政审批制度改革，减少和规范行政审批，开展政务服务标准化建设，目前，进入政务服务大厅的行政审批服务事项共计149个，有18家常驻单位、5家综合窗口单位、2家企业入驻；各乡（镇、社区）建立健全了"全程代理一站式"服务体系；开展"整治发展软环境，建设服务型机关"专项工作，推行网上办事、审批服务，已有27个部门143项审批事项在线审批服务，提供27个部门143项网上审批事项的导航服务。

（二）市场环境公平诚信

开阳县成立诚信政府机关效能建设领导小组，充分尊重群众的知情权、监督权；坚持每年为民办实事项目公开征集制度，做到件件有交代，事事有回音；加大打击走私、贩私、制假售假及市场管理力度；开展食品卫生专项治理；行业协会在诚信建设中切实发挥作用，个私协收集了94家中小型企业"诚信档案"，并完成数据录入工作；逐步推进"百城万店无假货"活动，推动商贸企业诚信建设，规范市场秩序。贵州省开阳磷化工有限公司等2家企业获得省"诚信企业"荣誉称号，金中镇谢安雄等2家经营户获得"诚信经营户"。

（三）精神环境健康向上

通过开展各种群众性精神文明创建系列主题活动，在传统节日组织开展形式多样的群众性节日民俗活动、文化娱乐演出活动、缅怀先人先烈活动和经典诵读活动，引导广大市民弘扬传统文化、文明健康过节，大力推进农村精神文明建设。市民精神文明以及城市文明创建工作焕然一新。开阳开展"一助一""千名助学工程""网络救助"等一系列特色救助活动，近年来救助贫困学生4856人次，涌现出张小会等全市道德模范和彭文军等全市身边好人，彭文军获全国道德模范提名奖，全县评出"开阳好人"39人。建成县级文化信息资源共享工程点 1 个，省级"农民文化家园"示范点 13 个，"星级书屋" 10 个，村级农村信息资源共享工程点 105 个、农家书屋 75 个，并顺利通过了国家新闻出版总署组织的验收，全县 108 个村均有农家书屋。加强科普设施和科普队伍建设，定期开展全县科普志愿者活动。组织动员市民参加"绿丝带"志愿服务，招募注册志愿者 25136 人，其中党员志愿者 6000 余人。

通过在全县广泛开展生态文明机关、生态文明企（事）业单位、生态文明学校、生态文明村寨、生态文明社区等文明创建活动，各部门精神文明建设取得良好成果。开阳县供电局被评为全国精神文明建设工作先进单位，14 个部门被评为省级文明单位和先进单位，73 个部门和乡镇获得市级文明单位和先进单位荣誉称号，一大批个人和家庭获得市级、县级的道德模范、身边好人、书香人家、文明家庭、"星级文明示范户""巾帼建功"先进称号。

（四）文化环境不断优化

通过实施阵地工程、净化工程、宣教工程、救助工程，开阳县探索出加强和改进未成年人思想道德建设工作的新思路、新举措，全力构建了学校、社区、家庭"三位一体"的未成年人思想道德教育网络。实施了"千校万师"未成年人思想道德建设骨干教师培训工程。投入资金 1000 余万元完善了文化馆、体育馆、图书馆、青少年校外活动中心、村级宣传文化活动室、乡村学校少年宫及各类爱国主义教育基地等精神文明硬件设施建设。

（五）生活环境舒适便利

通过"三个集中、三化联动、四大转型"，各项经济指标大幅提升，科教、文化、体育、卫生等社会各项事业全面进步，公共设施、公共交通、医疗卫生、社会保障等全面发展。县城规划区面积达 10 平方公里，城区面积扩大到 36 平方公里，道路面积扩大到 80 万平方米，城市主干道设施齐全，标志标牌逐步得到完善。2013 年开阳在经济发展在增比进位综合排名中列第 16 位。全县参加养老保险、失业保险、医疗保险、工伤保险、生育保险人数分别达到 23406 人、19008 人、35984 人、19939 人、19319 人，新型农村社会养老保险已累计参保 157455 人，有 17467 人享受低保。全县有医疗卫生单位 451 个，编制床位 1524 张，开放床位 1277 张，新型农村合作医疗定点机构 325 个，受益人群达 101215 户。近三年建设公共租赁住房 2.4 万平方米共 320 套,建设经济适用住房 15.6 万平方米共 2233 套,发放廉租补贴涉及 1380 户 115.7 万元。农村危房改造 1070 户,补助资金 1483 万元。

(六)社会环境安全稳定

近年来开阳社会治安综合治理力度逐年加强,报警服务网络系统逐步完善。在严格落实领导干部抓综治责任制方面,开阳设立了开展思想教育、法制教育和心理干预的场所。在平安创建工程中,严厉打击了"两抢一盗",成功杜绝邪教人员的"四类"案件和事件发生。全面实施食品卫生监督量化分级管理制度,餐饮单位量化分级管理 100% 覆盖。严格实施药品经营许可制度,规范药店经营行为。广泛开展防灾、减灾、救灾宣传教育,突发公共事件应急处理机制和灾害应急管理体系日趋完善。2012~2014 年群众安全感分别为94.02%、90.44%、94.29%,2010 年位列贵阳市第 1 名。

(七)生态环境可持续发展

发展循环经济,实施清洁生产,淘汰落后产能及工艺设备,严格监控重点工业企业污染物排放,工业企业主要污染物排放控制在下达的总量控制目标内,万元生产总值能耗下降到 1.82 吨标煤,公众对城市环境保护总体满意率为 86.05%。环境保护投资指数为 2.1%,环境噪声等效声级为 56.4dB,完成县城绿化规划,从无到有先后建成 10 万余平方米的 6 个城镇广场,城市绿化覆盖率达 35.71%,人均绿地面积为 8.88 平方米,全县已有 19 家单位被市政府命名为园林式单位,3 个小区被市政府命名为园林式小区。完成了垃圾填埋场和污水处理厂建设工程,生活垃圾卫生填埋场总库容为 86 万立方米,垃圾处理能力 120 吨/日(Ⅳ级),污水处理厂日处理污水 6000 吨,排放标准执行《城镇污水处理厂污染物排放标准》一级 B 类标准。

四 开阳"两创建一提升"活动的经验启示

(一)以人为本的创建理念是活动开展的精髓

"两创建一提升"的最终目的是惠民,提升人民群众的幸福指数。多年来，开阳凭借以人为本的活动理念，把全县文明创建工作不断引向深入、推向高潮。造福于民，利民惠民，开阳县"两创建一提升"的动力都来自群众参与上。一是坚持人民群众是一切创建活动的落脚点和最根本的归宿。秉承"一切为了群众、一切依靠群众、一切惠及群众"的原则，彰显出开阳县委、县政府执政理念的强大感召力。二是创建活动主体的协作性很强。开展创建活动，开阳各级领导干部深入基层，为群众排忧解难，从而搭建了干群携手、共创文明的连心桥。由于创建活动本身的长期系统性，它离不开全员参与以及全社会的支持。开阳县各级领导在书记、县长的带领下，坚持率先垂范、引领在前，从横向和纵向上把工作最大化地延伸、落实到基层，引领文明创建不断深入。创建活动深刻诠释出一座城市的最高价值取向莫过于人民的幸福。开阳县"两创建一提升"活动为以人为本理念找到了新的鲜活样本。

（二）人民群众的全力支持是活动开展的根本保证

国家卫生县城、国家文明县城是衡量一个地区综合功能和文明程度的重要标志，人民群众幸福感的提升更不是用简单的统计数据就能说明的，"两创建一提升"是一项系统工程，涉及每一个单位和个人，人人都是参与者，人人都是不可或缺的组成部分。早在创建文明县城、卫生县城工作启动之初，开阳就坚持全民创卫、创卫为民的原则，举办了创文明县万人誓师大会，来自机关、企业、学校、社区和武警官兵的代表誓师签名，在开阳城乡打响了一场轰轰烈烈的"文明之战"。在"两创建一提升"活动中，处处可以看到人民群众的身影。

创建国家文明县城、卫生县城，最重要的是为老百姓做一系列看得见、摸得着的好事、实事，为人民群众营造一个良好的生活环境，家家过上好日子，天天都有好心情，人人都有好身体。结合党的群众路线教育实践活动，把创建工作落到实处，各级党委、政府和各部门从解决老百姓家门口的事入手，让老百姓享受到创建工作带来的实惠，用实实在在的创建成果感动群众，才能形成人人支持创卫、全民参与创卫的良好局面。

（三）软硬环境的建设是活动开展的重点对象

城市文明是社会风尚的展示。开阳县的创建活动将全县人民的家园意识和强大的精神力量全部激发出来。城市文明是抽象的,更是具体的。近年来,创建活动硕果累累。"两创建一提升"的实践昭示了一个深刻道理:环境影响甚至改变人。创建开展的宣传活动,为全县营造讲文明、树新风、促和谐的氛围。创建活动中,通过大力加强软环境和硬环境的建设,全县人民的精神面貌焕然一新。县城的每一个角落,随处可见文明创建的宣传标语、横幅、广告等,创建精神深入人心。深入持久的教育使群众的文明意识普遍增强。群众在参与中受到教育、在创建中受到感染。创建活动犹如一个巨大的磁场,吸引着全县人民同担当、共受益。

参考文献

开阳县政府:《开阳县"两创建一提升"亮点经验》,2014。

开阳县文明办: 《开阳县召开国家卫生县城创建工作座谈会》,贵阳文明网,http://gy. wenming. cn/wmcj/201404/t20140425_ 1135721. shtml。

开阳县文明办:《驿路梨花开新风拂面来——开阳县文明县创建纪实》,贵阳文明网,http://gy. wenming. cn/wmcj/201408/t20140812_ 1302592. shtml。

李培远:《开阳县"两创建一提升"力促文明城市创建迈出新步伐》,《贵州日报》2014 年 8 月 13 日。

中共开阳县委,开阳县人民政府:《开阳县全力攻坚创建国家卫生县城工作》,开阳县人民政府公众信息网,http://www. kygov. gov. cn/web131/xwhc/bmdt/26699. shtml。

中共开阳县委,开阳县人民政府:《开阳县安排部署网格管理包保工作》,贵阳市商务局网,http://gy. gzcom. gov. cn/dp - b4017d62 - 0c44 - 4270 - a25a - b05a76d6acad. xhtml。

全国爱卫会:《国家卫生乡镇(县城)标准及 其考核命名和监督管理办法》,2010。

B.10

开阳县打造煤电磷一体化
暨千亿级产业园区

摘　要：　近年来，开阳县大力实施工业强县战略，推动工业转型。在
　　　　　打造煤电磷一体化暨千亿级产业园区过程中，开阳县充分发
　　　　　挥政策支持优势，重视组织领导作用；以循环经济等理念作
　　　　　支撑，发展生态工业；以境内矿产资源为保障，推动科技创
　　　　　新与资源利用相结合；通过加强配套服务，强化基础设施建
　　　　　设等，开阳成功实现了工业的初步转型，煤电磷一体化暨千
　　　　　亿级产业园区已初具规模。

关键词：　千亿级产业园区　工业强县　背景及条件分析

2004 年，开阳县经原国家环保总局批准，启动了开阳磷煤化工（国家）
生态工业示范基地建设，工业经济进入一个快速发展的时期，特别是自贵州省
工业发展大会和贵阳市振兴工作经济大会召开以来，全县坚持以科学发展观为
指导，抢抓国发 2 号文件出台以及省委省政府支持贵阳市加快发展等机遇，以
工业园区建设为抓手，大力实施工业强县战略，贵阳市开阳煤电磷一体化暨千
亿级产业园区已初具规模。

一　开阳县打造煤电磷一体化暨千亿级产业
园区的背景及条件分析

（一）背景分析

1. 磷煤矿产属于不可再生资源，必须走可持续发展之路

中国磷矿石储量占到全球总量的 17%，但高品位的磷矿较少，自 2006 年

以来，中国磷酸盐岩产量达到世界第一，尽管基本上能满足国内需求，但随着近年来高浓度磷复肥产量的逐步增加，含量在30%以上的磷矿日趋紧张。开阳磷矿的优点主要表现在储量大、品位高、有害杂质少，目前已探明磷矿储量19亿吨，其中优质磷矿储量达3.9亿吨，占全国富矿总储量的1/3。这里的富矿资源是世界上少有的、目前国内唯一的不经选矿就可直接用于生产高浓度磷复肥的优质原料，最适宜生产磷铵等高浓度磷复肥。

然而，不论是磷还是煤炭，都属于不可再生资源，其作为资源型产业赖以生存和发展的最重要的物质基础，必须坚持可持续发展的原则。近年来世界范围内磷矿的开发普遍呈增长趋势。我国整体磷资源利用效率低，浪费严重，因此开发高效、便捷的磷的富集、回收及循环使用技术，提高整个产业的利用效率是刻不容缓的任务。面对如此珍贵的富矿资源，发展生态工业，最大限度提高资源型企业的资源利用率，是开阳磷煤化工产业实现效益最大化的有效途径，更是开阳磷煤化工产业在未来保持持续稳定发展的不二选择。

2. 传统的粗放型产业结构亟待调整

新时代下全球经济一体化、国内经济高速发展的新局面为磷化工等传统重工业带来了新的竞争压力。一方面，企业需要通过技术创新来提高生产效率；另一方面，企业需要整合资源，努力降低生产成本。

开阳不仅有着丰富的磷矿资源，同时也因地处煤炭资源集散地，有充足的煤炭供应保障能力，此外，开阳的水电资源同样有着极大的开发空间。开阳的磷矿资源开发至今已有五十多年历史，从行业的整体发展来看，尤其在改革开放之后，随着经济快速发展，传统的粗放型产业结构已不适应当今产业化的需求，主要表现为磷煤化工产业整体结构不够合理，高投入、低产出的粗放型生产方式未得到根本转变。

为了进一步发展壮大磷化工产业，破除电力成本对磷化工生产企业发展的制约，必须摒弃原有单一的磷矿开发方式，整合资源，实施煤电磷一体化发展。不仅可以通过对磷及磷化工企业的电力直供降低企业生产成本，同时也形成了地方经济新的增长极，从而对经济社会发展起到更强劲的拉动作用。

3. 经济发展的同时必须兼顾生态环境保护

传统的粗放型开采，不仅延缓了经济发展速度，同时对磷矿周边地区生态环境保护造成了巨大的压力。由于受到经济发展水平的限制，不光是开阳磷化

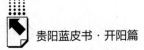

工产业，贵州省整体的重化工业发展长期采取粗放的开采方式，形成了"严重破坏生态环境"的负面形象。除了水土流失、植被破坏等对自然环境的直接破坏外，由于磷化工产业的特殊性，工业排污对空气、土壤、水体的放射性污染及潜在危害也不容轻视。开阳物产丰富，自然环境优美，如果以牺牲良好的生态资源为代价来换取短期的经济效益，终将得不偿失。因此，调整产业结构、发展循环经济、建设生态工业基地，成为践行经济发展和生态保护双赢的重要保障。

（二）条件分析

1. 产业资源优势明显

依托磷、电资源优势，磷化工已成为开阳县龙头产业。全县共有规模以上企业33家，形成了以国有大型企业——贵州开磷集团为龙头，贵州省开阳县路发化工有限公司、贵州开阳安达磷化工有限公司、贵州开阳青利天盟化工有限公司等大批民营企业为骨干的企业集群。已形成的主要产品产能包括215万吨磷铵、80万吨合成氨、12万吨黄磷、20万吨饲料级磷酸氢钙、12万吨三聚磷酸钠、10万吨甲酸钠、2万吨甲酸等。2011年全县实现工业总产值230.5亿元、工业增加值48.4亿元。

2. 规划建设成熟

早在2004年，由贵阳市政府委托清华大学编制的《贵阳市开阳磷煤化工（国家）生态工业示范基地规划》通过国家环保总局组织的专家评审，并以环函〔2004〕418号批准执行。2009年，自贵阳市振兴工业经济大会召开后，开阳县政府委托贵州省城乡规划设计院编制了《贵阳市开阳磷煤化工（国家）生态工业示范基地控制性详细规划》，2011年《贵州省开阳县工业园区发展规划（2011－2020年）》顺利通过专家组评审。开阳县工业园区已成功列入全省"511"示范园区培育计划百亿级特色产业示范园区。2012年6月，省经信委发黔经信园区〔2012〕11号文批准开阳工业园区为省级新型工业化产业示范基地、省级工业园区。2013年1月园区被国家工信部批准为第四批国家新型工业化产业示范基地。主体园区已开发469.34公顷，单位土地平均投资强度为3300万元/公顷，平均产出强度4844万元/公顷，工业建筑容积率0.95，产业用地占开发面积的100%，单位工业增加值能耗1.84吨标准煤/万元，单位工业增加值用水量66.22立方米/万元，工业固体废弃物综合利用率98%。

3.产业基地发展良好

对照《创建国家新型工业化产业示范基地管理办法（试行）》规定的10项基本条件来看，主体园区产业发展符合国家产业发展导向，县委、县政府大力支持，基础设施配套完善，产业集约化程度高，有一批研发机构作技术支撑，产品质量处于国内同行业先进水平，安全保障、信息化水平、人力资源、公共服务体系等均能达到要求，特别是循环经济和清洁生产起步早，发展水平较高，开阳是全国首个国家级磷煤化工生态工业示范基地。完全符合《国务院关于进一步促进贵州经济社会又好又快发展的若干意见》（国发〔2012〕2号）的要求："要大力发展资源深加工产业。加强矿产资源勘查开发，加快建设国家重要的煤电磷、煤电铝、煤电钢、煤电化等一体化资源深加工基地。加强磷矿资源整合，建设织金—息烽—开阳—瓮安—福泉磷煤化工产业带。"

二 建设煤电磷一体化暨千亿级产业园区的五大战略

2004年，开阳县经原国家环保总局批准，启动了开阳磷煤化工（国家）生态工业示范基地建设，工业经济进入一个快速发展的时期。2010年11月，开阳县坚持以科学发展观为指导，按照加速发展、加快转型、推动跨越的总要求，成立了工业园区管委会，抢抓国发2号文件出台、贵州省大力实施工业强省战略、贵州省100个产业园区成长工程打造等重大机遇，强力推进园区建设。

（一）政策支持，重视组织领导

国发2号文件第17条明确提到，加快建设国家重要的煤电磷、煤电铝、煤电钢、煤电化等一体化资源深加工基地。加强磷矿资源整合，建设织金—息烽—开阳—瓮安—福泉磷煤化工产业带，允许符合条件的企业开展大用户直供电；省政府出台了支持工业园区建设的《贵州省人民政府关于加快产业园区发展的意见》（黔府发〔2010〕17号）等一系列文件。2011年，开阳开发区经省政府批准成为省级开发区，2012 年，开阳工业园区经省经信委批准成为"511"园区、省级工业园区、省级新型工业化示范基地。各级政府的大力支持，为开阳县工业园区快速发展提供了最有力的保障。2003 年 7 月，开阳县专门成立了循环经济办公室，负责磷煤化工基地建设。2010 年自启动工业园区建设以来，开阳县成立了以书记和县长任组长的工业园区建设开发工作领导小组，着力推动开发区建设工作；建立了重大项目指挥长负责制，制定了《开阳县重大项目督查办法》，强力推进项目建设。

（二）理念支撑，发展生态工业

近年来，开阳县结合磷煤化工产业实际生产情况，始终坚持以循环经济和生态工业理念指导产业发展，提出遵循生态效率原则、与自然和谐共存原则以及软硬件并重原则，利用循环经济、生态工业的方法，促进传统资源加工产业升级改造，将资源优势转化为经济优势，实现资源高效持续利用、经济稳步发展、生态环境优美、社会稳定的发展目标，不断提高企业之间、产业之间和区域之间的关联度，逐步形成一个共生耦合的有机整体。开磷 120 万吨磷铵项目与兖矿 50 万吨合成氨项目配套发展、紫江水泥公司 120 万吨磷渣水泥项目成功运行等实践进一步证明，开阳县千亿级产业园区磷煤化工产业循环经济和生态工业这一发展思路的科学性和合理性。

（三）资源保障，巩固产业要素支撑

开阳是全国著名的三大磷矿产区之一，目前全县磷矿资源总量约为 19 亿吨。其中，金中镇约 12 亿吨，永温、龙水、冯三、花梨、双流等乡（镇）约 7 亿吨。另外还有 3 亿吨左右的煤资源储量、5000 万吨左右的铝资源储量。丰富的矿产资源是开阳县产业发展的最大依托。另外，全县的水能资源理论蕴藏量 83 万千瓦，可开发量 45 万千瓦。目前已建成的大花水电站、格里桥水电站、南江水电站、紫江水电站总装机容量达 33 万千瓦，可为工业发展提供充足的能源保障。

黄磷是开阳县磷煤化工产业千亿级产业园区进一步发展的重要基础。但长期以来，相比云南、四川同类企业，开阳县的电价和磷矿价格较高，导致全县黄磷企业开采率一直不高，部分企业经营困难。为保障磷化工产业发展，开阳县需要增强企业发展精深加工的动力。

在电力供应方面，预测整个园区到"十三五"期末用电负荷将达到 70 万 ~ 80 万千瓦，为了向园区企业提供保质保量的电力供应，开阳组建新的水电公司，通过市场化运作的方式，将大花水电站、格里桥电站、南江电站、紫江电站收购，仍然委托原企业进行专业化的管理，实行大用户直供电。

在磷资源方面，严格按照市场配置资源的要求，围绕实现"四个一体化"（煤电磷、煤电铝、煤电钢、煤电化），采取公开招标投标的方式，促进资源配置到发展精深加工的优强企业。坚持政府引导与市场调节相结合，充分发挥市场配置资源的基础性作用，着力建立健全矿产资源合理有效配置机制，大幅提高矿产资源深加工和就地转化率。优化矿产资源配置，使矿产向"四个一体化"企业集中，探矿权要依据产业发展规划、矿产资源开发规划、资源精深加工和就地转化率按规定进行配置，建立矿产勘查开发准入退出机制，对圈而不探、以采代探、只挖矿不加工、圈占资源不开发、炒买炒卖的要限期整改或注销矿权。

在煤资源方面，由于县内资源有限，所以更需要通过市场化运作的方式加大整合力度，全部用于满足园区产业发展的需要。积极争取上级政府的大力支持，协调其他地区保证开阳磷煤化工和能源产业的用煤需求。

（四）配套服务，完善基础设施

开阳县工业起步较早，发展较快，随着 20 世纪 90 年代以来磷化工产业蓬勃发展，开阳相继建成了开磷专用铁路线、贵开高等级公路、久铜公路、高云 220kV 变电站、双流 110kV 黄金变电站、永温 220kV 变电站、老堡河水库等一批基础设施。贵阳至开阳城际铁路、久长至永温货运铁路、开阳港、贵阳经开阳至瓮安高速公路、贵遵高速公路复线以及园区配套的一系列水库、变电站项目投入建设，为产业发展提供了有力的支撑。各部门、乡镇按照打造千亿元级产业园区的总体思路，紧紧围绕园区产业发展的需要，积极争取项目，为园区产业发展奠定坚实的基础。此外，进一步强化园区通信设施、污水管网等建设；按照打造工业城镇的要求，统筹做好金中、双流、永温片区的搬迁安置工作，处理好企业发展和城镇化的关系。

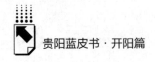

（五）培养人才，优化产业发展

人才是第一资源。开阳县磷煤化工产业的精深加工发展与人才和技术息息相关。开阳县坚持培养与引进相结合的思路，一是出台切实有效的鼓励政策，大力引进和留住全县工业发展急需的技能人才进入园区管理机构、相关企业；二是加大与国内相关科研院所的联系合作，通过建立产学研基地、大力发展职业教育等方式培养一批高技能人才。

三 开阳打造煤电磷一体化暨千亿级产业园区的建设成效

（一）调度发展：阶段经济指标按期完成

通过对园区重点建设项目实行倒排工期，责任到人，组织相关部门定期开展园区专题调度会，解决项目建设中遇到的困难和问题，确保主要经济指标顺利完成。2014年园区固定资产投资完成60.68亿元（其中，基础设施完成投资20.04亿元，产业项目完成投资40.64亿元），为全年目标的101.1%，工业总产值完成249.81亿元，为全年目标的127%。目前，开阳县已初步形成以磷化工为主，煤化工、铝化工、"三废"综合利用等产业全面协调发展的格局，吸引了包括开磷集团、山东兖矿集团、重庆双赢集团、重庆博赛集团、重庆川东集团、重庆中化涪陵集团、贵州路发公司等一大批国内一流的磷煤铝化工企业入驻园区，呈现产业加速集聚、快速发展的良好势头。

（二）规划蓝图：顶层设计初步成形

按照市委、市政府的有关要求，结合园区实际，进一步明确了"一心、两带、四园"的园区发展空间结构布局。"一心"，即贵阳新型建筑材料产业园；"两带"，即沿久永铁路西部磷煤化工产业带、东南部轻工产业带；"四园"，即贵阳新型建筑材料产业园、磷煤化工产业园、城关轻工产业园、龙岗医药食品产业园。同时，启动了贵阳新型建筑材料产业园的规划建设。2014年9月，委托中国建筑材料规划研究院编制贵阳新型建筑材料产业园产业发展规划，目前正按程序组织批复。此外，委托贵州省城乡规划设计院编制完成了贵州开阳经济开发区总体规划、开阳县龙岗镇生态轻工业园修建性详细规划以及龙岗轻工业园规划环评报告。

（三）基础建设：园区配套设施逐步完善

按照年初制定的目标计划，结合园区企业落地实际需求，开阳县积极筹措资金，全力以赴推进园区基础设施建设项目，提升园区发展承载能力。2014年完成园区道路建设10.42公里，架设供电线路8.32公里，建成供水管网14.15公里，排水管网11.75公里，平场100公顷，建成标准厂房1.9万平方米。其中贵阳新型建筑材料产业园1号路已建成通车。纵四路、纵五路正在开展路基开挖和雨污管网铺设工作。安置房一期工程正在开展地下室的开挖工作。企业孵化中心正在开展设计工作。磷煤化工产业园的双流220kV变电站、那卡河水库建设正在有序推进。龙岗医药食品产业园园区路和2号路路基建设已基本完成。

（四）服务配套：签约项目落地逐一完成

通过以商招商、产业链招商、小分队招商等多种方式，2014年园区共签约6个重点项目，总投资达15.4亿元。各个招商项目由专人负责，协助办理项目落地公司注册、土地、环评等手续。其中，普林鑫泰塑木研发生产项目、浙江金华商会创业园项目单体设计及施工图已完成，施工队伍已进场开展前期工作。深圳立雅信4万吨/年高纯致密刚玉项目基本完成设备安装，正在开展调试工作。

（五）贷款融资：园区建设资金有保障

积极谋划园区建设融资工作，通过扩大与金融机构对接力度以及吸引社会资本等多种方式为园区建设提供资金保障。全年园区共完成融资21.05亿元，其中贷款融资6.81亿元，项目融资14.24亿元。贷款融资项目分别为经开区孵化中心向贵阳银行贷款1亿元、双流陶家坝铁路物流通道建设项目贷款1.2亿元、经开区核心区纵六路建设项目贷款7000万元、纵四路建设项目贷款1.2亿元、经开区核心区纵五路建设项目贷款1100万元、龙岗2号路建设项目贷款 8000 万元、龙岗园区道路建设项目贷款 1 亿元、经开区核心区市政大道建设贷款 8000 万元共 8 个项目。

（六）沟通合作：园区开发建设新模式初现雏形

按照市委、市政府对贵阳新型建筑材料产业园的发展定位及建设要求，积极与市工投集团进行沟通，按照"市级统筹、区县为主"的原则寻求优势互补、共谋发展的合作开发模式共同推动新型建筑材料产业园健康发展。2014年 11 月 18 日，贵阳新型建筑材料产业园暨开阳县 2015 年建设项目第一批集中开工仪式顺利举行，开阳县人民政府与市工投集团就合作开发建设园区事宜达成共识，并签订了框架合作协议。同时积极与市工信委等市直部门对接，拟定了贵阳新型建筑材料产业园工作推进方案及领导小组名单，在市直部门的指导和帮助下，共同推进园区规划编制、招商引资、融资等工作，目前方案正按程序报审。园区初步规划以建设新型建筑材料/部件制造集成、物流集散、研发设计、展示交易、信息服务、人才培训、生态宜居七大功能为一体的具有绿色、生态、智慧三大特色的新型建筑材料产业园为目标，打造核心制造集成组团、物流仓储组团、商务创新组团和生态宜居组团四大功能组团，力争三年内园区水、电、路等配套基础设施建设基本完成，到 2020 年初步建成在西南地区乃至全国具有重大影响力的国家级绿色建材创新产业园区，成为贵阳经济发展的重要增长点。

（七）优化升级：经济效益与社会效益双丰收

磷煤化工产业园区发展应兼顾经济效益和社会效益提升。开阳县创建煤电磷一体化暨千亿级产业园区，不但促进了全县各产业之间的协调发展，同时还取得了显著的社会效益。综合来看，主要表现在以下几个方面。一是贵阳市开阳磷煤化工生态工业示范基地是我国首个磷煤化工生态工业示范基地。科学发展、绿色生产的理念贯穿于矿产资源的开发、资源利用效率的提高、产业结构的优化、产品绿色附加值的提高等各环节。二是磷煤化工产业逐步成为全县经济增长的强大引擎，促使地方政府及相关部门对领导协调机制和政策法规体系加以完善，从而进一步推动了基础设施建设和招商引资环境的优化，使生态工业、可持续发展等理念深入人心。三是通过磷煤化工产业园区的建设，产业聚集效应形成，资源综合利用实现了最大化。在推动产业和产品结构调整与发展方式的转型，增加更多就业岗位的同时，磷煤化工产业园区还带动了城镇生态人居环境的改善，拉动居民消费，从而大大提高了人民群众的生活水平。四是生态工业为生态旅游业提供了宝贵的资源和素材。生态工业基地和特色工业加工产出过程作为工业旅游资源，是开阳"大旅游"体系的重要组成部分之一，若其长期良性发展，将被塑造成为全国领先的工业旅游典范。

四　打造煤电磷一体化暨千亿级产业
园区的探索和启示

（一）科技引领，切实提高资源利用率

能源是世界经济高速发展的原动力，以石油、矿产为代表的能源短缺成为困扰人类的重大发展难题。目前，国内只有几家大型矿山的矿石回采率接近国际先进水平。开阳县的井下开采磷矿回采率可达70%，其他地区的中型矿山的资源回采率为50%左右，而一些小矿厂的资源回采率只有30%，有的甚至更低。能源类物质的开发利用是人类社会长期以来面临的一个挑战，除了开发利用新能源，传统能源的高效利用同样为解决能源缺口难题提供了解决方案。

就地转化是指工业生产中，改变粗放、低效资源利用方式，促进资源型产业的产业链向精深加工延伸，提高能源利用效率和产业附加值的重要手段。自2004年《贵州开阳磷煤化工（国家）生态工业示范基地规划》获批以来的十年时间里，开阳磷煤化工产业乃至整个贵州的磷煤化工产业均发生了极大的变革，逐渐向精、深、尖发展。

矿产资源不可再生，随着开采的深入，磷矿资源尤其是高品位磷矿将越来越少，但另一方面，对于磷矿资源的需求一直在稳定增长，按照IFA（国际肥料工业协会）的预测，未来五年磷肥需求的年增长率约为2.5%。不仅是我国，全球范围内磷矿就地转化率提升都是大趋势。鼓励企业进行科技创新，通过不断改进生产工艺和管理机制以提高产品质量和产品附加值，实现资源性产业向技术性产业的转变，从资源密集型向技术密集型转变，将有限的资源转化

为尽可能多的"高精尖"产品，推进主要工业产品由中间产品向终端产品延伸，提高资源利用效率，将是传统能源行业未来发展的主要方向。

（二）结构调整，推动产业链融合发展

过去贵州开发矿产资源，往往走单纯扩大产能的路子，但是面对日益激烈的国际能源竞争和国家新型工业化建设对于资源可持续性开发的要求，传统的开采方式已经不能适应新的发展形势。开阳磷煤化工生态工业示范基地通过扩大总量与优化结构并举、轻工业与重工业发展并重，分两个阶段建立横向耦合共生和纵向延伸发展的产业链。

横向上，围绕磷、煤两大主要资源，实施"磷、煤、电、碱"四大核心产业的协调发展。初期以磷化工为核心，中远期扩大产业发展中心，将核心逐步过渡到以煤为源头的多联产业系统，从而有效提高产品的技术含量，同时提高工业产品附加值，进而推动经济发展。纵向上，通过形成上中下游一体化发展的产业链来实现磷煤化工产业结构调整。上游以磷、煤、铝矾土开采销售为主，中游发展大宗磷煤化工产品，下游发展与磷煤化工相关的材料、医药、日化等精细磷煤化工产品。

（三）环境保护，"金山银山"与"绿水青山"双丰收

贵州独特的地理条件和资源型产业的特殊性质，决定了磷煤化工产业发展过程中必须注重经济增速与环境保护二者之间的平衡，既要"金山银山"，也要"绿水青山"。

生态工业园区应遵循的是"回收－再利用－设计－生产"的仿照自然生态系统物质循环方式，通过企业之间的资源共享和产品互换等组合共生运作方式，使上游生产过程中产生的废物成为下游生产的原料，达到相互间资源的最优化配置。按照循环经济理念和产业生态化的要求，工业基地大力推进黄磷尾气、磷渣、磷石膏等工业"三废"的资源化利用。重点磷化工企业废水实现100%循环利用，规模以上企业万元产值能耗1.45吨标煤，黄磷尾气综合利用率达45%以上。良好的生态环境是县域经济社会可持续发展的重要之基，经济增长必须建立在环境良好发展的基础之上，才能达到人与自然的和谐共生。

参考文献

张曦：《开阳县打造千亿级产业园区暨煤电磷一体化试点工作推进会讲话稿》，开阳新闻网，http：//ky. jrkynews. com/html/bdxw/20120903/135359. html。

开阳工信局：《开阳县工业园区建设情况汇报》，2014。

开阳县工管委：《国家新型工业化产业示范基地（磷煤化工·贵州开阳）创建工作方案》，2012。

开阳县政协办公室：《开阳县千亿级产业园区重点项目建设推进情况的调研报告》，2014。

B.11

开阳县以都市现代特色
农业带动产业融合发展

摘　要：　2014 年 4 月，贵阳市印发《贵阳市都市现代农业发展规划
（2014～2020 年）》，将开阳县定位为都市特色农业发展区。
开阳县作为"中国富硒农产品之乡"和"全国农业旅游示
范点"，近年来紧紧抓住"围绕生态农业发展，推进现代农
业建设"的机遇，着力发展农业和农村经济。按照"节本增
效、资源再循环、再利用"的原则，促进农业增效，有效缓
解了开阳县的资源约束矛盾，秉持循环理念，走出了一条具
有开阳特色的生态农业发展之路。

关键词：　都市现代特色农业　产业融合　发展建议

开阳县着力推动农业转型升级，大力发展都市现代特色农业，依托富硒资源
优势和海拔、气候等特点，做大做强富硒有机茶叶、富硒粮油、富硒精品水果等产
业，实现都市现代特色农业"四化"，即主导产业规模化、农业生产组织化、特色
产业品牌化和农旅结合一体化，以都市现代特色农业带动产业融合发展。

一　开阳县都市现代特色农业发展基本情况

（一）农业产业化发展速度加快，农业产业逐步壮大，实现主
导产业规模化

开阳县依托资源优势，引导企业和农民瞄准国内市场需求，因地制宜

调整产业结构，加大农业产业化项目开发建设的力度，农业产业结构不断优化，区域布局渐趋集中，富硒粮油、生猪、茶叶等传统产业进一步发展壮大，精品水果、奶牛、蛋鸡等新兴产业已初具规模，产业化发展速度加快。目前，全县富硒粮油种植面积稳定在 60 万亩以上，粮食产量稳定在每年 15 万吨以上，产值达 5.21 亿元；油菜籽产量稳定在 2 万吨左右，产值 1.5 亿元；茶叶种植已发展到 14.78 万亩，投产面积达 8.3 万亩，产量达 0.49 万吨，产值达 4 亿元；果树种植已发展到 14.2 万亩，投产面积达 8 万亩，产量达 2.8 万吨，产值达 2.28 亿元；蔬菜种植面积已达 30 万亩，产量达 40 万吨，产值达 7.5 亿元；实现生猪出栏 68 万头，肉类产量达 6.1 万吨，产值 12.17 亿元；家禽存栏 210 万羽，禽蛋产量达 1.7 万吨，产值达 1.9 亿元（见表 1）。

表 1　2010～2014 年开阳县农业主导产业发展情况

单位：万亩，万头

年份	茶叶种植面积	果树种植面积	蔬菜种植面积	生猪出栏量	家禽存栏量
2010	8.2	4.4	21	50.2	150
2011	8.6	5.1	23	55.0	160
2012	9.0	8.8	25	57.0	180
2013	13.0	12.8	31	65.0	196
2014	14.8	14.2	30	68.0	210

资料来源：①开阳县农业局《开阳县关于推进现代都市农业发展的调研报告》，2013 年 11 月 17 日。
②开阳县农业局《2013 年工作亮点及 2014 年工作重点》，2013 年 12 月 18 日。
③开阳县农业局《2014 年工作总结及 2015 年工作打算》，2014 年 11 月 17 日。

（二）龙头企业迅猛发展，带动作用明显增强，实现农业生产组织化

全县已拥有国家级龙头企业 2 家、省级龙头企业 7 家、市级龙头企业 25 家，带动基地 160 个，带动农户 2.1 万户；拥有各类农业专业协会 194 个，会员达 2.8 万余人。发展村集体经济企业 63 家。全县形成了以龙头企业和农村经济合作组织为示范，带动农业产业发展的新格局。

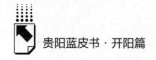

（三）加大品牌建设，助力富硒农产品进军国内外大市场，实现特色产业品牌化

全县有无公害农产品基地 69 个，"三品一标"认证完成 180 个；培育了"硒味园""开洋""金福喜""馋解香""云顶山""多彩贵州生态水""水东千年""开阳富硒茶""黔山牌"等多个贵州省著名商标及知名富硒农产品品牌，产品涵盖米、油、肉、茶、禽蛋、蔬菜等 20 余种；"开阳富硒茶"获得国家地理标志保护产品称号，产品行销国内多个大中城市，并通过欧盟 462 项检测指标，远销德国并获好评。2014 年，"开阳富硒枇杷"获得国家地理标志保护产品称号。同时，开阳富硒农产品已入驻京东商城贵州馆网络销售平台。

（四）第一产业、第三产业融合互动，带动农村经济快速发展，实现农旅结合一体化

通过省、市级现代高效农业示范园区和美丽乡村示范点建设，农旅一体化、茶旅一体化快速发展，南贡河茶园、兰芝茶庄、云山茶海、富硒葡萄酒庄、硒味园、久事生态休闲农业观光园、三合庄园等茶旅一体化、农旅一体化项目建设快速推进，成效明显。目前，全县正在推进建设 4 个省级、4 个市级现代高效农业示范园区和 23 个美丽乡村示范点，以基础设施建设为主的"六项行动计划"已在全县铺开。

二　特色农业成为开阳县发展现代农业的突破口

所谓特色农业，是指具有独特的资源条件、明显的区域特征、特殊的产品品质和特定的消费市场，相对商品量大，比较优势较明显的农业。近年来，开阳县充分利用丰富的硒资源，对农业发展投入了大量的人力、物力、财力，不断调整农业经济结构，依靠科技，先后倾力打造"开阳富硒农产品"公共品牌，培育了各类富硒农产品品牌，开发出的富硒米、油、肉、茶等荣获"中国绿色食品"称号，"开阳富硒茶""开阳富硒枇杷"获得"国家地理标志保护产品"称号。已获得"三品一标"农产品认证 180 个；100 余个富硒农产品

在京东商城开馆上线，销售额近100万元。

开阳县提出都市现代特色农业的发展思路是：以都市现代特色农业为统领，以美丽乡村和现代高效农业示范园区建设为载体，以富硒、绿色、生态农产品品牌、农产品加工、市场体系建设、多位一体营销为抓手，以"保供"和"增收"为目的，调优做强茶产业、精品水果、生态富硒蔬菜、山地畜牧业、富硒粮油等产业，突出农旅一体化，第一、第三产业互动，多要素融合，延长产业链，提高产品附加值，立足抓主体、抓市场、抓品牌、抓销售、抓农产品质量安全，全面深化农村综合改革，大力发展村级集体经济，倾力打造"三农"工作升级版。

2014年4月11日，贵阳市政府发布的《贵阳市都市现代农业发展规划（2014－2020年）》明确提出，将开阳县定位为都市特色农业发展区建设（特色富硒农产品开发）。以茶叶、畜牧为主导产业，以水果、蔬菜为特色产业，积极发展农业主题庄园模式、村寨文化传承模式、健康养生模式和集约化发展模式。坚持走"高端、精品、外向、低碳、循环"的都市农业发展路线，以做优发展空间、做强主导产业、做好示范引领、做大企业发展为指导，着力打造生态循环农业示范区，建成中国富硒农产品之乡和贵阳市畜产品主要保供基地。其总体布局为"四带七区十园百场百寨"（见表2）。

表2　开阳县"四带七区十园百场百寨"特色农业发展总体布局

四带	南部都市休闲观光农业示范带
	北部生态高效农业，种养结合示范带
	"久—铜"线景观农业示范带
	十里画廊"农旅一体"美丽乡村示范带
七区	贵州开阳十里画廊农旅一体示范园区
	开阳县现代生态高效农业示范园区
	开阳黔茗高效观光农业示范园区
	开阳特色水产休闲农业示范园区
	开阳生态循环农业示范园区
	开阳高效富硒茶产业园区
	开阳现代高效湖羊养殖示范园区

153

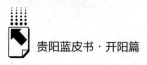

续表

十园	蔬菜标准示范园	
	枇杷标准示范园	
	茶叶标准示范园	
	湖羊养殖示范园	
	有机富硒优质稻示范园	
	蛋鸡养殖示范园	
	葡萄标准示范园	
	生猪养殖示范园	
	中药材示范园	
	苹果桃示范园	
百场	100 个家庭种养殖示范农场	
百寨	200 个美丽乡村示范寨	

　　开阳县提出要建成都市现代特色农业先行区、贵阳市重要的副食品生产基地；贵阳市主要的生猪养殖基地、主要的蛋鸡养殖基地、主要的生态富硒绿茶基地、主要的优质烤烟基地，重要的生态富硒精品水果基地、重要的富硒粮油基地、重要的生态富硒蔬菜基地；建成贵阳市都市现代特色农业、生态富硒特色农业示范区，全球最大的富硒茶基地，贵阳市"菜篮子"保供基地和贵州农旅一体化、茶旅一体化休闲体验旅游目的地（见表3）。

表3　开阳县都市现代特色农业发展的目标任务

指标	2015 年	2020 年
第一产业增加值年均增长（％）	>8	>6
农民人均纯收入年均增长（％）	>14	>13
生猪存栏量（万头）	40	50
生猪出栏量（万头）	68.5	80
肉类产量（万吨）	6.1	9
家禽存栏（万羽）	220	250
禽蛋产量（万吨）	1.7	3.2
果树种植（万亩）	14.2	20
果树产量（万吨）	3.8	4.5
茶叶种植面积（万亩）	17.3	30
茶叶产量（万吨）	0.4	0.4
蔬菜种植面积（万亩）	30	40

指标	2015 年	2020 年
蔬菜种植产量(万吨)	>40	50
农产品基地数量(个)	86	—
完成"三品"认证(个)	180	—
注册资本 500 万元以上规模企业(家)	5	10
省级龙头企业(家)	9	15
新增专业合作社(家)	20	100
培训职业农民(人次)	8000	10000
无公害农产品认证(个)	2	20
累计绿色、有机产品认证(个)	2	10
地理标志保护产品(个)	2	5
新增全省著名农产品品牌(个)	1	10
新增农产品加工企业(家)	5	20
新增农产品网销店(家)	5	30
年交易额过亿元的农产品专业批发市场(个)	—	1
新增大中城市实体销售店(家)	5	30
农旅一体、茶旅一体休闲观光农业示范点(个)	3	10
"一二三产融合互动"发展示范点(个)	1	8
省级现代高效农业示范园区(个)	7	7
市级现代高效农业示范园区(个)	4	4
县级农业标准示范园(个)	10	10
种养殖标准示范园(个)	—	100

资料来源：开阳县农业局《贵州省开阳县农业特色主导产业发展规划（2011－2015 年)》。

三　开阳发展都市现代特色农业存在的问题

（一）产业好，规模小

开阳县优质粮油、精品水果、茶叶、蔬菜等均是生态富民产业，发展前景较好，但规模化程度不高。比如蔬菜产业，开阳县每年需向贵阳市提供 10 万吨以上保供蔬菜，但由于土地流转成本高、设施投入大，投资成本增大，投资商不愿意冒风险。投资商入驻少，导致产业规模化、标准化程度不高。

（二）品牌好，影响小

开阳县生产的富硒粮油、茶叶等产品在省内外有一定知名度，开阳富硒茶

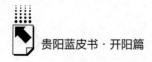

叶和富硒枇杷已获"地理保护标志产品"称号。但由于各企业均有自己的品牌，品牌分散，影响力不大，知名度不高，品牌整合存在一定难度，品牌宣传缺乏经费。比如茶叶，开阳富硒茶已获地理标志保护产品称号，但全县销售较好的仅有兰芝、青蓝紫、白花富硒、南贡河等几家茶叶公司，各企业宣传推介均立足于本品牌，缺乏大品牌的宣传带动，导致知名度不高，影响小。

（三）产品开发不足，产业链短

开阳县富硒农产品仅立足于初级农产品的开发，受规模和交通等因素限制，农产品加工还刚刚起步，产业幅窄、产业链短。

（四）龙头企业带动能力弱

开阳县的龙头企业发展虽然也有一定规模，但部分龙头企业是自己流转土地，自己建基地，自己经营，自负盈亏的家族式企业。与老百姓的利益联结机制不够健全，带动能力不强。

（五）农业基础设施脆弱，抗风险能力弱

开阳县是农业大县，农村面积大，农业水、电、路基础设施还不完善，特别是遇干旱、冰雹、暴雨等灾害损失较大，抗灾能力弱。

（六）项目资金整合难，整体实施效果差

由于项目资金来自于不同的部门，各自实施点的布局和兼顾利益不同，导致项目资金整合实施困难。

四 关于开阳县都市现代特色农业发展的经验启示

（一）调结构、定政策，明确主导产业

按照山区现代农业示范区建设的梯次布局，开阳实行"山顶茶叶成林，山腰果树成园，山脚畜禽成群，田坝设施农业，库区网箱养殖"的立体开发模式，制定了一系列相关政策（见表4），突出特色抓调整，围绕订单抓调整，

大规模调整种养殖结构，大规模推进土地流转，把公路沿线作为示范带动的突破口，重点打造精品水果、生猪、蛋鸡、茶叶四大特色优势产业。

表4 开阳县围绕现代特色农业发展制定的相关政策（部分）

序号	政策名称	制定部门	制定时间
1	《开阳县2012年关于加快生态农业发展强力促进农民增收工作方案》	中共开阳县委办公室、开阳县人民政府办公室	2012年2月
2	《开阳县2013年"三农"工作要点》	中共开阳县人民政府党组	2013年4月
3	《关于大力推进现代高效农业示范园区建设的实施意见》	中共开阳县人民政府党组	2013年4月
4	《关于开阳县"美丽乡村·幸福家园"实施意见》	中共开阳县委、开阳县人民政府	2013年7月
5	《开阳县关于加强"菜篮子"工程建设的实施方案》	中共开阳县委办公室、开阳县人民政府办公室	2014年

资料来源：根据开阳县农业局提供的相关政策整理。

（二）扩规模、建基地，培育壮大产业规模

通过政府引导、部门扶持、企业带动、群众参与、市场运作的方式，围绕"大"字扩基地，发展特色种植；围绕"多"字抓调整，发展特色养殖：围绕"新"字做文章，拓宽发展领域。进一步培育产业基础，实行区域化布局、规模化生产、产业化经营、社会化服务，逐步实现生产的专业化，商品化和社会化。

（三）抓科技、订标准，促进产业升级

大力实施"科技兴农"战略，加快农业科技创新，抓好现代农业科技成果运用，加大农业实用技术培训力度，加快引进良种良法，实施种养殖"专家大院"支撑，培育科技示范户，为大规模调整农业结构提供技术支撑。同时，制定切合实际的，融种养殖、贮藏、加工、包装及产品检验为一体的综合技术标准体系，引导企业开展内部质量管理体系认证，规范企业管理行为，通过规范化的管理，实现生产过程的规范化。准确地实施产品生产、加工等一系列综合技术标准，从而确保产品质量，提高企业生产经营效益。

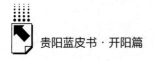

（四）防风险、促配合，壮大产业主体

以龙头企业为载体，通过"公司＋农户""公司＋基地＋农户"等模式，企业与农户建立紧密的利益关系，结成共同体，实现产加（工）销一体化经营。同时，大力扶持和培育农村专业合作组织，通过"公司＋协会＋农户"的方式，将千家万户的小生产同千变万化的大市场连接起来，由"单兵作战"变为整体推进，变分散生产为集约经营，增强农户和企业抵御市场风险的能力，进一步壮大产业主体。

（五）谋跨越、创品牌，树立产业形象

依托富硒资源优势，围绕特色主导产业，大力实施品牌战略，着力打造提升"开阳富硒"品牌，全方位宣传开阳富硒产品。开阳县很多农产品与一些知名产品质量相当，但由于品牌不响，产品难以进入国内国际大市场，加之企业的品牌意识不强，农产品品牌呈现散、乱、杂的局面。因此，开阳县从茶叶品牌整合着手，突出打造开阳富硒茶叶、富硒粮油、富硒枇杷、富硒禽蛋、富硒肉制品、富硒矿泉水等产品品牌。同时，注重基地标准化生产，在产品包装、品牌推介、品牌营销上加强创新，寻求突破，进一步提升"中国富硒农产品之乡"的美誉度和知名度。

（六）抓流通、建市场，畅通农产品流通渠道

围绕开阳县富硒农产品的销售，大力发展订单农业，将开阳县富硒农产品打入外地市场。并围绕优势产业积极发展本地蔬菜批发市场、茶青交易市场、畜禽交易市场等农产品专业市场。同时，依托富硒产业园区，建设物流配送中心，建立健全农产品流通信息服务网络，使富硒农产品的流通便捷顺畅。

（七）抓加工、促升值，提高农产品附加值

以工业化的思路，产业化的方式，加快发展富硒农特产品加工产业。突出抓好畜产品加工、农副产品加工、茶叶加工、果蔬加工、水产品加工五大行业，促进资源精深加工和综合利用，发展农业循环经济，进一步提高农产品附加值，全面提升农产品行业综合竞争力。

（八）抓培训、提素质，培育新型农民

加强基层农技推广体系建设，建立健全县、乡、村三级农技推广服务网络，搞好农业科技的培训和推广，着力培养一批有文化、懂技术、善经营、会管理的新型农民。同时，依托"阳光工程""雨露计划"、绿证培训项目实施，加快农村劳动力转移培训，增加农民的务工收入。

（九）抓质量、保安全，打牢农产品质量安全基础，确保人民群众身体健康和生命安全

进一步加强农业投入品的监管，加强农产品质量检验检测体系建设，加强动物防疫和植物检疫，实行标准化生产，大力推广无公害、绿色、有机农业生产技术，大力发展无公害农产品、绿色食品和有机食品，保证农产品从基地到餐桌安全，确保人民群众身体健康。

五 关于开阳县都市现代特色农业发展的对策建议

（一）加大财税、金融支持农业的力度

健全农业财政、税收、金融、保险等政策支持体系，构建政府投入为引导、社会投入为主体的农业投资新格局，加大对现代高效农业示范园区、美丽乡村建设、富硒农产品加工、三品认证、人才引进、品牌建设和市场开拓的支持力度。一是通过财政资金投入引导，每年在茶产业、现代高效农业示范园区、美丽乡村等重大项目实施中，财政拿出一定的资金进行引导发展。二是在风险可控的原则下，降低贷款门槛、简化贷款程序、拓宽贷款主体、延长贷款期限，发挥政策性金融对农业科技发展的支持作用。三是通过组建农业投资集团公司，积极搭建农业投融资平台，加快推进农业跨越式发展。

（二）制定出台农业产业的扶持政策

根据农业产业发展中出现的新情况、新问题，出台和完善促进农业产业发展的新政策、新措施。比如农村土地规范有序流转，利用荒山荒坡、灌木林和

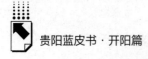

低效林发展茶产业，搭建现代高效农业示范园区招商引资及融资平台，出台实施农业企业信贷优惠政策等。

（三）加大对农业用地、用水、用电的保障力度

明确相应比例的建设用地指标，完善设施农业、畜牧业、渔业、休闲观光农业、农产品加工等方面的用地优惠政策。同时，在用水、用电上出台一系列的优惠政策。

（四）加大对富硒农产品进入流通领域的支持力度

对降低或免收富硒农产品进场费、柜台费、管理费等相关费用的大型超市、批发市场、经销商，实行减免部分税收的政策，扩大富硒农产品市场份额。

参考文献

樊敏：《中国特色都市现代农业的再认识与对策建议》，《商场现代化》2013年第20期。

张屹东：《都市农业的理论与实践》，博士后论文，交通大学，2008。

贵阳市政府：《贵阳市都市现代农业发展规划（2014－2020年）》，2014。

开阳县农业局：《开阳县特色农业发展情况汇报》，2013。

开阳县农业局：《开阳县关于推进现代都市农业发展的调研报告》，2013。

开阳县农业局：《创建山区现代农业示范区 推进现代农业可持续发展》，2013。

开阳县农业局：《开阳县农业局2013年工作亮点及2014年工作重点》，2013。

开阳县农业局：《开阳县农旅一体化建设工作情况报告》，2013。

开阳县政府：《开阳县都市现代特色农业发展工作情况汇报》，2014。

开阳富硒农产品："五抓"培育
公共地域特色品牌

摘　要：　农业是民生之本。农业现代化是推进社会主义现代化的关键支撑，是实现中国梦的基础和前提。开阳是全国闻名的富硒农产品之乡，典型的农业乡镇，全县75%以上的土壤富含硒元素。近年来，开阳利用丰富的硒资源，以抓结构调整、抓品牌建设、抓市场推广、抓销售拓展、抓民心民力的"五抓"方式，开发出包括富硒菜油、富硒大米、富硒玉米面条、富硒肉制品、富硒泉水、富硒茶叶、富硒鸡蛋在内的一系列特色农产品，成功培育出开阳的公共地域特色品牌。

关键词：　富硒农产品　"五抓"培育方式　公共地域特色品牌

随着经济社会进一步发展以及城乡差距逐步缩小，农业、农村、农民的问题也产生了一系列变化，传统的农业生产模式迫切需要转变。因地制宜发展特色农业，利用独特的资源优势打造公共地域特色品牌，助力农民增收、农业增产、农村稳定，是全国各地农业结构战略调整的必然要求，也是适应当前社会消费需求、世界经济一体化、全球农业市场细分需要的重要基础。

一　开阳县开发富硒农产品的三大有利条件

（一）得天独厚的硒资源

在全国71%的地区缺硒的状况下，开阳县75%以上的土壤富含硒元素，

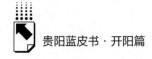

动植物硒含量在 0.05～0.28 毫克/千克之间，符合联合国卫生组织保健食品含硒量标准，享有"中国富硒农产品之乡"的美誉。得天独厚的硒资源，独特的区位优势，优良的气候、土壤条件及丰富的水资源，为开阳的富硒农产品开发奠定了坚实的基础。

（二）规模庞大的市场空间

开阳是典型的农业郊县，全县耕地面积 101.7 万亩，贵阳市的日常农产品大部分来自开阳县内的几大种植基地和养殖基地。粮食、生猪、家禽、肉类、禽蛋、蔬菜、茶、果、烟叶等农产品的发展均出现良好势头。

富硒健康食品有着巨大的开发拓展空间。随着生活水平的提高，人民对日常饮食的营养要求也日益提升。硒是一种具有抗多种疾病功能的稀有微量元素，素有"抗癌之王"之美称，而我国居民硒摄取量仅仅达到了国家营养学会推荐的范围最低标准的一半。打好"富硒"这张牌，开阳独具特色的农产品未来还有很大的发展空间。

（三）亟须转变的传统农业生产方式

现代社会，经济迅速发展、日常生活节奏加快，传统的农业生产方式已经不能适应新的发展趋势，只有不断提高生产力，发展快节奏、高效率的现代化农业，才能减少人力和资源浪费，同时也能收获更大的效益。以良好的农业资源为基础，以现代高效生态农业示范区和美丽乡村建设为载体，推进现代农业建设，发展富硒特色农产品是打造开阳现代化特色农业的重要途径。

二 立足于做大做强公共地域特色品牌——
开阳富硒农产品的发展历程

（一）公共地域特色品牌是产品知名度和美誉度的集合体

公共地域特色品牌是指一个地域内一群生产经营者所用的公共品牌标志，前提是必须有某一特定产业或产品大量聚集于某一特定的行政或经济区域，形成一个稳定、持续、明显、特色的竞争集合体。公共地域特色品牌的知名度和美誉度是某个地域的生产经营者品牌集体行为的综合体现。[1]

（二）推动富硒农产品走向市场，全面打造"富硒"品牌

2008 年，贵州开阳县人民政府、湖北恩施市人民政府、陕西紫阳县人民政府共同签署了《中国硒资源开发利用协作组织章程》，三省三县（市）合力打造"富硒"品牌，富硒特色的农业产业链正式开启了强劲发展的特色之路。

近年来，开阳县的农业发展一直强调要做大做强富硒农特产品品牌。以品牌整合为突破口，打响开阳"富硒茶"公共品牌，突出打造"硒灵翠"系列高端绿茶，推出一批在省内外叫得响的"粮、油、畜、茶"等富硒农产品。同时，依托"黔山牌"商标打造蔬菜、蛋鸡等富硒农产品品牌。开发出的富硒米、油、肉、茶等荣获"中国绿色食品"称号、"开阳富硒茶"荣获"国家地理标志保护产品"称号，并通过欧盟 462 项指标检验远销德国，3 个富硒农产品获评省著名商标，一系列的富硒农产品陆续推向市场，"富硒"品牌逐步打响。

三 开阳公共地域特色品牌的"五抓"培育方式

（一）抓结构调整——培育公共地域特色品牌的先决条件

开阳县是贵阳市近郊的农业大县，每天贵阳市民餐桌上的蔬菜瓜果、鸡蛋肉类很多来自开阳。得益于这里良好的自然条件，在巨大的市场需求引导下，开阳县以养殖和种植基地的方式生产农产品。目前县内建有西南地区最大的蛋鸡养殖基地、西南烤烟繁种基地、贵州省现代化程度最高的奶牛养殖基地和最大的富硒茶叶基地，以及山羊养殖基地、生猪养殖基地和水果种植基地。这些规模不一的生产基地所产出的优质农产品，不仅保障了贵阳市市场上的农产品供应，也为开阳的农民带来了丰厚的经济收益。结合富硒资源优势和海拔、气

---

[1] 熊明华：《地域品牌的形象建设与农业产业化》，《中国农业大学学报》（社会科学版）2004 年第 2 期。

候等特点，按照"粮、油、烟、猪、果、药、茶"的总体发展思路调整农业经济结构，做大做强畜牧及渔业养殖、果蔬及中药材种植、茶叶产业，不再将农产品种类局限在传统的水稻和玉米等普通农作物，农产品的经济效益提高了十几倍，也吸引了更多外出打工的农民在返乡创业时将种植养殖业作为首选。

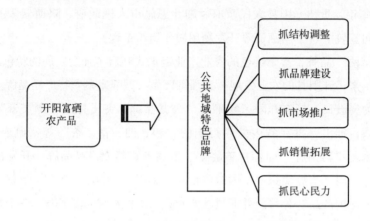

图1　开阳县公共地域特色品牌"五抓"培育方式

（二）抓品牌建设——培育公共地域特色品牌的必经之路

为加大开阳县农产品公共地域特色品牌建设力度，开阳县积极组织申报国家地标产品认证，在此基础上，开阳县将"开阳富硒农产品"定位为地域公共品牌，同时采取了一系列措施对"开阳富硒农产品"进行宣传和包装。

一是把好产品质量关。通过制定《开阳县富硒农产品标签标准》，对使用"开阳富硒茶""开阳富硒枇杷"等公共品牌企业的富硒农产品进行严格的市场监管，凡硒含量未达到《开阳县富硒农产品标签标准》的产品，包装盒及宣传、介绍材料不得使用"开阳富硒"标识字样。

二是推介会的参展。开阳县多次组队参加香港、澳门、北京、上海、广州、深圳等地举办的各类农产品展销活动，并代表贵阳市连续三年建特展馆召开中国贵州国际绿茶博览会等。

三是大力开展"开阳富硒农产品"广告宣传工作。引导和鼓励企业在贵开路沿线竖立广告牌17块，通过电视、网络、报纸杂志等各类媒体对"开阳富硒农产品"进行广泛宣传，从而提高"开阳富硒农产品"的市场占有率和品牌知名度。

（三）抓市场推广——培育公共地域特色品牌的创新平台

积极利用会展、网络平台推广富硒农产品。发展现代化的农业，不仅要在生产方式上进行创新，在产品的市场推广上也需要采取新的思路，借助和运用新的平台。近年来在国内举办的一系列农产品博览会上，参展的开阳特色富硒农产品都获得了良好的市场评价。通过完善农产品营销网络，在大中城市设立农产品专卖店，组织农产品参加各种博览会，加大宣传推介力度，以"硒味园"等企业为带动，开展农超对接、网络营销，提升开阳富硒农产品的市场占有率。

按照"四统一"原则推广富硒茶产品，即统一标识管理、统一宣传口径、统一产品包装、统一门店风格，组织企业在北京、湖南、山西、广西、贵阳等地开设开阳富硒茶专卖店37家，其中省外20家，省内17家，重点推介"开阳富硒茶"品牌，扩大"开阳富硒茶"的市场影响力。

（四）抓销售拓展——培育公共地域特色品牌的有效途径

质量过关又能带来巨大经济效益的富硒农产品吸引了各地企业到开阳投资建厂。在农业结构转型升级的初期，与外地企业合作，利用其成熟的生产工艺和销售渠道，"借船出海"成为开阳推广富硒农产品的重要途径。通过完善培育扶持政策，内引外联，引入大企业、大项目，围绕茶叶、精品水果、农产品加工等重点产业，从项目上倾斜、资金上扶持、政策上优惠，培育一批带动能力强、示范效应明显的农业龙头企业，提升开阳当地的现代农业发展水平。此外，企业和农民也越来越多地借助电子商务平台销售农产品，例如在京东商场贵州馆首批上线的商品中就有101个开阳富硒农产品和特色产品。

借助"黔山牌"这一知名品牌，组合包装"开阳富硒茶"7万余套进入市场销售，同时与贵茶公司合作，每年为"绿宝石"提供优质产品达25吨以上（远销欧盟），通过"借船出海"的方式，迅速拓展了该产品的销售渠道和覆盖面。与湖北利川金益茶业公司、广东天怡茗茶公司、北京兴黔伟业公司、北京一轻集团等市场渠道健全、经营网络覆盖广的茶叶销售企业进行合作，通过"开阳富硒茶"入驻其专卖店销售；通过建网店、入驻京东商城等方式，积极推进"开阳富硒茶"茶叶产品电子商务平台建设，丰富销售模式。

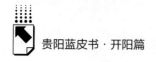

（五）抓民心民力——培育公共地域特色品牌的根本保障

在发展富硒茶产业化过程中，开阳县大胆尝试，创新体制机制，支持鼓励"公司＋合作社＋农户"和企业流转土地适度规模经营等多种模式，形成企业－合作社－农户之间合理的利益联结机制。将茶园作为林权制度改革的内容进行确权颁证，允许担保抵押贷款，扩大资金投入总量。

农民将土地以每亩每年 100 元左右的价格转让给企业后，企业又将其返聘，或作为茶园管理人员，或作为种植技术人员，或作为短期培训后即可上岗的季节性采摘工人，不仅确保了失地农民的固定的经济收入不低于土地流转前，还吸纳了妇女、老人等农村剩余劳动力，从种植、加工、流通等各个环节拓宽农民就业门路，解决了农民增收困难。而对于茶企业而言，就地招工提供了一部分稳定的劳动力，除去前期茶树生长期较高的投入成本外，企业生产步入正轨后，人力成本的支出相对稳定。

四 五大格局构成开阳富硒农产品公共地域特色品牌良好态势

农产品公共地域特色品牌的培育，不仅有益于提高农产品附加值、延长产业链，也有利于解决农民就地创业的难题，确保农民增产增收。近年来，开阳县紧紧围绕"稳定粮食基础产业，巩固烤烟、油菜支柱产业，主攻畜禽、茶叶、蔬菜、水果主导产业，培育水产等后续产业"的农业产业化发展思路，逐步建成了富硒优质水稻、富硒早熟无公害蔬菜、富硒枇杷、富硒茶叶、富硒禽蛋、富硒肉类等基地，推出了一批米、油、肉、茶、蛋等省内外叫得响的富硒品牌农产品，并获得"贵州省名牌农产品""中国绿色食品"称号。农业结构得到优化，向生态化、规模化、特色化转型发展。通过抓结构调整、抓品牌建设、抓市场推广、抓销售拓展、抓民心民力的"五抓"培育模式，成功打造出"一基地、一体系、一品牌兼容多个子系统、两平台、多企业"的发展格局，富硒农产品公共地域特色品牌逐步得到提升。

（一）"一基地"——原料基地

开阳县通过紧紧围绕贵阳市都市农业发展新思路，调整农业产业结构，大力发展都市农业，农业结构调整取得重大突破，优势农产品商品率和市场占有率不断提升。2014年全县富硒粮油种植面积60万亩以上，产量稳定在15万吨以上，产值达5.21亿元；油菜籽产量稳定在2万吨左右，产值达1.5亿元；茶叶种植已发展到14.78万亩，投产面积8.3万亩，产量0.49万吨，产值4亿元；果树种植已发展到14.2万亩，投产面积8万亩，产量达2.8万吨，产值达2.28亿元；蔬菜种植面积已达30万亩，产量达40万吨，产值达7.5亿元；实现生猪出栏68万头以上，肉类产量6.1万吨，产值12.17亿元；家禽存栏210万羽以上，禽蛋产量达1.7万吨以上，产值1.9亿元。实现农业总产值36.29亿元，实现农民人均可支配收入10227元/年。先后获全国粮食生产先进县、全国生猪调出大县、设施农业示范县、全国绿色能源示范县、农业标准化示范县、全国休闲农业与乡村旅游示范点等多项国家级表彰。

（二）"一体系"——富硒农产品质量监控体系

通过各项农产品质量措施的实施，开阳县富硒农产品质量安全生产工作得到有效保障，富硒农产品质量监控体系不断完善。通过狠抓农业标准化示范基地、示范园区的建设，技术服务得到强化，全县农产品市场竞争力得到有效提高，进一步推进富硒农产品向标准化、无害化、品牌化方向迈进。完善并审定了《开阳富硒茶》《开阳富硒枇杷》《开阳富硒米》《开阳富硒腊肉制品》《开阳富硒鸡蛋》5个农业类标准化生产的地方行业标准。通过狠抓农产品质量检验检测体系建设，建成了开阳县富硒农产品质量检测站。通过积极推进绿色食品、有机食品创建及认证工作，建成标准化无公害农产品生产基地69个，获富硒有机茶证书1个，富硒有机水稻转换证1个。此外，通过全县企业强化管理，扩大规模，不断提高产品质量，积极申报质量体系等有关认证。截至目前，开阳县一半以上加工企业通过了国家"QS"认证，其中，三家企业获得了ISO9001：2000国际质量体系认证和HACCP认证。

（三）"一品牌兼容多个子系统"——富硒农产品品牌

通过富硒农产品品牌建设，培育了"开洋""金福喜""云顶山""小家碧玉""百花碧芽""蓝芝""老公山""硒味园""馋解香""欢祥""长生硒源"等20多个贵州省名牌产品及著名商标，产品涵盖米、菜油、腊肉、香肠、

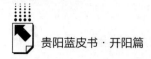

蛋及蛋制品、茶叶、蔬菜、枇杷、麻辣土豆丝、桶（瓶）装饮用水等。"百花碧芽"等6个绿茶品牌获上海国际茶叶博览会全国名优绿茶评比活动金奖，"小家碧玉"在中茶杯连续两年获得优质奖。

通过打造高端名优富硒农产品品牌，贵州开阳蓝芝茶业公司的富硒绿茶通过中国质量认证中心颁证，获"中国有机食品"认证，产品"蓝芝玉叶"有机富硒茶市场价达3200元/千克；贵州硒味园食品开发有限公司的"有机富硒大米"获得中国质量认证中心的有机转换认证，产品"硒味园"牌有机富硒大米市场价达96元/千克。

2014年1月，在"中国硒产品博览交易会暨中国恩施·世界硒都硒产品博览交易会"上，开阳县多家企业产品被组委会检测认定为含硒和富含有机硒食品。贵州开阳宏远经贸有限责任公司的"老公山绿茶"有机硒占比达86.9%。贵州开阳金福喜食品有限公司的"公主香肠"有机硒占比达100%，在参评的248个产品中脱颖而出，被评为"中国特色硒产品"。

通过强化公共品牌建设、注重产品保护，2013年开阳县向国家质监总局申请"开阳富硒茶"地理保护标志品牌并获得批准。2014年开阳成功申报"开阳富硒枇杷"地理保护标志品牌。今后，开阳县还将继续申报"开阳富硒米""开阳富硒鸡蛋""开阳富硒腊肉制品"等地标保护产品。

（四）"两平台"——富硒农产品开发科研平台、富硒农产品宣传推介平台

1. 富硒农产品开发科研平台

开阳县积极支持企业搭建富硒农产品研发平台，对搭建平台与新产品开发进行补助，贵州硒味园食品开发有限公司与贵州大学生命科学学院共同建立产学研合作基地，种植有机富硒水稻980亩，种植富硒水稻2100亩。建成了"贵州富硒农产品工程技术中心"，为开阳富硒农产品的研发提供了强有力的技术保障。

2. 富硒农产品宣传推介平台

开阳县于2012年11月挂牌成立了开阳富硒农产品行业商会，以"抱团发展、联合共赢"为宗旨。现有企业会员148家，发行会刊《福地》与建立开阳富硒农产品行业商会网站，主要以宣传县内企业产品和富硒产品营养保健知

识为主，对全县的富硒农产品宣传及富硒产品营养保健知识的传播起到了积极的推动作用，使社会上更多的有识之士参与到富硒农产品的开发、营销及消费中来，对富硒农产品的开发及全民健康起到了积极的促进作用。

（五）"多企业"——富硒农产品加工企业

开阳县丰富的富硒农产品为农产品加工奠定了良好基础，通过富硒农产品开发企业的培育，富硒农产品加工企业不断涌现。全县已拥有农业企业数量600余家，其中有2个国家级、7个省级、33个市级以上农业产业化重点龙头企业。全县农产品加工企业208家，产品有菜籽油、大米、猪肉、茶叶、蛋制品、辣椒制品、马铃薯制品、面条、食用菌及中药材、饲料等。2013年全县农产品加工业总产值达10.1亿元。

五 关于开阳成功培育富硒农产品公共地域特色品牌的五大启示

（一）以自然地理环境为特色农产品的培育之"基"

开阳富硒农产品的公共地域特色品牌培育的基础在于"天赋"，也就是当地独有的自然地理环境条件。茅台酒的香醇绵长来自其他地方无法复制的水土环境，开阳的"富硒"品牌也得益于它得天独厚的富硒资源。农业的发展要因地制宜，结合当地实际，打造属于自己的特色农产品，开阳县就是抓住了"硒"资源等有利的自然因素，其农产品才得以强劲发展。此外，特色农产品的开发与培育要得到长足发展，就必须注重对自然环境的保护，经济发展与生态保护并行，一旦珍贵的自然环境受到破坏，特色农产品的根基也就不复存在。

（二）以传统生产习惯为特色农产品的培育之"根"

特色农产品在提倡科技创新生产方式、提高生产效率的同时，也要尊重传统的种植、养殖或加工习惯，特色农产品的传统生产，通常需要经历一个较长时间的逐步培养过程，如果不管农民有无技术都强迫农民搞特种特养，势必会

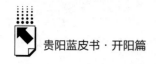

事倍功半。"科技兴农"并非放之四海而皆准，开阳县正是保留了传统生产习惯，生产自己的特色农产品，使特色农产品的培育和发展有的放矢。因此，引进先进的农业科技，也需要顺民心、合民意，让农民愿意干。

（三）以质量安全建设为特色农产品的培育之"本"

农产品的品质直接关系人们身体健康和国民经济的持续发展。随着食品安全事故的频发，食品质量安全问题成为生产者及消费者关注的焦点。"开阳富硒"标志作为开阳富硒农产品的质量标准，时刻代表着开阳农业发展的严谨性和责任态度；富硒农产品质量监控体系的建立，以及各项农产品质量安全措施的实施，进一步促进开阳富硒农产品的培育，成为打造公共地域特色品牌的重要建设力量。在质量安全的保障下，开阳农产品市场竞争力才得以有实质性的提高，富硒农产品的标准化、无害化、品牌化之路才走得更加顺畅。

（四）以市场销售主导为特色农产品的培育之"魂"

农产品市场销售是一个社会化的过程。开阳县把市场推广和销售渠道的拓展作为富硒农产品发展的重要工作之一，紧跟时代步伐，借助电子商务平台等渠道销售富硒农产品，灵活把握了信息时代市场销售的精髓，有助于进一步提升人们对开阳富硒农产品的社会消费需求。

（五）以品牌文化建设为特色农产品的培育之"韵"

农产品品牌文化建设是转变农业发展方式、打造优势产业的重要抓手，是实现农业增效、农民增收的根本途径。开阳富硒茶产品拥有丰富的文化历史底蕴，"南贡茶"作为贵州历史名茶之一，因进贡皇帝而得名。相传清乾隆年间，乾隆皇帝在扬威将军梅仕奇处尝到梅的家乡开阳南龙的茶叶，觉得香味浓郁，称赞道"南方名茶甲天下，此茶又甲南方矣"，从此，开阳"南贡茶"名扬天下。对于特色农产品的品牌培育而言，人无我有、人有我优是"特"的真正内涵。突出特色农产品品牌培育以及农产品背后的历史文化背景，打造丰富底蕴的特色概念，可以有效提高产品附加值，进一步提升特色农产品的市场竞争力，使农产品的市场销售获得更广阔的空间。

参考文献

开阳县农业局：《开阳县"抓品牌、抓市场、抓销售"工作开展情况汇报》，2014。

开阳县农业局：《开阳县富硒农产品开发情况汇报》，2014。

熊明华：《地域品牌的形象建设与农业产业化》，《中国农业大学学报》（社会科学版）2004 年第 2 期。

杜晓锋、徐敏：《我国农产品市场营销的发展现状及创新方式》，《商业流通》2014 年第 12 期。

B.13

开阳县加快推进"十里画廊"建设 着力打造全国休闲农业与乡村旅游示范点

摘　要：　近年来，开阳着力推动旅游资源开发从低端向高端转变，旅游产品供给从单一向多元转变，游客从短线游向深度游转变。为打造全国休闲农业与乡村旅游示范点，开阳县以青龙"十里画廊"为突破点，采取政府主导、规划引领，多元投入、强化农村基础设施，提升文化、生态、人文三层内涵等举措，全面加快推进"十里画廊"建设。

关键词：　"十里画廊"　乡村旅游　休闲农业

2005 年，开阳县按照省、市旅游部门有关要求，以青龙河两岸的风光为载体，率先开展了以欣赏田园风光、感受地方风俗、品味农家饭菜为主要内容的乡村旅游活动。此后，开阳县结合社会主义新农村建设、农民文化家园建设，对全县乡村旅游发展做出了全方位规划，以规划蓝图为指导，基础设施建设为根本，不断提升乡村旅游内涵，打造乡村旅游个性品牌。2006 年底，开阳青龙"十里画廊"乡村旅游区正式命名，被国家旅游局评为"全国农业旅游示范点"，开阳乡村旅游开始了全新的发展。

一　开阳县"十里画廊"建设的背景和起因

（一）发展乡村旅游的必要性

乡村旅游肇始于 19 世纪中期的欧洲，在当时被认为是一种阻止农业衰退和增加农民收入的有效手段,因此在世界各地迅速推广。我国乡村旅游始于20世纪80年代末期。乡村旅游是以山野乡村的农事活动为主体,以都市居民为目标市场,以满足旅游者娱乐、求知和回归自然等方面的需求为目的的一种旅游方式。乡村旅游与农林旅游、探险旅游和民俗旅游等概念均存在一定区别,与农林旅游、民俗旅游的联系最为密切,但又有所不同。乡村旅游在满足广大城市游客返璞归真、回归自然之需的同时,还能促进农业产业结构调整、增加农民收入,充分利用农村剩余劳动力资源和保证农村经济社会可持续发展。

(二)开阳县乡村旅游发展的基本情况

开阳县最早的乡村旅游发源于"农家乐"。2005年,开阳县南江乡龙广村凤凰寨作为全省社会主义新农村示范点进行打造且成效明显,经新闻媒体宣传,周末或节假日,贵阳、遵义等地市民相继前来参观,人气不断聚集,个别农户开始对前来参观的游客提供简单的食宿服务。2006年,开阳县首家"农家乐"诞生。随着社会主义新农村建设工作的不断深入,青龙河沿线村寨如南江凤凰寨、平寨、河湾和禾丰水头寨、坪寨、王车等基础设施也日趋完善,南江大峡谷景区开发也日渐成熟,前来开阳旅游的游客越来越多。鉴于青龙河沿线良好的生态植被和深厚的文化底蕴,"青龙河十里画廊"被正式命名,并推出"住农家屋、吃农家饭、干农家活、享农家乐、购农家物"等乡村旅游活动,助推开阳乡村旅游持续发展。如今,已基本形成以避暑漂流、美丽乡村、文化体验、稻作湿地、农家乐(精品客栈)、乡村庄园、农业旅游、绿道骑行等为特点的乡村旅游产业业态,构建了以南江、禾丰为中心,延伸花梨、龙岗、高寨等乡镇的梯次发展布局,并逐步发展成为开阳旅游的特色品牌。十里画廊乡村旅游区先后荣获"全国农业旅游示范点""贵州十大标志性景观""全国休闲农业与乡村旅游示范点"等称号。

(三)开阳县发展乡村旅游的三种基本模式

开阳乡村旅游主要有以下几种类型:一是景区带动型。南江大峡谷、十里画廊等景区周边大量发展乡村旅游接待点。景区中的服务功能主要交由周边农民经营,从而达到让利于周边农民的目的。可以最大限度地提高景区周边的农民直接或间接参与旅游接待、服务的积极性。二是原生态文化展示型。把原生态少数民族文化（布依族、苗族以及水东土司古寨文化）转化为开阳乡村旅游的"灵魂"。采取以保护为前提的开发模式，因势利导，将最淳朴自然的原生态文化展示给广大游客。三是农业观光型。开发建设观光茶园、富硒枇杷园、富硒樱桃园、富硒葡萄园、富硒金刺梨园等，择机推出多姿多彩的茶文化节、枇杷文化节等旅游节事活动（见图1）。

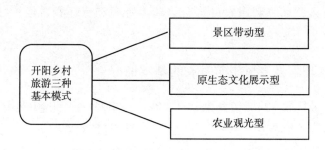

图1　开阳县发展乡村旅游的三种基本模式

二　"十里画廊"打造全国休闲农业与乡村旅游示范点的具体做法

（一）政府主导、规划一张蓝图

乡村旅游是开阳县旅游的长期系统工程，规划先行是重中之重。为避免各景区之间以及景点之间的建设出现大同小异的问题，政府部门充分发挥其主导作用，组织专家为开阳乡村旅游建言献策，把在发展中保护当地独特的自然环境与文化遗产，实行区域化布局和差异化规划设计，当作开阳乡村旅游可持续发展的核心问题。2003 年，开阳县政府请贵州省旅游规划设计中心编制了《开阳县旅游发展总体规划》。2007～2008 年，针对乡村旅游发展中存在的管理水平低、开发层次浅的问题，开阳县又聘请贵阳振旅旅游发展规划设计中心对开阳县乡村旅游发展进行了规划，相继编制了《贵阳市开阳县"十里画廊"乡村旅游区总体规划》和《开阳县青龙"十里画廊"旅游产品及营销策划》《开阳青龙十里画廊旅游区修建性详细规划》。同时，根据错位开发、连片经营的原则，结合十里画廊的自然、生态、人文、产业等各方面资源优势，精心编制"旧林故渊、古风河韵、万寿古桥、玉水金盆、马头古寨、云山茶海、水调歌头、书香门第"等各具特色、切实可行的乡村旅游发展布局规划。通过指导规划，强化文化内涵建设，提高乡村旅游品位和档次，逐步实现区域特色明显、功能布局合理、文化内涵丰富的乡村旅游业发展格局，进一步突出"精巧、雅致、生态、奇韵"的乡村旅游主体形象和个性化风格，努力使乡村旅游"特色化、规范化、规模化、品牌化"和"产业化"，实现"避暑之都、人间仙境"的发展目标。

（二）多元投入，强化两个基础

厦门大学旅游人类学教授彭兆荣曾指出，"贫瘠的土地、污染的河流、贫寒的生活、肮脏的环境、鸟兽罕至的农村是不会对游客产生吸引力的"。基于这一认识，开阳县在发展青龙河乡村旅游中，将乡村旅游发展与新农村建设、农村综合改革与农村公共事业建设等结合起来，不断强化乡村旅游区基础设施建设，推动乡村旅游区农村基础设施现代化、经济发展产业化，为乡村旅游发展奠定了坚实的基础。

1. 强化农村基础设施建设，推进农村基础设施建设现代化

开阳以《开阳县乡村旅游发展规划》为指导，结合新农村建设、退耕还林、农村公共事业建设等工作，综合推进青龙"十里画廊"乡村旅游交通、生态、水利、文化等基础设施建设，主要包括横贯景区的旅游公路、通村（组）路硬化、景区停车场、索桥、步道、串寨路等农村交通基础设施建设；农村文化长廊、文化广场、民俗文化博物馆（马头寨古建筑群的保护与维护）、精神文明活动中心等农村基础设施的修建；配备了台球桌、乒乓球桌、象棋、文化活动室、围棋等农村娱乐设施；加强了乡村旅游接待中心和接待点、农村厕所、标志标识牌、水车、观景平台等旅游基础设施建设。

2. 强化农业基础地位，推进农村经济发展产业化

按照连片开发、错位发展的原则，以农业产业结构调整为主线，以现有产业为基础，按照高产、优质、高效、生态、安全的现代农业方针，推进"十里画廊"富硒优势产业带建设，开发农业多种功能，不断拓展农业产业发展的内涵和外延，促进传统农业向现代农业升级。

一是突出特色，加快农业产业结构调整。重点抓好富硒无公害农产品、绿色食品基地建设，大力发展规模农业、富硒农业。重点发展富硒优质水稻、双低优质油菜、无公害优质蔬菜、富硒茶叶、富硒名优水果等农产品。二是进一步加强农产品质量标准体系建设，打造"南峡牌"富硒肉、"铜鼓坡"牌百花富硒碧芽茶、"硒泉"和"南江泉"等富硒产品品牌。三是充分利用"十里画廊"自然生态景观，培育和发展生态观光农业。

（三）方位结合，提升乡村旅游的文化、生态、人文内涵

乡村旅游的灵魂是文化，生态及农村环境是乡村旅游发展的底蕴所在，一个具有丰富人文内涵的乡村则是乡村旅游发展的根本所在。根据乡村旅游文化的特性，"生态、文化、乡村"三者合一的旅游模式可以从根本上满足旅游者的需要。因此，和谐宁静干净整洁的乡村、优美绿色郁郁葱葱的生态与悠久内蕴含蓄的文化，构成乡村旅游发展的统一体。

1. 提升文化内涵，构建乡村旅游之魂

以农民文化家园建设为载体，以青龙"十里画廊"乡村旅游区域文化建设规划为指导，以摄影文化艺术节的举办为契机，加大政府投入，全面推进乡村旅游农耕文化、特色文化（民俗文化）、红色文化和土司文化等文化建设，不断提升乡村旅游发展的文化内涵，构建旅游发展之魂。

一是提升农村农耕文化内涵。以国家级重点文物保护单位——马头古寨、红色文化古迹的保护与修缮为契机，加大政府投入，推动农耕文化展室建设，全面加强对青龙河两岸古民居、古水车、水碾、古桥、古民居等蕴含着浓郁农耕文明特色的古建筑和农家楹联、蓑衣、石磨等农村古风古俗文化物品的修复与保护，展现乡村旅游的农耕特点，全面推动对农村古建筑、农居及生活物品的开发与保护，引导农村群众有意识地将悠久的农耕文化予以继承、创新、发展。

二是强化特色文化（布依族苗族文化、红色文化、土司文化）内涵。以布依族苗族玩龙灯、打钱杆、布依族情歌对唱、"六月六"布依族苗族歌会等各种民族文化活动举办为载体，按照"抢救是前提，保护是重点，研究是关键，永续利用是归宿"的工作原则，全面收集整理有关布依族苗族起源、民歌、传统乡俗活动、服饰、民居、土司古寨等各类文献资料和典籍，全面抢救无形和难以传承的民间文化，进一步挖掘乡村特色文化，打造布依族苗族特色

文化品牌，丰富民族文化内涵。进一步挖掘红色文化发展潜力，加大红色文化古迹保护，推动革命文化教育基地建设。加强对禾丰地戏、布依族苗族山歌、民族歌舞等非物质文化遗产的保护。

2. 提升生态内涵，构建乡村旅游之韵

开阳以生态文明城市建设规划纲要为指导，进一步加强饮用水安全、林业生态建设与保护、农村循环经济产业为重点的乡村旅游生态建设，不断强化乡村旅游生态内涵。

一是开展以青龙河景区农村饮用水安全为重点的治水工程。加强对县域范围内青龙河及其支流源头的生态保护，强化对在青龙河及其支流水源范围内进行垃圾丢弃、污水排放等污染河流水质行为的打击力度；加大禾丰乡中心集镇垃圾袋分装、分类回收处理力度；完善集镇污水处理系统，重点抓好人为垃圾、畜禽粪便无害化处理工作；禁止在沿河沿岸乱搭乱建，乱扔废弃物。二是开展以青龙河景区林业生态建设为重点的绿化工程。以全县林业生态建设为指引，以县级财政投入为主导，大力实施退耕还林、天然林保护等生态工程建设，加大培育和保护森林资源；结合退耕还林工程建设和农村产业结构调整，实施经济林再造绿化工程，积极发展枇杷、樱桃、茶叶等重点生态产业，打造"山上果园、山腰茶园、山下良田"现代生态村寨，促进农村生态产业发展和生态环境保护建设。三是开展以青龙河景区农村生态产业为重点的循环经济发展工程。加大"四改一气"建设力度，努力推广"畜、草、沼、水、果、路"六位一体的现代生态农业发展模式，推广生态能源应用技术。

3. 提升人文内涵，构建乡村旅游之基

开阳结合农民文化家园建设，大力提升农村群众文化水平和素质，多角度、全方位推动农村移风易俗，改变不良习惯，树立新风尚新面貌。

一是以文明创建推动农村移风易俗，树立新时期农村群众"自信、自重、友爱"新形象。积极开展送戏、送电影、送图书下乡等活动，把最具潜质、具有丰富内涵的先进文化以歌舞、小品、相声等群众喜闻乐见的艺术表现形式展现出来。深入开展"建学习型农村、做学习型农民""四在农家"（学在农家、乐在农家、富在农家、美在农家）"文明村寨""读书学习在万家活动""改陋习、树新风"市民茶座、演讲赛等系列创建活动。强化市场运作，举办"全国汽车拉力锦标赛贵州开阳拉力赛""中国·贵州'十里画廊'（开阳）乡村旅游文化节暨贵州省摄影艺术节""贵州开阳南江枇杷文化旅游节"等一系列大型活动，积极探索地方文化与现代文化、文化与旅游的互动共赢。通过多种手段和载体，潜移默化地引导农村群众摒弃安于现状、故步自封、不思进取的传统思维和习惯，树立"奋发进取、勇于创新、开拓进取"的开放意识、市场意识和竞争意识，树立新时期农村群众"自信、自重、友爱"新形象。

二是以新农村创建推进农村标准化管理，树立社会主义新农村"民主、整洁、文明"新形象。结合"整脏治乱改差促发展"活动，实施以清洁水源、清洁能源、清洁院落、绿化环境、美化建筑、硬化路坝为内容的"三清三化工程"，鼓励和帮助农村群众改变农村"脏、乱、差"的生活环境；统一指导、规划、建设、管理农村房屋中的厕所、房屋垛脊、院墙；开展"星级文明户""五好文明家庭"创建活动，对农村周边生态环境、房屋结构、饮用水、庭院、房间通风、照明设施和消防措施进行硬性规定，指导农村家庭环境建设，改善乡村生活条件；制定《开阳县乡村旅游管理服务质量标准与划分》《开阳县乡村旅馆星级评定的必备条件》等乡村旅游管理制度，强化旅游设施的管理，对乡村旅游小旅馆、小经营户、农家乐等进行等级评定，并根据评分情况统一颁发相应的标志、标牌及证书，对不符合管理规定，影响旅游整体形象的予以取缔。结合农民科技培训、新农村技能培训，充分利用农村现代远程教育、农民夜校、基础教育等农村教育设施，开展对乡村旅游经营户、从业者、农村土特产品生产者和经营者、农村经纪人等的从业资格培训和素质培训，提高农村群众素质。

（四）连片发展，打造四大品牌

开阳按照"连片开发、规模宣传"的原则，通过对外宣传、举办各种活动等手段，全面打造青龙"十里花海、十里酒香、十里歌海、十里云茶"四大乡村旅游品牌。

一是以欣赏青龙河两岸金黄菜花及旖旎风光为载体，打造青龙"十里花海"品牌；二是以品尝禾丰乡、南江乡布依族苗族特色农家土酒为载体，打造青龙"十里酒香"品牌；三是以品味布依族苗族民俗文化、民歌为载体，打造青龙"十里歌海"品牌；四是以采集百花山及沿青龙河两岸的富硒茶叶、欣赏茶园风光为载体,打造青龙"十里云茶"品牌。

围绕四大品牌的打造,开阳县相继举办了"十里画廊茶园节"、青龙河漂流节、南江大峡谷开漂节,以及避暑季开幕式暨贵阳市第二届旅游产业发展大会;推出了"赏花一日游""踏青一日游""采茶一日游"和"休闲一日游"等乡村旅游品牌线路;在《贵阳晚报》《贵州商报》《贵阳日报》《当代贵州》《中国旅游报》等媒体开展"烟花三月下开阳"主题宣传,使开阳县乡村旅游品牌效应不断凸显。

三　打造全国休闲农业与乡村旅游
示范点的成效与反响

(一)有效解决农民增收难的问题

乡村旅游发展有效解决了开阳县当地农民增收难的问题。农民通过乡村旅游带动产业发展,农民在乡村旅游发展中间接或直接地享受到乡村旅游发展的成果。在发展乡村旅游富农便农的同时大大促进了城镇居民下乡消费,从而进一步推进了农业生产以及农村服务业。农民从中受益,进而扩大了农村居民的总体消费规模,有效提升全县的消费总体水平。乡村旅游作为旅游经济新的增长点,其对乡村旅游产品体系的丰富,以及旅游产品供给的扩大,乡村旅游的总体接待能力等各方面的促进作用都是非常显著的。2013年,开阳共接待游客620万人次,同比增长47.6%;旅游综合收入完成41.5亿元,同比增长32%。2014年1~9月,接待游客457.52万人次,实现旅游收入27.7亿元。

(二)实现农村富余劳动力有效转移,助农民创业就业

开阳乡村旅游的发展使农村富余劳动力得到就地转移,许多在外打工的农民又返回来开办农家乐或从事与乡村旅游有关的种养殖业。例如,因乡村旅游而发展起来的服务行业也成为农民全面创业的重点之一。自2005年开阳县率先鼓励南江乡凤凰寨村民组长陈仕良开办开阳县第一家"农家乐"以来,经过近十年的发展,开阳县乡村旅游"农家乐"如雨后春笋般纷纷涌现。近年来又推出精品客栈,大部分是农民自己选择的创业方式。据统计,目前全县农

家乐数量已达 700 余家，旅游业直接或间接从业人员 25000 余人，实现旅游接待收入 34.41 亿元，带动相关产业发展，实现收入 20.6 亿元。①

（三）推动农村产业结构的调整，促进旅游相关产业链之间的延伸

发展乡村旅游业要为游客提供游览观光、饮食娱乐、交通便利等各式各样的旅游产品和服务。乡村旅游带来了农村的产业革命，农民从传统农业中解放出来，开始从事与乡村有关的种养殖业以及其他相关行业。"十里画廊"的乡村旅游发展模式突破了传统的农业产业生产经营模式，成为一个具有极强关联性的综合产业，有效促进了旅游相关产业链之间的延伸。例如，十里画廊拥有独特民俗风情的文化旅游产品，该旅游产品的提供者大多是当地村民。富硒农产品经过加工包装可以转变为独具特色的旅游商品。此外，乡村旅游的开发要求农村交通运输条件便捷。因此，综合来看，乡村旅游带动了农村第一、第二、第三产业的协调发展。

（四）有效地提高农民的素质和促进农民观念的转变

开阳县过去的农村劳动力中，很大一部分属于文化素质较低且劳动技能单一的低就业能力群体。很多农民选择外出务工，从事脏累苦险等工种，风险大、付出多、待遇低。随着乡村旅游的进一步发展，政府把加强农村劳动力转移就业技能培训、转变就业观念培训作为首要任务。根据乡村旅游的市场需求，全方位开展各项乡村旅游培训。通过乡村旅游服务基本素质岗前培训、旅游管理业务知识普及以及本地民俗风情知识宣讲等各项培训的开展，农民各方面素质得到普遍提高。

四 关于打造全国休闲农业与乡村旅游示范点的经验启示

（一）坚持政府主导旅游发展是乡村旅游发展的前提

旅游业的发展离不开政府的大力支持。首先，政府要围绕旅游业的发展制

---

① 开阳县农业局：《开阳县多措并举打造现代都市农业 促农增收致富奔小康》。

定整体规划，明确旅游业的发展方向和发展重点。其次，政府要结合本地区旅游业的发展情况，一方面可以由政府出资成立公司，统筹谋划本地区旅游业的发展；另一方面也可以由政府进行招商引资，吸引一批有经验、有实力的企业参与到本地区旅游业的发展中去。再次，政府是基础设施建设的主要提供者，有义务也有必要提高农村水、电、路等基础设施建设水平。开阳县在乡村旅游发展的初期，调动各种要素，形成各部门联动、各产业要素整合、全社会广泛参与的发展格局，提升绿化美化、环境卫生水平，全面实施产业带动和升级转型战略，推动乡村旅游业发展。

（二）基础设施的配套完善和从业人员的服务质量是影响游客心理的关键因素

基础设施配套水平和从业人员的服务质量是影响游客心理的重中之重。开阳县是贵州省第一个提出建设旅游标准化服务体系的县。目前，南江大峡谷景区标准化体系已通过 ISO 认证。以完善十里画廊乡村旅游区内外基础设施条件为突破口，以提高乡村旅游从业人员素质为保障，以为游客提供优质服务为宗旨，加大基础设施建设力度和从业人员素质的提高培训，使得全县乡村游客数和旅游收入迅猛增长。

（三）特色、个性的旅游产品和准确的形象定位是吸引游客的重要条件

开阳县乡村旅游业的发展不仅仅局限于昔日的农茶旅等观光和采摘的模式。在精细化传统旅游产品的基础上，创新旅游吃、住、行、游、购、娱等产业要素业态。休闲观光、采风写生、度假养生等旅游新产品层出不穷。在规模上初步形成旅游业与农业、旅游业与工业、旅游业与信息产业、旅游业与房地产业、旅游业与文化产业等相互交叉融合发展的趋势。由此观之，乡村旅游的发展应顺应产业融合发展的大趋势。乡村旅游改革应进一步推动旅游新产品的产生以及新业态的发展，鼓励产业融合模式的发展，构建多元乡村旅游产业结构体系。十里画廊乡村旅游区紧紧围绕着景区独特的田园风光资源，包装整合其他资源，打造出十里画廊乡村旅游区独具特色的乡村旅游产品。

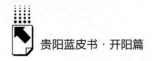

（四）坚持资源开发与保护并重的原则是实现景区可持续发展的保障

乡村旅游与生态环境息息相关。乡村旅游业发展的内生瓶颈之一是生态环境岌岌可危。因此，开阳县坚持开发与保护并举，走可持续发展的道路。坚持可持续发展的指导原则，注重人与自然的和谐共处。把保护环境置于乡村旅游资源开发的首要位置，加强保护意识，避免生态破坏，防止环境恶化。严格执行规划，更加注重生态保护，景区内严禁"大开挖、乱开发"，或严格控制景区范围村民建房行为，如在十里画廊景区范围内村民建房，必须报经国土、住建、旅游等部门逐个审核签署意见。同时，全面实施农村清洁能源工程，尽量减少对景区生态的人为破坏，使景区在开发中得到保护，在保护中得到更快的发展。

参考文献

开阳县旅游与发展服务中心：《蓝图指导、基础为本、内涵作魂、品牌支撑推动乡村旅游持续健康发展——开阳县青龙"十里画廊"乡村旅游发展实践调研》。

开阳县人民政府：《开阳县乡村旅游发展概况》，2014。

赵力成：《开阳县十里画廊乡村旅游区绿化规划探析》，《贵州农业科学》2009 年第8 期。

黄金文、黄海鹏：《乡村旅游发展存在的问题及对策》，《江苏林业科技》2012 年第4 期。

龙岗镇：提升生态、商业、人文魅力，建设独具特色的省级示范小城镇

摘　要： 小城镇建设是城市化发展的重要内容，也是推进区域"四化同步"的重要力量。龙岗镇地处西南内陆地区，地理条件、经济基础和历史文化积淀皆不同于其他地区。因此，重视小城镇的规划与发展成为龙岗发展的必然要求。在打造省级示范小城镇的过程中，龙岗镇本着实事求是的态度，因地制宜，发挥自身的潜在优势，坚持以规划为指导，鼓励民间资本积极参与，优化投资及人居环境，积极培育特色支柱产业，走出一条独具龙岗特色的山区可持续发展的城镇化道路。

关键词： 省级示范小城镇　农业乡镇　可持续发展　产业支撑

1997 年，龙岗镇被列为贵州省小城镇建设综合试点镇，1999 年被贵州省建设厅列为重点建设的 100 个集镇之一，2002 年被贵阳市列为全市 10 个重点建设的小城镇之一，2012 年 8 月被贵州省列为 100 个示范小城镇中的 30 个省级示范小城镇之一和省级生态镇。一直以来，不论是贵州省还是贵阳市都对龙岗镇的发展高度重视，而龙岗镇也在实践中走出一条独具特色的山区可持续发展的城镇化道路。

一　龙岗打造省级示范小城镇的成功之"机"

（一）龙岗镇的基本概况

龙岗镇位于开阳县南部，镇域面积 205.5 平方公里，距县城开阳 46 公里，

截至 2013 年底，在岗镇辖 10 村 1 社区 222 个村民组，总人口 4.3 万，其中镇区人口 1.2 万。[①] 境内资源丰富、生态良好、交通便捷、商贸繁荣。有丰富的煤、重晶石、硫铁矿等矿产资源及紫江地缝（省级名胜风景区）等旅游资源；森林覆盖率达 54.5%，土壤富含硒元素，是开阳县富硒农产品的主要生产地之一；有 162、132、143、056 县道贯穿全镇，贵开二级公路入口距龙岗仅 20 公里，已开工建设的贵阳至瓮安高速公路穿境而过（见图 1）。

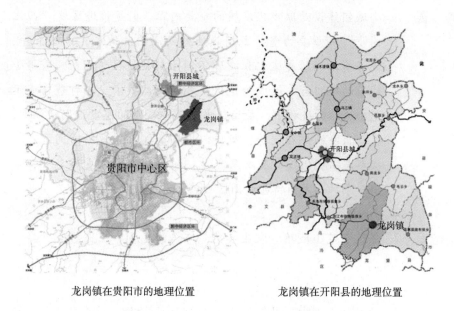

龙岗镇在贵阳市的地理位置   龙岗镇在开阳县的地理位置

图 1　龙岗镇区位

（二）龙岗是典型的农业乡镇

龙岗镇作为开阳县的典型农业乡镇，近年来不断转变农业生产方式，大力调整农业产业结构，发展现代生态农业。依靠当地的资源优势，龙岗在全县率先引进龙头企业，开发富硒农产品种植和精深加工。先后引进了贵州开阳南江现代农业发展公司、贵州长生源农业科技发展有限公司、贵州由由农业开发有限公司、贵州省开阳南贡河富硒茶业有限公司等一批农业企业，在蛋鸡养殖、

---

① 开阳统计局：《领导干部手册》2014 年第 5 期，第 22~23 页。

奶牛养殖、生猪养殖、茶产业发展、现代烟草等方面取得明显成效，建成贵州省现代化程度最高的奶牛养殖基地和最大的富硒茶叶基地、开阳县生猪养殖基地，被授予"开阳县现代农业示范镇"称号。

（三）龙岗是贵州省现代高效农业示范园区、贵阳市现代生态农业示范镇

龙岗镇既是贵州省现代高效农业示范园区，也是贵阳市现代生态农业示范镇。近年来，龙岗转变发展方式，以政府引导和市场导向相结合，以增加农民收入、改善农民生产生活条件为目标，高起点、高标准打造农业示范园区。按照龙岗镇现代农业发展总体规划以及贵州省级现代高效农业示范园区的建设要求，龙岗对农业产业进行了科学合理的布局规划。实行分村建设，引导全镇农业产业向"一村一品"的新型生态产业方向发展。从2007年至今，龙岗不断引进优质的涉农龙头企业，已成为全镇的龙头核心企业。为进一步发挥富硒资源的禀赋优势，通过产业结构调整和升级等方式，龙岗在蛋鸡养殖、奶牛养殖、生猪养殖、茶产业发展、无公害蔬菜种植、现代烟草种植等方面均取得明显成效。

二 龙岗打造省级示范小城镇的成功之"举"

按照省、市、县建设小城镇的相关会议精神，龙岗根据建设目标任务的要求，全镇上下步调一致、立足实际，以"抓规划、促提升；抓组织、促保障；抓宣传、促发展；抓融资、促招商；抓产业、促人气；抓交流、促进步；抓管理、促和谐"的"七抓""七促"为路径，全力推进龙岗小城镇项目建设。

（一）抓规划、促提升

为使项目建设有章可循、有规可依，全面提升龙岗发展新格局，龙岗先后编制完成《开阳县龙岗镇总体规划》《开阳县龙岗镇镇区控制性详细规划》《开阳县龙岗镇重点地段城市设计》《龙岗镇消防规划》《龙岗镇镇区供排水规划》《龙岗镇轻工业园区专项规划》《龙岗镇现代农业发展规划》；同时，委托相关专业设计院编制《龙岗镇镇区交通规划》。

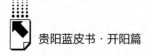
（二）抓组织、促保障

龙岗镇成立了以党委书记、镇长为组长的工作领导小组，建立了项目指挥部，按照"四定三集中"要求，所有建设项目实行领导包保责任制。抽专人成立征地工作组、项目协调小组、应急处突领导小组，切实加强项目建设的指挥、协调和服务工作；设置龙岗镇规划建设管理站，对城镇建设进行合理规划；制定印发《龙岗镇关于加快小城镇建设的实施意见》《龙岗镇小城镇项目推进计划》《龙岗镇小城镇项目实施方案》《龙岗镇2013年省级示范小城镇建设推进方案》等文件，对梳理出的交通基础设施、市政基础设施、市政配套设施、公共服务设施、产业结构调整、招商引资等方面的项目进行规划、立项，办理各种手续，切实有效地推进龙岗示范小城镇建设工作的有序开展。

（三）抓宣传、促发展

为营造示范镇建设的良好氛围，做好征地工作，解决地从哪里来的问题，龙岗镇充分发挥宣传导向作用。一是会议宣传。召集全镇干部职工、村支两委全体成员、村民组长、人大代表、退休老干部、村民代表召开了龙岗省级示范小城镇建设三级干部大会。会上号召全民参与，宣传把龙岗建成商贸集散型、绿色产业型省级示范小城镇理念，以期全面实现龙岗的"中国梦"。二是书面及视频宣传。向全镇市民发放小城镇建设《倡议书》，每户一张龙岗镇总体规划视频光盘，号召群众充分了解小城镇建设。三是广告宣传。通过悬挂横标、书写固标，在全镇各村、公路沿线张贴小城镇建设的大幅宣传广告；聘请贵阳市的播音专家把小城镇相关内容做成音频资料，安排车辆利用赶集的日子在集镇做宣传，扩大社会影响，激发广大干部群众的积极性、创造性。四是教育宣传。通过走进学校的方式，实施"小手牵大手"活动，由学生向家长进行宣传。五是媒体宣传。充分利用《今日开阳》《贵阳日报》《贵州日报》《西部开发报》等媒体，省、市、县电视台媒体，开阳信息网、新华网等网络媒体，大力宣传示范镇建设和现代高效农业示范园区建设的重要方针、政策、措施。六是政策宣传。通过深入农户，实地开展征地政策宣传、土地测量、资金补偿等工作，全面推进小城镇建设及高效农业示范园区建设工作。

（四）抓融资、促招商

由于建设项目多、资金缺口大，为解决小城镇建设资金来源问题，在县委、县政府的领导下，首先，龙岗通过将县城投公司作为融资平台，用一号路、森林体育公园和污水处理三个项目工程作为融资项目，利用土地作为抵押物，向省建行金阳分行融资。其次，通过县土地储备中心配合，利用建设项目作融资项目，用土地作为抵押物，向贵阳银行贷款1亿元。另外，与县联社磋商，利用保障性住房建设及其配套工程建设、集镇供水改造工程等项目向县联社贷款。

在积极融资的同时，龙岗镇还加大招商力度，引进企业参与龙岗小城镇建设。贵州南江现代农业发展有限公司、贵州闽信农业科技开发有限公司、贵州元和天成能源集团、正隆房地产开发公司、融通公司、硒味园食品有限公司、诚嘉蛋品加工厂、绿康茶业公司、绿态蔬菜公司等企业都参与到了龙岗的小城镇建设中来。

（五）抓产业、促人气

小城镇的生机和灵魂在于产业支撑。为实施产镇互动，解决人力资源问题，龙岗以南江现代、长生源蛋鸡养殖，立京闽信、大金生猪养殖，三联奶牛乳业、牧草种植，南贡河、紫江、由由、绿康茶产业，硒味园富硒农产品、绿态蔬菜种植等产业为依托，采取"公司＋基地＋农户"的模式，推进产业链延伸，开发农产品加工项目，实施有机肥生产、蛋品、蛋干项目加工、肉鸡加工、茶叶加工、生猪屠宰等；抓住开阳生态轻工业园区落户龙岗的大好机遇，加快基础设施建设，积极引进农产品深加工、食品加工、汽车美容等企业入驻；充分利用贵瓮高速公路带动效应，引资开发省级风景名胜区"紫江地缝"。在以蛋鸡、生猪、奶牛、茶叶、蔬菜等为支柱产业的同时，大力发展商贸业。农业产业的长足发展，吸引了不少外来人员、本地外出务工返乡创业人员在集镇创业、就业，以此带动城镇人口2015年扩容达到3万人，为小城镇建设注入了活力，增加了容量，实现"居住在城镇，产业在农村；居住在城镇，务工在企业；居住在城镇，经营致富在城镇"的城镇化发展格局。

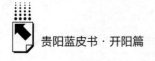

（六）抓交流、促进步

为弥补示范小城镇建设及高效农业示范园区建设经验的不足，全面提升自身的工作能力，龙岗镇积极组织人员进行各种方式的外出交流学习。一是领导干部按时参加各级各类培训；二是抽调工作人员到省住建厅、交通厅等单位顶岗培训；三是组织有关部门负责人到其他优秀乡镇参观学习；四是聘请有资质的技术专家到龙岗镇参与建设。通过学习交流，找问题、找差距、找目标，取人之长、补己之短，为龙岗示范小城镇建设凝聚精气神、补充正能量。

（七）抓管理、促和谐

为解决小城镇三分建、七分管的问题，巩固龙岗示范小城镇的建设成果，龙岗组建了卫生与秩序专项整治小组，实行周督查、月考评的目标管理责任制，制订了《龙岗镇综合整治城镇环境卫生实施方案》，建立环境卫生包保责任制，签订了门前"三包"责任书，规范各类车辆停放管理，对违章占道行为进行规范管理，肃清市区主干道、城市出口以及校园周边的流动商贩、占道摊点、店外店。此外，对五花八门的商业庆典实行统一管理，严格审批。加大违法建筑的拆除力度，对违规违法者，坚决严厉打击，有力地震慑了违法违章行为，为全镇经济社会和谐发展提供了坚强保障。

三 龙岗打造省级示范小城镇的成功之"势"

自 2012 年 8 月龙岗镇被列为贵州省 100 个示范小城镇中的 30 个省级示范小城镇之一以来，通过"七抓""七促"的工作，经过两年半的积淀和发展，龙岗在公共基础服务设施、农村综合服务能力、精神文明建设、节能环保、特色产业培育等方面均取得长足发展。

（一）公共基础服务设施不断完善

公共基础服务设施不断完善，主要表现在路网、社区、学校等项目建设的完成情况上。一是路网的建设。截至 2014 年，已完成紫江大道、建设路等市政道路建设，一号大街、六号路、八号路、二号路工程均已全面开工，目前已完成水稳层。贵瓮高速至龙岗集镇段道路已启动施工。此外，完成西大街人行道改造、西大街房屋立面整治、西大街绿化景观整治、南街房屋立面整治、集镇公厕（2个）整治、老客车站入口道路连通工程。二是社区服务中心的建设。10个村级社区服务站及1个镇级社区服务中心已投入使用。三是敬老院的建设。已完成内设30个床位的龙岗敬老院工程建设。四是寄宿制小学的建设。水口寄宿制小学工程建成并投入使用。五是城镇保障性安居工程。龙岗镇保障性住房建设，总建筑面积2600平方米48套住房，目前已完成主体建设，正在进行装修工程。

（二）农村综合服务能力不断提升

农村综合服务体系是农村生产生活、农业市场化及现代化等各方面的保障支撑。近年来龙岗农村综合服务能力不断提升，主要表现在以下几个方面。一是卫生院的扩建工程。卫生院是全镇的医疗中心，卫生院改扩建对于农村医疗发展是一大福祉，目前全镇卫生院改扩建工程已完成基槽挖掘及地勘等工作。二是农贸市场的升级改造。农贸市场是乡镇进行农产品交易的综合型服务站。同时，乡镇农贸市场的建设也是涉及千家万户的社会公益事业，是方便群众生活的一项民生工程。龙岗镇西大街农贸市场已按4A级标准升级改造完毕，2014年6月16日已验收合格。升级改造完成之后的农贸市场有效促进了全镇的农产品销售，成功解决了菜农的"卖菜难"问题，把龙岗镇向绿色商贸型城镇推进发展。三是宜居的住宅小区的建设和适度的商业综合体的挖掘。由贵州正隆房地产开发有限公司开发的"栖龙圣境"城镇综合体正在对主体进行建设，楼盘已开盘出售。

（三）精神文明建设不断进步

精神文明建设主要体现在文化体育场所的不断完善上。一是市民广场的建设。占地4000平方米的紫江广场已投入使用，成为市民休闲场所。二是体育场的建设。龙岗镇把足球场、篮球场、羽毛球场、网球场、城市主题广场同图书馆、森林体育公园连成一体进行建设。目前，森林体育公园已完成凉亭建设，正在对步道、自行车道进行彩砖铺设。此外，逐步强化体育健身设施发

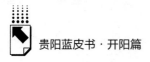

展，已建成图书室（10个）、文化活动室（10个），为全镇精神文明建设提供了强有力的保障。

（四）节能环保意识不断加强

节能环保意识增强有助于城镇建设的可持续发展。龙岗镇节能环保工作开展取得的成效主要表现在污水、垃圾处理以及河道治理等方面。一是污水处理设施和垃圾处理设施项目的建设。占地3000平方米、日处理污水500吨的南街生态湿地污水处理设施已建成并投入使用。此外，龙岗污水处理厂项目已完成选址、可研等前期工作，正在进行设计、地勘工作；龙岗垃圾转运站已完成选址、设计及平场工作，即将全面开工建设。二是河道治理工程。龙岗将龙景河作为景观河道工程实施，目前施工队伍已入场建设。生态移民搬迁工程已完成设计、地勘、平场、围墙建设等工作，正在进行基础挖掘。

（五）特色产业不断发展壮大

区域的主导产业是否繁荣决定着区域经济增长能力的大小，因为分支产业会派生出新兴产业，而新兴产业还能衍生为新的繁荣主导产业，进而派生出其他的新兴产业。在此过程中，产业发展的累积和循环过程与区域发展之间存在着紧密联系，将会推动区域不断向前发展。因此，特色产业能否健康发展直接关系城镇建设的成功。近年来龙岗镇特色产业的培育与发展呈现良好态势。一是产业园区的发展。目前已建成养殖企业5家、种植企业5家、种羊基地1个、农民专业合作社16家、农业产业园区1个。此外，开阳县生态轻工业园区（龙岗分园）已完成耕作层剥离工作，正实施园区路、二号路建设。二是有机农产品生产基地的建设。目前已规划建设5000亩的有机富硒农产品生产基地及10000亩的茶园基地，已有1000亩的有机富硒农产品生产基地进入生产运营阶段；开阳县生态高效农业示范园区茶旅一体化项目，龙岗已完成4000亩的茶园基地建设。三是轻工业园区建设。正在对园区道路、二号路进行建设。目前已引进硒味园公司、五月农业科技公司。四是国家级烤烟科技园项目的发展。已完成科技园新增土地的流转工作及3个村寨"美丽烟草村寨"建设工作。此外，闽信60000头生猪养殖基地已建设完成；绿康茶叶公司已注册，并已流转土地4000亩，已种植茶叶1200亩；标准化蔬菜大棚建设项目，已完成土地流转工作，并在龙岗二村建成 2000 亩的蔬菜核心区；长生源有机肥厂、南江现代农业公司有机肥厂已投入运营阶段。

此外，龙岗被授予"全国无公害蔬菜基地、国家级养殖示范基地、国家级标准化茶产业基地、西南烤烟种苗繁育基地"称号。集镇有 8 家电器经销商、6 家大型超市、4 家大型家具商场、3 家金融服务机构、3 家汽车销售商，另有特步、安踏、鸿星尔克等品牌专卖店及建材经销商、汽车修理店、电脑专卖店、服装店、杂货店、旅馆、餐馆等个体经营户 300 余家。

四　龙岗打造省级示范小城镇的成功之"道"

龙岗打造省级示范小城镇的建设十分注重规划先行，以规划全面指导和协调整个发展进程。同时以规划管理为突破口，集中精力改善本地经济社会发展的配套环境，重点突出小城镇的整体综合服务功能，成功摸索出了山区小城镇建设的发展之道。

（一）以规划为龙头，注重规划管理

龙岗小城镇建设将规划放在首要位置。规划内容涉及土地开发利用、城政建设和产业发展等各项规划。小城镇建设规划主要有以下几个特点。一是规划的前瞻性。小城镇规划期一般有十几年的时间跨度，因此，规划的前瞻性显得十分重要。在规划中必须充分考虑城镇未来的发展前景和发展潜力，为城镇新时期的持续发展留下足够空间。龙岗镇在打造省级示范小城镇的发展过程中，首先在规划阶段上就要求功能个性化、布局合理，注重长期规划的前瞻性。对于交通、通信、排污等公共设施建设同样要坚持前瞻性原则。政府在规划中坚持长远性原则，避免重复建设，并留有充分的发展余地。此外，在规划中谨慎处理城镇建设与环境保护、现代化建设与历史遗迹保护等各方面的关系。立足当前，面向未来，统筹兼顾，持续发展。二是规划的系统性。小城镇规划是基于当地自然和人文资源，涉及经济社会发展、基础设施建设、公共服务体系、生态环境发展等方方面面的内容。因此，在小城镇规划建设过程中，合理配置资源，系统规划，建立完善的指标体系和强制性标准是规划的重中之重。

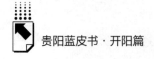

（二）以基础设施建设为起点，增强城镇服务功能

招商引资是小城镇建设良好基础设施的要件之一，同时也是小城镇建设实现可持续发展的首要条件。龙岗镇在打造省级示范小城镇的过程中，重视村镇的基础设施建设，全镇的基础设施水平不断提高。尤其是农业产业园区的建设与发展，对于生产基础设施和生活环境的进一步改善起到了重大作用。建立健全医疗设施及道路等基础公共服务设施，为年轻人定居乡村提供了坚实的保障。龙岗镇打造省级示范小城镇的基础设施建设坚持高起点、高标准和严要求，交通日益便捷、发达。

（三）以产业发展为支撑，重点培育主导特色产业

小城镇建设应采取全方位思维，龙岗镇结合自然资源、农业产业、基础设施建设、交通通达度等多项综合因素，高起点、多角度地规划设计城镇建设。综合统筹城镇发展规模，突出小城镇发展的产业特色，以产业发展带动经济发展。龙岗镇正是采用这样一种建设思维，根据自身的经济发展规模、就业潜力和资源环境的承载能力来权衡设计适合自身的发展道路。在后期表现为小城镇集聚集约发展导向明显。围绕农业商贸产业发展，不断引进重大项目、吸纳社会资源，从而延伸产业链条，成功扩大了龙岗产业集聚区的辐射带动能力。在农业方面，建设龙岗现代农业产业园，改善农田灌溉条件，及时清淤，提高农田排涝抗旱能力。根据自身特点和发展条件充分挖掘本地的文化底蕴，带动当地产业的发展，小城镇人居环境初步改善。

（四）以精神文明建设为动力，创建宜居小城镇

文化发展是城镇建设的精神支柱。龙岗镇一方面深入挖掘苗族布依族民俗风情文化资源，丰富和发展城镇化进程中的文化内涵，增强了城镇建设的灵性；另一方面，小城镇建设中的乡镇、社区公共基础配套设施的建立健全尤为重要，它是建成宜居城镇的关键所在。积极完善群众体育活动场所健身器材等公共服务配套设施，大力发展农村体育事业，宣扬民族文化风情，重视小城镇精神文化环境的改善和提升，使整个龙岗镇居民的居住幸福指数直线上升。

参考文献

陈敏尔：《小城镇大战略要有大动作实现大作为》，《贵州日报》2012 年 8 月 22 日。

贵州省人民政府办公厅：《贵州省 100 个示范小城镇建设 2013 年工作方案》，2013。

开阳县龙岗镇：《龙岗省级示范镇建设情况汇报材料》，2014。

开阳统计局：《领导干部手册》，2011。

付松：《商贸小镇绿色崛起——开阳县龙岗镇小城镇建设纪实》，《当代贵州》2013 年第 11 期。

朱莉：《农业产业支撑下的生态小城镇发展模式评析——以贵阳市开阳县龙岗镇为例》，《贵阳市委党校学报》2013 年第 5 期。

曹小琳、马小均：《小城镇建设的国际经验借鉴及启示》，《重庆大学学报（社会科学版）》2010 年第 2 期。

B.15
三合村探索创新基层治理新模式

摘　要：　同全国大多数农村一样，伴随着农村改革的深入和社会的转型，开阳县三合村的发展也面临着转型问题，探索构建与市场经济体制及城乡一体化发展相适应的农村基层治理模式已刻不容缓。三合村通过加强基层党组织建设、提升村干部服务质量、发展村集体经济、提高村民收入水平等一系列措施，创造性地探索出了一套基层治理新模式，促进社会主义新农村建设。

关键词：　农村市场化　基层治理　三合工作法

在实现工业化、城镇化深入发展的同时，同步推进农业现代化，党的十七届五中全会指出，把解决好农业、农村、农民问题作为全党工作重中之重。2014年，贵阳市提出打造贵阳社会建设工作升级版的目标，推动社会治理体系和治理能力现代化，构建具有鲜明贵阳特色的社会建设和治理工作大格局。

由于受自然条件等多种因素制约，开阳县三合村一直处于经济发展落后、村民收入水平偏低的困境。随着开阳县农村基层治理的不断推进，从2001年开始，三合村逐步探索出一套党组织领导、村干部带头、村民合力致富的发展模式，为探索中国特色的农村基层治理模式提供了经验借鉴。

一　农村基层治理转型发展成必然趋势

改革开放以来，随着农村市场化的快速发展与城乡一体化的深入推进，农村的经济结构、社会结构发生根本性的变化，传统的管理模式不能适应新形势下的农村发展需要，探索构建新的基层治理模式已成发展的必然。

第一，农村市场化发展带来基层治理根基的变化。农村基层治理结构必然是建立在相应的经济基础之上，农村经济的发展与经济发展的模式为基层治理结构的稳定提供根本性的保证，为结构的优化与提升提供丰富的社会资源。同样，农村经济发展也为农村社会的可持续发展打下坚实的物质基础。不过，改革开放以来，尤其是中国市场经济体制的确立给中国农村带来深刻的变化。资源的市场化配置大大刺激了农村经济的快速发展，传统农村经济形态向市场化经济发展模式转变使农村基层治理的基础发生了根本性的变化。

第二，城乡一体化发展促使农村体制机制发生变革。当前，农村基层治理的关键，是要适应城乡经济社会发展一体化的要求。随着农村经济、社会各项改革政策的深入推进，经济成分、利益关系、分配方式以及价值观念都呈现多样化态势，随之而来的是农村的发展由传统保守转向开放。建立与当前城乡社会发展相适应的基层治理机制，促进城乡统筹发展，首先就需要打破农村传统管理方式，继而是更加民主、开放、法制的治理模式。

二 三合村探索基层治理的政策背景

第一，国家层面。2007 年党的十七大报告明确提出，要把城乡建设成为管理有序、服务完善、文明祥和的社会生活共同体；党的十八大报告也强调，在城乡社区治理中实行群众自我管理、自我服务、自我教育、自我监督，是人民依法直接行使民主权利的重要方式。此外，党的十八届三中全会首次提出推进国家治理体系和治理能力现代化，全面深化改革的总体目标是完善和发展中国特色制度。推进国家治理体系和治理能力现代化，就需要不断推动政府更新治理理念，全面深化改革治理体制，发展完善治理体系，着力提高治理能力。

第二，省市级层面。2012 年，贵阳市提出创新基层社会管理体系，推进城市区域化党建，探索建立适合城市基层的新型管理体制和规范运行机制，初步形成科学的城市基层社会管理体系。2014 年，贵阳市要求各地社会治理必须强化法治思维，进一步厘清政府、市场、社会三者的关系，致力于推动法治、善治、自治、共治、德治形成有机统一的整体。

第三，县级层面。2013 年，开阳县将保卫百姓平安作为"书记工程"强

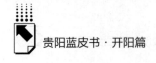

力推进，着力打造平安开阳升级版。2014 年，开阳县开展"零发案小区"创建活动工作，营造平安有序的社会环境。

三 三合村转型发展面临的四大劣势

第一，自然条件恶劣。三合村位于开阳县城东南面，离县城 13 公里，总面积 46.4 平方公里，有 30 个村民组，总人口 4494，是一个汉、苗、布依、仡佬等民族聚居村。村党员 126 人，村支两委成员 8 人。三合村人均耕地只有 1.11 亩，85% 的土地属于喀斯特地貌，农业基础薄弱、农业和农村经济发展落后，恶劣的自然条件长期制约着当地发展和村民增收。

第二，基础设施薄弱。首先，道路交通不完善。交通是农村社会经济发展最重要的基础建设之一，三合村离开阳县城 13 公里，地处山区，存在公路技术等级标准低、质量差、安全系数低、养护绿化少、交通信号灯及道路标识缺失等问题，道路交通建设还不够完善。其次，水、电、通信网络不健全。水、电、通信网络是农民生活的重要物质保障，获取信息的主要工具。但是三合村由于经济长期发展落后，水、电、通信网络设施不健全。最后，农业基础设施薄弱，抗御自然灾害的能力不强。三合村农业基础非常薄弱，农业综合生产能力不高。一直以来，三合村农业基础设施落后，农业基础设施建设迟滞，整体抵抗灾害的能力差，农村经济结构不合理，农产品质量不高，农业效益普遍较低。

第三，经济发展落后，农民收入水平低。在 2001 年以前，开阳县三合村集体经济仍未起步，还处在以家庭为主要生产单位的传统农业时代，农业生产一般是满足自己需要，劳动生产率都相当低。农村产业结构以农业为主，第二、第三产业都不发达。近年来，随着农村经济体制改革，三合村农民收入虽然有所提高，但是到 2001 年，三合村村民人均纯收入只有 687 元，农民收入水平明显偏低，经济结构也比较单一。除了土地带来的收入外，多数村民都将外出务工作为主要的经济来源。

第四，村干部领导能力有待提升。2001 年以前，三合村之所以贫困落后，最主要的原因是村党支部缺乏"向心力"，村级发展缺乏"领路人"，部分村干部常年不住在村里，为群众办事不能"一碗水端平"，不能让群众满意和信服，村集体"无钱办事"，村党支部面临"集体经济无实力，为民办事无能力，支部失去凝聚力，群众缺乏向心力"的窘境，由于缺乏有效的教育引导，部分群众遇到问题时不是通过正常途径来解决，而是通过上访来引起上级的关注，三合村一度成为典型的问题村、落后村和信访村。

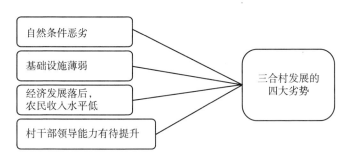

图1　三合村发展的四大劣势

四　三合村"五化"夯实组织基础

近年来，开阳县三合村通过规范化、制度化、保障化、多元化、精细化"五化"加强基层党组织建设，提升村级干部领导水平。

（一）队伍建设"规范化"

三合村明确规定必须在村里面工作三年以上并得到群众一致认可的党员才能参加换届选举，进入村支"两委"班子。同时，为建强基层党组织，三合村以"五好"为目标，着力增强支部凝聚力和党员战斗力。为抓村级班子建设，三合村组织党员进行大讨论，开展班子成员再思考再学习活动，畅谈关于推进三合村经济全面健康快速发展的思路与建议。

（二）奖勤罚懒"制度化"

为调动村干部的工作积极性，三合村先后建立完善了《村干部目标管理责任制》《村干部考勤制度》等20余项工作制度，按照党性观念、政治素质、群众基础、工作业绩等情况对每位村干部实行目标管理，明确任务，以效定酬，奖勤罚懒。先后有35人受到奖励、4人受到处罚。同时，三合村还建立

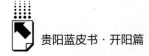

健全了《村规民约》等民主监督制度，使党员干部管理有章可循，群众能够有效实施监督。

（三）干部待遇"保障化"

为解决村干部待遇低的问题，提高班子成员的工作积极性，经村支两委决定，三合村村支书在2010年向双流镇信用社为班子成员各协调贷款20万元，购买了2台挖掘机，并聘请专人专门负责日常护理并联系工程，以此来提高村集体经济和班子成员待遇。同时，为了不被村民误解，村委会还在群众大会上做公开说明，并特别规定不准村干部在本村辖区内承包任何工程项目，让群众参与监督。通过4年的不懈努力，三合村村干部每人每年的收入有所增加，村干部收入有了保障。

（四）发展路子"多元化"

三合村紧紧依托"远程教育百千万示范带动工程""党员创业带富工程"，组建了开阳县惠民种草养羊专业合作社，以"支部+专业合作社+农户"的模式广泛吸纳群众参与发展，年纯收入达179万元，68户困难群众因此脱贫。村党支部以此为契机，广泛发动群众，成功打造了开阳县特色水产养殖生态休闲农业产业园区、1200头规模奶牛养殖基地、10000只蛋鸡养殖基地、20000亩核桃种植基地等。同时，还充分结合市场规律，积极引导和鼓励农户因地制宜地发展蔬菜规模种植，不仅村民得实惠，而且三合村成为全县农业产业结构转型的典范。

（五）服务群众"精细化"

三合村通过成立群众工作室，完善沟通办事平台，对群众反映的问题和矛盾，第一时间进行调查解决并限时回复，并且村党支部会在每个季度开展一次"大走访"活动。同时，三合村实行村干部包组、组干部包户的网格化管理模式，明确了"责任田"，挨家挨户了解民情民意，上门办理实事，实现"群众动嘴、干部跑腿"。此外，将三合村100多名共产党员号召起来，开展"党员1+1帮扶活动"，与困难党员群众结成帮扶对子，通过交心谈心、政策扶持、资金扶助、项目帮扶等多种方式，送去党的温暖和关怀。自教育实践活动开展以来，共为群众办理实事 1200 余件，做到件件有回音，群众反映的热点难点问题相继得到解决。

五 三合村以合力富民为目标，提高村民收入水平

（一）聚群众智力带富

由于三合村气候条件适宜种植牧草，发展奶牛养殖。2002 年，三合村村委会邀请贵州省畜牧专家对三合村开展奶牛养殖实地论证。在得到专家的肯定后，村支书带头前往乌当、花溪等奶牛基地考察取经，并向有关部门申请奶牛养殖项目资金，建牛棚、播草种。同时，还主动与贵阳三联乳业公司取得联系，并提出以"农户 + 远程教育 + 公司"模式进行奶牛养殖。三联乳业公司同意了三合村提出的合作模式，并贷款给农户作为启动资金，承诺以保护价收购三合养殖户的牛奶，采用集约化经营管理的模式，使农民在降低风险的同时加快增收致富的步伐。

（二）集群众物力共富

立足于自然资源优势，借助"党员创业带富工程"，三合村大力发展畜牧业，把种草养羊项目作为农民脱贫致富奔小康的支柱产业来抓，组建起了开阳县惠民种草养羊专业合作社，以"支部 + 专业合作社 + 农户"的模式广泛吸纳群众参与发展。由合作社把农户的土地转租过来，进行统一种草、统一管理、统一销售、统一核算。同时，村干部广泛发动群众，投入资金 2300 万余元，发展蛋禽、茶叶、经果林、金银花等生态产业，直接和间接带动 300 多户群众致富。

目前，三合村已成为全县种草养羊、奶牛养殖的重要基地，成为全县农业产业结构转型的典范。2010 年，为了发展壮大村级集体经济，促进农民增收致富，村党支部带头协调贵州灵异生物科技发展公司，发展中华鲟、娃娃鱼生态养殖项目和年产 30 万吨的三合庄园矿泉水生产项目。同年，采取招商引资、利用村级土地入股的方式，引进贵州东恒建材有限公司，利用磷渣循环生产轻型加强砖。目前，解决三合村村民在企业就业 80 余人，2013 年三合村实现村

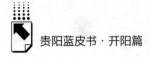

集体经济收入 30 万元。2014 年，三合村整合土地资源项目，采取农民合股经营的方式，发展 2 万亩核桃种植和 400 亩刺梨种植项目，预计 2017 年农民人均纯收入达 12000 元。核桃种植项目和刺梨种植项目的实施，提升了农民的组织化程度，实现三合村村民种植全覆盖，有效改善了农村经济状况。

（三）用群众信用力引富

针对村民贷款难，村级企业发展资金缺乏等难题，三合村大力开展信用村建设，以"十户联保"的方式，解决资金难题。"十户联保"即 10 户组成一组，共同申请贷款，共同承担风险，彼此之间相互监督，相互帮助，在规定期限内共同还清贷款。如果小组中某一户无法在规定的时间内还清贷款，那么这笔贷款则由小组内其他户先行垫付。此外，三合村还试点开展信用农户申贷，在全村 30 个村民组民主选举信贷宣传员 24 人，确保宣传工作不留死角，群众参与率和知晓率达到 100%，为诚信农民建设营造良好氛围。同时，简化流程，提高办贷效率，减轻农户负担，帮助群众解决申请贷款难、手续办理复杂等问题。

六　成效：经济发展、乡村和谐、干群关系融洽

（一）经济发展

村集体经济不断壮大，2013 年实现村级收入 30 万元，村支"两委"为民办实事也有了基础。近年来，先后投入资金 30 万余元，解决了 9 个村民组部分群众的吃水难问题，完成全村 23 个自然村寨的新农村建设通组路、串寨路、串户路硬化工程，新规划建设了通组公路，有效改善了群众的生活质量。同时，充分发挥党员示范带动作用，带领 300 余户群众大力发展奶牛养殖、蛋鸡养殖等 10 余个项目，积极鼓励群众采取土地入股、到企业务工等方式参与项目建设，750 名村民由"望天吃饭"的农民转变为产业工人，年收入平均超过 2 万元。

（二）文化提升

针对长期以来农村酒风盛行的不良风气，村党支部以"改陋习"为抓手，在全县首开先河，将村民操办酒席纳入村规民约，建立了酒席申报制、违规办

酒席责任追究制等制度，着力推动移风易俗。村支"两委"成员顶着村民的非议和压力，带头承诺、带头执行。两年来，村支"两委"成员没有一人操办酒席，全村党员在村党支部的带领和感染下，纷纷响应，打麻将、斗地主等不良风气也得到有效遏制，民风回归淳朴。同时，以"秉承家风树新风"为抓手，加大农体工程和农民文化家园建设，充分发挥"道德讲堂"平台作用，开展感恩教育、道德教育，每年定期组织丰富多彩的文体活动，丰富群众文化生活。

（三）生态优良

如今的三合村，"脏乱差"现象已经不复存在，这得益于在发展生产的同时搞好农村面源污染控制和生态环境保护，全村森林覆盖率达55%。同时，三合村还大力发展循环经济。为解决村里的奶牛基地每月产生大量牛粪影响水源和居住环境的问题，在村干部的示范带动下，全村开始进行双孢菇种植，还将种植后的废弃物还土归田，种植反季节蔬菜。利用循环经济理念，三合村又发展了天麻种植、经果林（林下种植套种）种植、养鸡、养兔等专业种养殖农户。现在的三合村，家家户户用上了干净的自来水，修起了沼气池，安装了闭路电视和电话，成为全省闻名的小康村，良好的环境还吸引了一些城里人来村里定居。

（四）干群融洽

通过以党建领先公字当头，党支部的信誉和威望在群众心目中提高了，群众向党组织靠拢的积极性也明显增强，一批外出务工青年、致富能手纷纷递交入党申请，为村党组织注入了新鲜血液，从2001年到2011年，党员数从78人增加到126人。村党支部在急难险重的情况下，还积极带领全村党员干部冲锋在前、战斗在前、吃苦在前。汶川地震发生后，村党支部组织党员群众成立抗震援川献爱心农民自愿小分队赴汶川抗震救灾，成为全国第一支赴川救灾的农民"志愿者"队伍。

七　三合村创新基层治理模式的经验启示

三合村在实践中探索出的基层治理模式，促进了三合村社会经济的发展，为新形势下农村基层治理提供了有益启示。

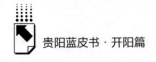

（一）选好培养"领头雁"是关键

2001 年以前，三合村之所以贫困落后，最主要的原因是村党支部缺乏"向心力"，村级发展缺乏"领路人"。2001 年，严文富当选三合村村支部书记，出台相应的规章制度，并着力加强村一级领导班子建设，提升班子成员工作效率水平。同时，把自己完全放在老百姓中间，以身作则带领群众致富，赢得了村民的信任和支持，使党群、干群关系更加和谐融洽。"三合工作法"实践表明，选好培养"领头雁"是农村基层治理的关键。

（二）"合力富民"是目标

改革开放以来，农村社会经济得以快速发展。但是生产力落后仍然是制约农村发展的主要因素。新农村建设必须以发展生产、促进农村经济发展、提升农民收入为核心。三合村在新农村建设中以富民为目标，大力发展现代农业，扶持地区企业发展，带动村民就业。同时，大力实施致富项目，促进村集体经济发展，增加农民收入。对于发展相对落后的农村地区，只有以群众利益为目标，不断提升农民的物质文化水平，才能从根本上达到新农村建设的目标。

（三）"合群惠民"是前提

百姓利益无小事，民生问题大于天。三合村在探索农村基层治理措施时始终把群众的需求放在首位，大力加强农村基础设施建设，解决人民群众最关心的问题。由于基础设施薄弱，尤其是交通条件限制，三合村长期处于低水平发展状态。因此，解决民生问题对于农村发展有着重要的意义。基础治理只有以群众利益为根本出发点，提升和改善群众生产生活条件，才能更好地调动群众参与农村建设的积极性，从而促进农村经济社会的发展。

（四）"合心聚民"是责任

三合村支两委在改善群众的生活条件、发展经济、精神抚慰方面做了大量工作，发挥了凝聚人心、推动发展、促进和谐的作用。实践证明，农村基层党组织作为凝聚群众参与新农村建设的主心骨，必须具备履行农村发展组织者和带头人责任的自觉性，主动做好赢得人心的事。只要基层干部队伍宗旨意识增强了，干部素质提高了，乡村领导班子配强了，基层党组织的凝聚力和战斗力就必定增强，就能得到群众的信任和拥护，就能集中力量干事创业。

参考文献

彭澎：《市场化背景下农村基层治理的现实变迁》，《福建省社会主义学院学报》2013年第5期。

马磊：《党建为基 三公为要 保障"五位一体"建设——贵阳市开阳县三合村经济社会发展情况的调查》，当代先锋网，http：//www.ddcpc.cn/2014/gz _ 1009/46152.html。

"三合工作法"专题调研组：《合力富民 合群惠民 合心聚民——开阳县三合村探索"三合工作法"做好群众工作的调查》，中共贵州省委政策研究室《决策参考》2014年第8期。

B.16

"三诊法"激发开阳青年
就业创业活力

摘　要：　就业创业问题是影响经济发展、社会稳定的重大问题。在产
　　　　　业升级转型的大趋势下，青年面临的就业形势将会更加严
　　　　　峻，其创新创业的社会需求也更加迫切。做好促进青年就业
　　　　　创业工作，是各级组织和部门的共同责任，作为党联系青年
　　　　　的桥梁与纽带，共青团组织是国家政权的重要社会支柱，承
　　　　　载着极其重大的使命和责任。近年来，开阳县政府通过"坐
　　　　　诊""出诊""会诊"的"三诊法"，探索形成帮助社会青年
　　　　　回归社会的长效机制，增强团组织的吸引力、凝聚力，为打
　　　　　造开阳发展升级版注入青春活力。

关键词：　创业就业　三诊法　长效机制

李克强总理在十八大政府工作报告指出：优化就业创业环境，以创新引领创业，以创业带动就业。2014年4月，国务院出台2014促进大学生就业创业六条新政，启动实施"大学生创业引领计划"，落实和完善创业扶持政策，帮助更多高校毕业生自主创业；2014年6月，国务院召开常务会议，进一步推出新的有力举措，充分调动企业和社会创业创新创造的积极性。

2013年以来，共青团开阳县委把促进青年创业就业作为服务党政工作大局的重要切入点，作为落实"同步小康"路线图的重要结合点，作为履行服务青年和维护青年合法权益职能的重要着力点，以"青春与创业同行"为载体，实施"整合平台、资金扶持、拓展培训、打造基地"四轮驱动，全力助推青年就业创业。

一　开阳县青年就业创业的政策环境

党的十七大提出，就业是民生之本。就业关系经济发展、社会稳定和人民群众切身利益，是一个带有全局性影响的重大经济和社会问题。而青年是新增就业的主体，新增就业问题主要是青年问题。因此，在新形势下做好青年就业创业工作意义十分重大。2009 年 3 月，时任团中央书记陆昊在召开的全团促进青年就业创业工作会议上提出，促进青年就业创业，是共青团贯彻落实党中央书记处重要指示精神，举全团之力推进的一项长期性、战略性任务。青年是创业就业的重点群体，做好青年的创业、就业和再就业工作，关系青年的切身利益，关系改革发展稳定的大局，这也是共青团组织服务青年的重中之重。

此外，贵州省为促进青年就业创业，2012 年 5 月出台"青年创业就业公共服务平台"（YBES）实施方案，明确多层次、多渠道、多形式地开展全省青年创业就业服务活动；2012 年 8 月，贵州开办"青年大讲堂"帮助青年创业就业。贵阳市为促进青年就业创业，2010 年 7 月，贵阳市先后出台 11 个促进创业带动就业的政策性文件，明确了放宽市场准入、改善行政管理、解决金融瓶颈、落实税收优惠、提升创业能力、鼓励带动就业等扶持政策，形成了一整套支持劳动者创业的政策体系；自 2012 年起，贵阳市创新就业服务工作，完善公共就业服务平台，多措并举促进就业创业。

二　开阳县青年就业创业新形势

首先，开阳县扶持青年就业创业人数不断增多。开阳县以创业带动就业为核心，按照"政府促进、社会支持、市场导向、自主创业、就业为先、定向扶持、加强监管、防范风险"的原则，每年在全县扶持 300 名青年创业就业。其次，资金扶持青年创业力度加大。2014 年前 11 个月，开阳县新增发放就业小额担保贷款 398 笔 3266 万元，带动就业 920 人，完成市下达任务目标的 163.3%。开阳县从 2003 年开始发放就业小额担保贷款。截至目前，开阳县累计发放就业小额担保贷款 1241 笔 8554 万元。再次，青年就业创业培训进一步拓展。开阳县组建创业导师团，开展创业培训活动，每年培训青年约 3000 人

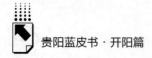

次。同时，对微型企业进行企业管理、市场分析、法律咨询、科学技术等方面的指导。最后，青年就业创业舞台更加广阔。开阳县建立青年创业实践基地，积极发展培育一批具有创业经验和较强经营管理能力的青年企业家，为青年创业提供更为广阔的舞台。

三 开阳县青年就业创业面临的主要问题

开阳县在就业形势比较严峻的情况下，青年的就业问题也更加突出，青年就业已成为开阳县就业结构矛盾中的突出群体。主要面临以下几方面的问题。

第一，竞争激烈。近年来，开阳县经济发展迅速，但由于经济基础相对比较弱，对就业带动力不足。因此，来自劳动力市场的激烈竞争，是开阳县青年就业创业面临的重大问题。在劳动力市场整体供大于求的情况下，失业者再就业、农村剩余劳动力加速转移，使开阳县青年处在一个激烈竞争的就业环境中。

第二，就业能力弱。开阳县多数青年求职者由于没经过职业技能培训，面临着就业能力难以适应工作要求的困境。对青年自身而言，在缺少就业机会的情况下，受教育程度、职业技能等因素影响着青年就业。能力相对不足是影响开阳县青年劳动者就业创业的重要原因之一。

第三，经验缺乏。在对青年求职者素质要求不高的情况下，劳动力市场就相对比较注重求职者的从业经验。许多工作单位对从业经验都有明确要求，这对刚刚进入劳动力市场的青年求职者形成了很多制约。

第四，缺少创业资金。资金一直是青年创业面临的难题，由于经济基础薄弱，青年创业启动资金来源分散，要获得政府资金支持或银行贷款又十分困难。开阳县为打破青年创业"筹资难"的瓶颈，从2013年起，开阳县团委积极与财政、金融、工商等部门沟通协调，为青年提供创业资金，从而解决了开阳县青年就业创业问题。

第五，信息不对称。信息不对称是开阳县劳动力市场不够完善的重要表现，同时也是制约开阳县青年就业创业的重要因素之一。由于青年在就业创业方面获取的信息不对称，在就业市场分割的情况下，信息量的获取将直接影响青年获取就业创业机会。

四 以"三诊"为核心全面推进青年就业创业

近年来，开阳县为促进青年就业创业，通过以技术人员"坐诊"、党员团员"出诊"、社会各界"会诊"为核心的"三诊法"，提升青年就业创业能力，打造青年就业创业空间，促进青年就业创业人数增加。

（一）专家、技术人员"坐诊"，提升青年就业创业能力

第一，夯实阵地建设，成立全省首家县级团校。2012年6月，为促进青年就业创业，开阳县成立贵州省首家县级团校，用于培养基层团干部和培训青少年工作者，为团员青年打造"理论课堂、手机课堂、实践课堂和示范课堂"。并建立共青团绿色茶园基地、共青团旅游示范基地、共青团磷化工青年见习基地，助力青年成长成才。

第二，开展"青年大讲堂"活动，全面促进青年素质提升。2013年以来，为给青年求职者提供充足的公共活动空间和组织阵地，开阳县政府积极探索基层团建新模式，成立全省首家县级团校。聘请10名市、县专家学者和专业技术人才，通过"坐诊"的方式，定期开展专题讲座、理论知识及实用技能培训，促进青年思想观念转变，提升青年就业创业意识。此外，在青年素质能力方面，通过"青年大讲堂"活动进行全方位的培训，提高青年就业创业能力。

第三，加强拓展培训，提升青年就业创业能力。开阳县选择已形成产业规模的村或乡镇，建立青年创业综合实践培训基地，并组建创业导师团，礼聘创业导师33名，配备律师服务团，开展创业培训活动，通过培训使学员的经营管理能力提高，帮助拓宽创业思路，更新创业技能，减少企业创办中的盲目性。委派导师对微型企业进行企业管理、市场分析、法律咨询、科学技术等方面的指导，增强微型企业抗风险能力，降低企业经营的风险，掌握企业发展的必要因素。同时，充分整合农村现代远程教育的培训资源，利用贵州农经网、贵州希望网、腾讯微博等信息平台，将有关政策法规、致富信息、技术信息、行业信息、市场信息等创业所需信息传达给每位青年创业者。

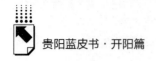

（二）党员团员"出诊"，全力调动农民创业就业积极性

第一，采用"1＋1＋1"的模式，激发青年就业创业活力。所谓"1＋1＋1"的模式，即开阳县采取1个支部（党支部、团支部）负责所在片区（含学校）的青少年的就业问题，包括闲散青少年、困难青少年以及留守儿童的帮助工作，动员1个支部成员分别联系帮助至少1名青少年。开阳县是务工人员输出大县，七成以上的留守儿童是由祖父母隔代监护和亲友临时监护的，监护人由于年龄较大、文化水平较低等诸多因素，对青少年缺乏辅导和监督，这也是导致开阳县青少年就业能力比较弱的重要原因之一。因此，为了培养青年就业创业技能，促进青年就业创业水平提高，开阳县实行凡是符合条件的党组织，都要力争建立团组织或者联合建团，了解辖区青少年基本情况，制订切实可行的工作方案，明确具体工作目标，促进青年就业创业。

第二，打造青年就业创业典型，以点带面促进青年就业创业。为了调动青年就业创业的积极性，开阳县采取重点打造，树立青年就业榜样，从内心激发出青年就业创业的激情，从而能以点带面全力促进青年就业。自2008年以来，开阳县每年以评选表彰和报告会的形式推出一批在就业创业过程中表现突出的青年典型，让其他分享这些青年的求职经历，更好地发挥典型引路、典型育人的重大作用，从而调动开阳县青年创业就业的积极性，促进青年就业创业。到2014年，开阳县已推选出各类青年典型60多名，在推动开阳县青年就业创业方面起到了重大作用。

另外，在青年创业方面，开阳县积极开展青年微型企业示范创建活动。以示范单位为标杆，以示范创建为抓手，通过发挥示范带头作用，推进微型企业结构优化，鼓励和支持发展先进生产力，每年筛选1家微型企业作为共青团青年创业就业行动创业示范基地，并推荐参加"贵州青年创业示范号"创建对象评选，同时，结合实际创建一个"开阳青年微企创业示范园"，组织更多的团员青年去学习先进经验，带动更多的青年创业致富。

第三，开展心理咨询项目，定期对青年就业进行心理辅导。由于开阳县青年就业创业难的问题日益凸显，面对不容乐观的就业形势，一些未能找到工作的青年就业者难免会出现焦虑、失落等"心灵感冒"症状，觉得前途灰暗，心理压力较大。因此，开阳县积极开展心理咨询项目，对青年在就业创业过程中遇到的心理问题进行疏导，让青年求职者树立起就业信心，在合理调整就业期望值的同时，能够舒解由于激烈的就业竞争带来的心理压力。此外，开阳县在促进青年就业创业的同时，还不断丰富青少年的业余生活，配备舞蹈室、书画室、多媒体室、民族文化角等，不定期地组织、引导社会爱心团体开展结对帮扶等活动，丰富青年业余生活，缓解就业压力。

（三）社会各界"会诊"，群策群力营造创业就业空间

第一，打造基地，搭建青年就业创业广阔舞台。开阳县通过"团组织引导＋能人带动＋团组织协调、服务、跟踪"模式，结合党员教育短期培训实践基地见习点和党员创业带富示范项目，积极打造青年创业就业示范点。共青团开阳县委联合开阳县金山矿业开发有限公司、贵州青蓝紫富硒茶叶有限公司等企业，为青年就业创业提供见习岗位，丰富青年就业者的工作经验，提升其适应工作的能力。此外，开阳县建立了南江乡龙广村、南江旅游公司两个青年创业就业示范基地；深入开展创建青年绿色示范基地活动，先后打造了"共青团生态旅游示范基地""共青团绿色茶园基地""共青团磷化工青年见习基地"等，带领全县团员青年从实践入手，积极发展培育一批具有创业经验和较强经营管理能力的青年企业家队伍，每年约培训青年3000人次。

第二，资金扶持，强化青年创业就业财力保障。为打破青年创业"筹资难"的瓶颈，帮助青年搭建创业平台，推动开阳县青年创办微型企业，实现青年创办微型企业扩大就业。开阳县与财政、金融、工商等部门联合制订了《关于进一步扶持青年创业就业工作实施方案》《关于大力扶持开阳县青年创办微型企业的实施方案》，以信誉为保证，采取"一次核定，随用随贷，余额控制，周转使用"的管理办法，向农村青年发放创业小额贷款，重点扶持从事加工制造、文化产业、科技创新、创意设计、软件开发、居民服务（便民服务）、民族手工艺品加工、特色食品生产、种植、养殖等生产型、实体型微型企业，鼓励农村青年自主创业。

此外，开阳县还开展青年创业培训和技术帮扶，礼聘创业导师团和律师服务团，开展创业培训活动，通过培训使学员的经营管理能力得到提高，帮助拓宽创业思路，更新创业技能，减少企业创办中的盲目性。委派导师对微型企业进行企业管理、市场分析、法律咨询、科学技术等方面的指导，增强微型企业

抗风险能力，降低企业经营的风险，掌握企业发展的必要因素。

第三，成立全市首个县级金融青年工作委员会，打造青年就业创业新平台。为给开阳县青年创业提供更好的资金支持，2010 年 3 月，共青团开阳县委联合开阳县金融系统的 9 家单位，按照"凝聚青年、引导青年、服务青年"的原则，以为金融系统青年提高素质创造条件、施展才华搭建舞台为目标，进一步加强开阳县金融系统青年队伍的文化建设，丰富青年文化生活，为增强金融系统青年归属感，成立了开阳县金融系统青年工作委员会。目前县级金融青年工作委员会有 170 多名委员。开阳县金融系统青年工作委员会的成立创新了基层团组织建设模式，为开阳县团组织更好地促进青年就业创业打造了一个新的平台。

五　"共青团＋公司"模式，开创青年就业创业新局面

2010 年以来，开阳县为促进青年就业创业，成立全省首家县级团校与全市首个县级金融青年工作委员会，并为开阳就业青年提供资金扶持、技能培训与见习基地，每年实现 300 名青年就业，青年创业就业工作取得显著成效。

第一，打造"共青团＋公司"基地体系。共青团开阳县委将青年就业创业工作作为全团工作重点，联合开阳县金山矿业开发有限公司、贵州青蓝紫富硒茶叶有限公司等企业，建立起南江乡龙广村、南江旅游公司两个青年创业就业示范基地，开展创建青年绿色示范基地活动，先后打造了"共青团生态旅游示范基地""共青团绿色茶园基地""共青团磷化工青年见习基地"。2013年，"共青团＋公司"基地体系提供青年就业见习岗位 127 个，帮助 150 名青年创业就业。

第二，青年创业资金达 4000 万元。共青团开阳县委联合财政、金融、工商等部门，采取"一次核定，随用随贷，余额控制，周转使用"的管理办法，为青年创业提供资金支持。截至目前，为 500 余名 35 岁以下青年创业提供了小额无抵押贷款 4000 余万元，并承办了贵州省青年创业带富工程现场会，联系创业帮扶资金和物资共计 23 万元，帮扶困难创业青年 500 余名。另外，开阳县成立全市首个县级金融青年工作委员会，为创业青年提供"资金链"与

"服务链"相结合的金融服务。在各乡镇（社区）扶持创办一定数量的青年微型企业，争取项目资金 1000 万元左右，扶持一批具有稳定发展前景的微型企业。每年扶持青年创办微型企业 4 家，争取项目资金 40 万元，新增就业人员100 余人。

第三，对 10000 余名青年进行就业培训。开阳县成立全省首家县级团校，并获得了"贵阳市青年培训基地"称号。通过开展"青年大讲堂"活动，对青年就业创业进行就业技能培训。2013 年以来，共礼聘了市、县专家学者和专业技术人才 10 名，定期开展专题讲座、理论知识及实用技能培训等 15 期，共计10000 余名青年参与培训。此外，开阳县通过基地培训，发展培育了一批具有创业经验和较强经营管理能力的青年企业家队伍，每年培训青年 3000 人次。

六 开阳县通过"三诊法"获得青年就业创业经验启示

在全国青年就业形势比较严峻的情况下，开阳县通过以技术人员"坐诊"、党员团员"出诊"、社会各界"会诊"为核心的"三诊法"促进青年就业创业，取得了很大的成效。对开阳县"三诊法"加以深入分析、进行经验总结，将有助于该模式的推广。

第一，营造就业创业氛围，开拓多元化服务平台。近年来，开阳县为促进青年就业创业，成立全省首家县级团校，开展"青年大讲堂"活动，营造就业创业的氛围；加大与开阳县企业联系交流，为青年提供见习岗位。同时，加大创业服务咨询，建立"党团员认亲"模式，一对一地对青年就业创业进行有针对性的帮扶；另外，通过建立青年就业见习基地，为青年就业创业提供场所，并且出台优惠政策，进一步加大对青年就业创业工作的支持力度。

第二，以企业为力量助推青年就业创业。开阳县通过与当地公司合作，打造"共青团＋公司"模式，充分利用当地公司的力量，成立青年就业创业见习基地，为青年提供见习岗位，给青年以真实的工作环境、崭新的职场体验与全面的素质训练，从而提升青年就业创业的工作经验与职业技能。此外，为了强化青年创业导师团队，开阳县还邀请优秀青年企业家担任创业导师团成员，不断健全青年就业创业导师帮带机制，拓宽导师帮带内容，以企业的力量带动开阳县青年就业创业。

第三，加大培训力度，提升青年综合素质。青年就业创业工作中，就业培训具有重要的作用。以"青年大讲堂"为载体，开展了形式多样、内容丰富的培训，包括青春国学讲堂、青年实用技能培训课堂、青年新媒体运用讲座、青少年心理健康课堂等内容，全面提升青年就业创业的综合素质。此外，开阳县还定期开展心理与职业规划辅导，树立青年正确的就业观。

第四，树立典型，增加就业创业激励。近年来，为了调动青年就业创业的积极性，开阳县不断发掘青年就业创业的典型案例，对成功青年加以表彰，让青年树立信心、增强动力，从而激发青年就业创业的热情。自2008年以来，开阳县每年以评选表彰和报告会的形式推出一批在就业创业过程中表现突出的青年典型，分享这些青年的求职经历，更好地发挥典型引路、典型育人的重大作用，促进青年就业创业。

第五，加大见习基地建设，提供广阔的就业舞台。青年就业创业见习基地建设，是共青团开阳县委服务青年就业创业的一项重要举措，在青年就业创业过程中，可以帮助青年积累工作经验、提高就业创业能力。开阳县先后建立了南江乡龙广村、南江旅游公司两个青年创业就业示范基地，打造了"共青团生态旅游示范基地""共青团绿色茶园基地""共青团磷化工青年见习基地"，为开阳县青年就业创业提供见习实践，增加青年就业工作经验，帮助和鼓励青年自主创业。

参考文献

共青团开阳县委：《关于大力扶持开阳县青年创办微型企业的实施方案》，2013。
共青团开阳县委：《共青团开阳县委2013年促进青年创业就业工作纪实》，2013。
李必兴：《播撒爱心阳光 释放青春活力——开阳县实施"三诊法"扶持社会青年创业就业》，《贵阳日报》2014年9月26日。
共青团开阳县委：《这里的舞台因你而精彩——开阳县四轮驱动服务青年创业就业助推党员创业带富工程》，贵阳党建网，http://www.gzkydj.gov.cn/html/jcdj/djdt/6869.html。

开阳县全面深化医药卫生
体制改革模式创新

摘　要：　随着国家新一轮医药卫生体制改革启动，与全国大多数地区一样，开阳县也拉开深化医药卫生体制改革的序幕。为突出医疗卫生事业的公益性质，把基本医疗卫生制度作为公共产品向全民提供，开阳县加强了基本医疗保障体系、国家基本药物保障体系、公共卫生服务体系、医疗服务体系建设，积极推进县级公立医院综合改革试点工作，各项工作取得显著成效，为全市医药卫生体制改革提供了一个成功的样本。

关键词：　公立医院　综合改革　公益性

近年来，开阳县围绕看病难、看病贵这一主题，以医疗惠民为重点，以医疗卫生机构持续健康发展为中心，注重大胆创新，努力探索，确保各项改革工作取得成效。2012年开阳县被列为全国第一批县级公立医院综合改革试点县，2013年5月，贵阳市在开阳县召开了全市县级公立医院综合改革工作经验交流研讨会，2013年八九月通过省医改办和国务院医改办专家组的评估检查。但是，开阳县医药卫生体制改革仍然处于试点阶段，存在医务人员不足、医务人员素质有待提高、医保基金运行压力较大、经营政策不配套等诸多问题。

自启动医药卫生体制改革以来，开阳县在基本医疗服务、基本药物制度、基本公共卫生均等化方面得到充分体现，基层医疗卫生机构健康发展，卫生工作有序推进。本文对开阳县深化医药卫生体制改革背景、做法与成效进行深入

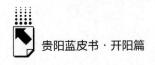

分析。在全面进行医改的大背景下，开阳县在医改工作中的成功经验有着重大的借鉴意义。

一 开阳县医疗资源现状

（一）公共卫生资源与基础设施

开阳县总面积 2026 平方公里，辖 8 镇 8 乡 2 个社区，总人口 43 万。2013 年实现生产总值 126.03 亿元，财政总收入 19.07 亿元，地方财政收入 8.61 亿元，农民人均纯收入 8919 元。2013 年末全县共有卫生机构 449 个，其中医院 8 个、卫生院 16 个，其中医院床位数 1040 张、卫生院床位数 329 张；卫生技术人员 1676 人，其中执业医师和执业助理医师 636 人，注册护士 549 人。全县有疾病控制机构 1 个，卫生技术人员 36 人；妇幼保健机构 1 个，卫生技术人员 24 人；卫生监督机构 1 个，卫生技术人员 9 人。

（二）开阳县医疗基础设施情况

开阳县自 2009 年以来，共建设 5 个县级医疗机构，总建筑面积 44241.63 平方米、总投资 15792.66 万元（资金来源为：中央资金 5539 万元、省级资金 150 万元、县级匹配 10103.66 万元）；共改、扩建 16 家乡镇卫生院，总建筑面积 29017 平方米，总投资 2874.9 万元（中央资金 1315 万元、省级资金 716 万元、市级资金 59 万元、县级资金 784.9 万元）；新建、改扩建村卫生室 102 家，业务用房 16480 平方米，总投资 668.26 万元（中央资金 159.8 万元、省级资金 327.9 万元、县级资金 180.56 万元）。

二 开阳县全面推进医改，提升公立医院服务能力

2012 年 6 月，国家卫生部网站发布《关于确定县级公立医院改革试点县的通知》，确定了 311 个改革试点县。开阳县被国务院医改办纳入全国第一批县级公立医院综合改革试点县之一。2012 年 12 月 1 日，开阳县率先启动了县级公立医院综合改革工作，2013 年 1 月，贵州省政府办公厅印发了《贵州省

县级公立医院综合改革试点工作实施意见》，为开阳县县级公立医院综合改革进一步明确了方向。

（一）强化政府主导，加大财政投入，凸显公立医院公益性质，体现政府办医职能

1. 成立领导组织机构，明确"医改"职责任务

县委、县政府高度重视"医改"工作，成立了由县长任组长，县委副书记、常务副县长和分管副县长为副组长的县级公立医院改革试点工作领导小组；成立了由分管副县长任组长的县级公立医院管理委员会，成立了县级公立医院综合改革试点工作满意度测评工作和质量考核评审等领导小组。县政府出台了《开阳县深化医药卫生体制改革实施意见》和《开阳县县级公立医院综合改革试点工作实施方案》等一系列文件及配套方案，明确了"三升三降四提高五保障"医改目标，为县级公立医院改革有序推进奠定了坚实基础。

三升。一是政府财政投入上升；二是服务总量明显上升，90%以上的病人在县级及县以下医疗机构就医；三是群众对医院服务质量满意度明显上升，满意率达95%以上。

三降。一是医疗服务成本明显下降，在现有基础上下降10%以上；二是群众的医药费用明显下降，在现有基础上下降10%以上；三是病人的转院率明显下降，在现有基础上下降10%以上。

四提高。一是技术服务能力明显提高；二是病人治愈好转率明显提高；三是诊疗服务规范行为明显提高；四是群众健康水平明显提高。

五保障。一是保障困难群众在县级公立医院看得起病；二是保障群众在公立医院100%享受药品零差率优惠政策；三是保障儿童白血病和儿童先天性心脏病的医药费用按100%（新农合承担80%，民政医疗救助20%）比例进行报销，年累计最高报销25万元；四是保障农村重大疾病自付费用超过10000元以上的参合患者全部纳入大病补助对象，年累计最高封顶线40万元（与国家政策相抵触的，按国家政策执行）；五是保障医务人员优绩优效，创先服务。

2. 加大政府财政投入，提供"医改"资金支持

县政府通过多途径、多渠道对医疗卫生机构加大投入，为"医改"工作提供资金支持，突出公立医院的公益性：将每年对医疗卫生机构的基本建设、公共卫生服务、医疗保障等投入纳入财政预算，并逐年增加；提高县级公立医院职工工资，100%承担县级公立医院离退休职工工资；设立特困群众医疗救助专项基金，对特困群众实施专项救助；设立紧急救治经费，用于公立医院实施紧急救治；建立公立医院奖励基金，用于激发医务人员工作积极性；对药品零差率销售实施专项补助，确保药品零差率销售制度长期实施。

3. 改革县级公立医院内部决策运行机制，完善院长负责制，增强公立医院活力

县级公立医院按照管办分开、政事分开原则，重大决策、重要干部任免、重大项目投资、大额资金使用等事项，须经医院领导班子集体决策，由县级公立医院管理委员会研究通过后批准执行。院长由县级公立医院管理委员会提名推荐，组织部门按程序考察、任命；副院长由院长提名推荐，报县级公立医院管理委员会同意，组织部门按程序考察、任命；中层干部由医院院长提名推荐，医院领导班子集体研究聘用，报县级公立医院管理委员会备案。同时，县级公立医院管理委员会要建立以公益性为核心的医院绩效考核管理制度和院长激励约束机制，对院长实行年度考评，推进县级公立医院院长职业化、专业化建设。

（二）创新工作机制减轻群众看病负担

1. 建立诚信借款机制，解决困难群众就诊费用

由县级公立医院与县联社相互协作，开通患者与联社诚信借款业务"绿色通道"。开阳出台了《开阳县"康复通"个人医疗消费贷款推广方案（试行）》，对通过新农合报销补助及民政救济补助后仍存在看病困难的群众启动"康复通"个人医疗消费贷款程序，由患者家庭成员中年满18周岁以上的直系亲属携带相关资料，到所在地农村信用联社即可办理"康复通"个人医疗消费借款业务。通过个人医疗消费借款，解决了无钱医病的问题，实现了在开阳县境内人人能看病的目标。

2. 创新困难救助机制，解决特困群众看病困难

开阳出台了《开阳县县级公立医院综合改革困难群众救助实施方案（试行）》，县级财政每年安排 150 万元预算作为特困群众医疗救助专项基金，用于救助已享受医疗保障补助、民政救助仍不能支付医疗费用或通过签订诚信借款协议没有还款能力的特困群众。经本人申请、相关部门核实、公示后，县医改办将使用医疗救助专项基金对特困群众予以救助。

3. 探索支付方式改革，严格控制医药费用上涨

开阳积极探索新农合支付方式改革，制定并实施了《开阳县单病种包干付费实施方案》《开阳县新型农村合作医疗支付方式改革实施方案（试行）》和《开阳县新农合一般诊疗费总额预付分配实施方案》，在按病种付费的基础上，制定支付方式改革目标，使 95% 的病人享受各医疗卫生机构按人头限额付费政策。坚持"保障群众身体健康"工作原则，督促医疗机构因病施治、合理用药，确保诊断与用药的吻合率达 100%，正确用药率达 90% 以上。对滥用药物、过度检查、超标准收费、超人头限额付费标准等不规范服务行为的医疗卫生机构进行处罚，强化对医疗卫生机构的监管，有效减轻了群众负担。

4. 调整医疗服务价格，拓宽医保报销范围

根据《贵州省物价局关于对开阳县县级公立医院医药价格调整方案的批复》文件精神，开阳县提高了县级公立医院诊查、护理、手术、中医、床位五类 75 项服务价格，降低 12 项大型医用设备检查治疗和检验类收费价格，同时将所提高的 75 项医疗服务项目全部纳入医保报销范围，不增加群众的医疗服务费用。

5. 实施药价平进平出，减轻群众医疗费用负担

县、乡、村公立医疗机构所有药品（除中药饮片外）全部实现药品零差率销售，实行药品价格平进平出，降低群众医药费用。

（三）完善管理体系，提升公立医院服务能力

1. 建立激励奖励机制，提升医院综合服务能力

开阳县制定并实施了《开阳县县级公立医院综合改革政府奖励实施方案（试行）》，明确县级财政每年安排 200 万元预算用于建立公立医院奖励基金。

通过对公立医院在群众满意度、医疗单位服务数量、质量、技术创新、成本控制、次均医药费用控制、医德医风、服务行为规范、群众满意度等多方面进行考核对公立医院进行奖励，充分调动职工工作积极性，提高医院综合服务能力。

2. 建立人才引进制度，完善医院收入分配制度

根据《关于印发〈开阳县事业单位岗位设置管理工作实施意见〉的通知》《开阳县编委关于建立县级公立医院编制动态管理机制工作的意见》和《开阳县县级公立医院人事制度改革实施方案（试行）》等文件要求，分别核定了县三家县级公立医院的级别、人员编制、床位数等。根据审批的"三定"方案和县级公立医院人事制度改革方案要求，通过公开招考和人才引进两种方式充实县级公立医院人才队伍。各县级公立医院制定并实施《绩效考核办法》和《岗位管理办法》等措施，实施绩效考核、优绩优效。按照"按需设岗、竞聘上岗、按岗聘用、合同管理"的原则，将身份管理转为岗位管理。将医务人员收入与医疗服务数量、质量、技术难度、成本控制、医德医风、群众满意度等挂钩，坚持"多劳多得、优绩优酬、同工同酬"的分配原则，优先提高临床一线医护人员、关键岗位、业务骨干和有突出贡献的人员待遇，调动医务人员积极性。

3. 建立医院管理体系，确保公立医院健康运行

成立县级公立医院管理委员会，强化政府办医职能，实行管办分开。管委会负责提名推荐县级公立医院院长，制定院长选聘办法，监督院长选举产生过程；与院长签订任期目标责任书，对院长进行任期目标考核；对经县公立医院领导班子集体决策同意的县级公立医院重大事项进行审核；制定医院工作业绩评定和奖惩办法、医院发展规划和目标方案，对医院的技术质量、服务质量和目标完成情况进行全方位监管，确保县级公立医院健康运行，实现改革目标。

4. 建立医院规划体系，明确三家医院功能定位

明确各县级公立医院定位，充分发挥县级公立医院对全县医疗事业的引领作用和农村三级网络的龙头作用。在提高县人民医院综合技术服务能力基础上努力打造县人民医院特色专科，使县人民医院发挥专科特色和品牌效应；努力打造中西医结合医院中医药专科医院特色；努力打造县妇幼保健院专科医院特色，重点开展县妇幼保健院在全县妇女儿童保健方面的指导培训工作，发挥县妇幼保健院在妇女儿童疾病诊疗专科特色上的品牌效应。

5. 建立医院协作机制，加强医院对口帮扶协作

建立和完善县级公立医院与三级医院、二级医院和乡镇卫生院之间的分工协作机制，加强县级公立医院与县域民营医院共享医疗资源的横向联系，以实现优质医疗资源最有效利用。以县级公立医院结对帮扶乡镇卫生院为工作重点，积极探索建立乡镇卫生院结对帮扶村卫生室机制，不断推进和完善县、乡、村一体化改革。组建医疗技术创新与开发团队，选择学科带头人，创新开发新技术，提升医疗技术服务能力。建立县级公立医院医疗技术专家组和全县卫生系统离退休医师志愿巡诊工作领导小组，积极开展专家会诊、知名专家下乡坐诊、双向挂职锻炼、定期进修、全员培训等工作，以团队帮扶形式，大力推进分级医疗，双向转诊，着力提高基层医院的服务能力和水平，提升全县医疗卫生服务水平。

（四）建立考评体系，注重实际反馈

为完善"医改"机制，巩固"医改"成效，开阳县成立县级公立医院综合改革试点工作满意度测评工作、质量考核评审领导小组，建立起县级公立医院综合改革满意度评价、财务风险能力评价、群众身体健康评价三大指标体系。

一是满意度评价指标：主要以群众满意度为主，结合医院满意度和政府满意度进行评价。

二是财务风险能力评价指标：以县级公立医院收入、支出、财政投入分析为主，结合群众门急诊、住院次均费用、医疗服务成本、药品及耗材采购成本、管理成本等指标进行综合评价。

三是群众身体健康评价指标：以县级公立医院的综合服务能力为主，结合门急诊率、住院率、平均住院日、转院率等指标进行综合评价。

三　扎实推进新农合医保体系建设

（一）新农合基本医疗保障体系不断完善

开阳县实施了"门诊+住院"新农合统筹模式，进一步完善新农合制度，

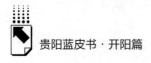

扩大疾病保障面，杜绝了群众就近就医难和小病拖成大病的问题，群众满意率达99%以上。

（二）支付方式改革控费效果明显

根据《贵州省新型农村合作医疗支付方式改革实施方案》（黔合医办发〔2013〕4号）和《关于对新农合一般诊费实行门诊总额预付包干使用的通知》（黔合医办发〔2012〕16号）文件精神，开阳县卫生系统制定了《开阳县基层医疗卫生机构新农合一般诊疗费总额预付分配实施方案》，将现有的挂号费、诊查费、注射费（含静脉输液费，不含药品费）以及药事服务成本合并为一般诊疗费，不再单设药事服务费，并将调整的一般诊疗费全部纳入新农合报销。参合农民在乡镇卫生院、村卫生室就诊按每人次疗程补助8元或5元，让参合群众享受零诊疗费的服务。合管机构每月根据基层医疗机构的服务人次，乡镇卫生院、村卫生室按每人次疗程补助5元或3元，门诊总额预付中按月基础性补助、季度考核性补助、年奖性补助方式兑现乡、村医疗卫生机构一般诊疗费，杜绝了以往输液、注射越多收入越高的过度医疗服务现象，引导群众在基层卫生机构看病就医，有效提升了群众对基层医疗卫生机构服务满意率，达90%以上。乡镇卫生院门诊、住院次均医药费在改革前的基础上分别下降了14%、19.03%；村卫生室次均费用控制在16元左右；基层医疗卫生机构抗生素的使用率不到15%，激素的使用率不到1%、输液率不到15%、注射率不到25%。2013年新农合数据显示，群众在乡镇卫生院、村卫生室就诊人次占总服务人次的87.6%。

四　推进公共卫生服务均等化服务

开阳县先后制定了《开阳县基本公共卫生服务实施方案》《开阳县基本公共卫生服务项目补助资金管理办法》和《开阳县基本公共卫生服务项目绩效考核实施办法》，机关部门明确职责并要求熟练掌握工作内容、任务指标、考核标准与办法、经费使用等，促进了项目工作向管理制度化、服务规范化方向发展。基本公共卫生服务补助经费由2009年的每人15元提升到2013年每人30元。严格按照项目经费"先预拨、后结算"的管理规定，采取年初预拨20%、半年预拨40%的机制。每季度、半年、年终对乡、村进行考核后,结算各乡镇项目经费。针对边远乡、村工作的艰苦情况,在结算拨付项目经费时,采取工作完成质量、任务和艰苦程度相结合的机制,以奖励的方式加以倾斜,在体现多劳多得的同时,还体现出边远地区工作艰苦所付出的价值,以便更好全面地推进项目工作。2013年基本公共卫生服务项目经费共计1094.42万元(其中,中央资金861万元、省级资金70万元、市级资金123.42万元、县级资金40万元)。分三次预拨付经费972万元(分别为3月预拨207万元、6月预拨400万元、11月预拨365万元),12月底根据考核情况下拨决算经费123.42万元,全年共计下拨经费1095.42万元。

五 基层医疗卫生服务体系逐步完善

(一)卫生基础设施明显改善,医疗环境逐步优化

开阳县累计获上级资金建设项目123个,总建筑面积为70624.83平方米、总投资1.9亿元。其中,县级医疗机构5个,乡镇卫生院改扩建16个,村卫生室改扩建项目102个。

(二)医疗卫生专业技术人才队伍建设逐步优化

一是人才引进。根据《关于印发〈开阳县事业单位岗位设置管理工作实施意见〉的通知》《开阳县编委关于建立县级公立医院编制动态管理机制工作的意见》和《开阳县县级公立医院人事制度改革实施方案(试行)》等文件要求,开阳县分别核定了乡镇卫生院人员编制、床位数等。对短缺专业人才的招考努力争取上级部门的政策支持,争取用三年的时间完成缺编比例70%的招考任务,确保具备优秀专业素质的人才充实到基层卫生人才队伍。

二是人才培训、培养。2009年以来,开阳县共投入医疗人才培训经费37.2万元,各级各类人才培养和培训12069人次,主要采取以下方式:其一,建立了分级培训考核制度,五年来,共培训县级技术人员48人次,乡镇卫生院技术人员5168人次,村卫生室技术人员6824人次,考核合格率为100%;

其二，加强与省内外医院联系帮扶，采用送出去、引进来的办法提高医疗技术水平，诸暨市人民医院、贵阳市妇幼保健院与县人民医院建立了长期帮扶机制，省中医二附院与县中西医结合医院建立了长期帮扶机制；其三，持续加大县级医院对乡镇卫生院的帮扶力度，三年来共计派遣42人到乡镇卫生院进行帮扶；其四，充分发挥县卫生职业学校教学功能特点，实行季度巡讲培训制；其五，依托省厅开展的招聘执业医师下乡项目，共计招聘9名执业医师到乡镇卫生院工作；其六，开展乡镇全科医生转岗培训，共计培训18人次；其七，利用农村定向医学生免费培养项目共计招生15人。

三是完善医院收入分配制度。按照"按需设岗、竞聘上岗、按岗聘用、合同管理"的原则，将身份管理转为岗位管理。将医务人员收入与医疗服务数量、质量、技术难度、成本控制、医德医风、群众满意度等挂钩，优先提高临床一线医护人员、关键岗位、业务骨干和有突出贡献的人员待遇，调动医务人员积极性。在实行绩效工资后，较改革前，医务人员的平均工资增幅达66.95%，进一步提高了医务工作者的积极性。

四是完善各项补助措施，确保乡村医生队伍稳定。探索建立了村医工作补助明白卡，不断完善各项补助措施，提高了奖励和边远地区补助标准，多渠道增加村医的收入，确保网底不破。村医最低收入每月在2300元以上，平均收入每月在3200元左右。

六 巩固完善基本药物制度

（一）建立药品供应保障体系

开阳是出台了《开阳县县级公立医院综合改革药品零差率补助分配方案》《进一步加强医疗卫生机构药品集中采购管理的通知》《进一步加强开阳县新农合定点医疗卫生机构报销管理规定的通知》等文件，规范了县、乡、村三级医疗卫生机构的药品采购渠道，县级医院、乡镇卫生院均在贵州省医药集中采购平台采购国家基本药物、省增补药物和非基本药物，卫生室药品由乡镇卫生院统一代购，药品价格平进平出，乡、村两级医疗机构100%使用国家基本药物和省增补药物，县级公立医院全面配备并优先使用基本药物，基本药物使用率达70%以上，配备的基本药物品种数达70%以上，基本药物销售金额达到药品销售总额 30% 以上。对于符合条件的基层民营医疗机构纳入新农合定点单位，对其所提供的基本医疗服务按规定给予补偿。2010 年国家基本药物目录 307 种，2011 年省增补品种 110 种，基本药物品种共计 417 种，2013 年国家与省增补基本药物品种达到 955 种，乡、村两级医疗机构 100% 使用国家基本药物和省增补药物。

（二）进一步完善药品零差率销售补偿机制

基层医疗机构所有药品（除中药饮片外）全部实行零差率销售后，根据省、市《基本药物制度和基层运行新机制实施方案》相关文件精神，结合开阳县实际，采取"以奖代补"方式，制定并实施了《开阳县基本药物制度补偿金分配方案（试行)》，对实施国家基本药物制度的基层医疗卫生机构采取每月基础补助加半年考核补助，年终按绩效考核进行补助的方式。2013 年开阳县医疗系统探索建立了药品零差率"以奖代补"新机制，实行"基础分配 + 季度考核性补助 + 年终奖励补助"对乡、村医疗卫生机构进行基本药物补偿。通过实施基本药物制度，乡、村两级基本药物价格更加公开透明，大部分药品价格明显下降，有效地截断基层医疗卫生机构以药养医链条，规范医疗机构诊疗行为，合理诊断、合理用药，保障群众健康，让群众真正享受到基本药物制度带来的实惠。

七 改革实现公立医院服务能力、业务收入双提升

经过多年的改革探索，开阳县的医药卫生体制改革取得了显著成效。基本医疗服务、基本药物制度、基本公共卫生均等化服务等得到充分体现，医疗卫生机构持续健康发展，队伍稳定，县级公立医院综合改革试点工作有序推进，得到广大人民群众的拥护和支持。

（一）县级公立医院综合改革试点推进

一是政府办医职能明显体现。2013 年财政对县级公立医院补助共计 5539 万元，比 2012 年（2212.87 万元）增长 150.31%，其中，药品零差率销售补

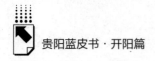

助 300 万元，学科建设补助 10 万元，人才培养补助 5 万元，奖励基金 200 万元，困难群众医疗实际补助 80 余万元，基础设施建设补助 2100 余万元，中央专项资金补助 300 万元，医疗设备购置补助 700 余万元。

二是服务能力、业务收入双提升。2013 年与 2012 年同期比较，门急诊人次上升 26.2%、住院人次上升 30.48%、门诊医药费用上升 22.56%，住院医药费用上升 29.52%，实现 95% 以上的病人在县域医疗卫生机构看病就医的目标。

三是群众就诊费用降低。实施全部药品（中药饮片除外）零差率销售工作，减轻群众负担 625.59 万元，惠及群众 32 万余人次，2013 年与 2012 年同期比较，门诊、住院次均医药费下降 2.88%、0.73%，门诊、住院次均药费下降 8.98%、6.46%。

四是困难群众医疗救助、"康复通"群众诚信借款机制的实施，使看病难的问题得到有效解决。2013 年，救助特困群众 70 人次，金额 80 余万元；"康复通"群众诚信借款 416 人次，金额 739.57 万元。

（二）基本医疗保障体系进一步完善

新农合参合人数由 2006 年的 265799 人，提高到 2014 年的 359417 人，参合率由 2006 年的 74.42% 提升为 2014 年的 98.65%。2014 年，开阳县城镇基本医疗保险参保率达 93%。目前，开阳县基本实现了小病不出村、一般病不出乡、大病不出县的目标。

（三）基本公共卫生服务质量逐步提升

居民健康档案建档率累计为 89.48%；电子档案建档率为 71.66%，累计完成老年人健康档案建档率 95.94%，每年免费对辖区慢性病患者和老年人进行健康体检、健康生活方式指导，进一步提高了群众主动就诊和自我保健意识，有效预防和控制主要传染病及慢性病，让广大群众切实享受到公共卫生服务惠民政策；各疫苗基础免疫和加强免疫报告接种率均在 99% 以上；传染病及突发公共卫生事件报告和处理及时有效，全年无重大突发公共卫生事件；0～6 岁儿童、孕产妇得到规范化管护；农村宴席监管措施有效，近 5 年来，全县未发生重大食品安全事件。

（四）基本药物制度逐步完善

2010 年 5 月至 2013 年基层医疗卫生机构共计采购基本药物约 9325.17 万元，销售药品约 8400.29 万元，惠及群众约 490.84 万人次，按 15％加成计算，受益金额约 1260.04 万元〔未包括药品集中招标采购后，招标药品价格下降（18％左右）给群众带来实惠〕；通过建立药品零差率补偿机制，采取"以奖代补"方式，落实各级政府基本药物补助资金 2039.36 万元。

（五）群众满意度明显提升

2014 年 1 月县两会期间，县卫生局和食品药品监督管理局对县人大代表和县政协委员进行满意度测评：两会代表对药品实行零差率销售满意度为98.6％，药品费用降低满意率为 92.02％，新农合制度满意率为 99.15％，县级公立医院、基层医疗卫生机构的服务态度满意率分别为 95.1％、91.40％。

八　经验启示

一是做好顶层设计是医药改革成功的关键。医改是一项复杂的系统工程，是一个世界性的难题，没有县党委、政府的高度重视和强力推进，是不可能成功的。为此，开阳县政府专门成立了由县长担任组长，常务和分管副县长任副组长的深化医药卫生体制工作领导小组。成立了由分管副县长担任组长，政府办、发改局局长与卫生和食品药品监督管理局局长任副组长的县级公立医院管理委员会。明确了开阳县的医改目标和部门工作职责，管理委员会负责对公立医院规划布局、资产管理、财政投入规模及方向、重要政策制定及审定等事宜。建立了医改例会制度，定期研究、安排和推进医改工作。县政府出台了《开阳县深化医药卫生体制改革实施意见》和《开阳县县级公立医院综合改革试点工作实施方案》等文件，确保县级公立医院改革有序推进。

二是创新工作思路，建立医改配套制度措施，是改革成功的核心。医改是涉及多方利益的改革，要实现群众得实惠，医院得发展，政府得民心三方共赢的局面，离不开相应的配套制度措施保障，通过领导多次深入调研，制定并出台了《开阳县县级公立医院综合改革政府奖励实施方案》《开阳县县级公立医院综合改革药品零差率销售补助实施方案》《开阳县困难群众医疗救助实施方案》《开阳县新型农村合作医疗支付方式改革实施方案》《开阳县乡、村两级基层医疗卫生机构基本药物制度补偿分配方案》《开阳县基层医疗卫生机构新农合一般诊疗费总额预付分配实施方案》《开阳县基本公共卫生服务项目绩效考核实施办法》等一系列配套文件，为医改工作奠定了坚实的基础。同时政府增加了对县级公立医院的投入，建立了激励奖励机制，提高了医务人员的工作积极性，医院的服务效率得到提升，医院也得到持续健康发展；县级主管部门加强了对医院的监督管理，促使医院改变内部运行机制，节约运行成本，主动控费，有效地降低了群众的医疗费用，再加上药品实施零差率销售，让群众享受到了医改带来的实惠；政府在着力解决看病难、看病贵这一关键问题上措施有力，保障困难群众在县域内的公立医疗机构看得上病，住得上院，群众的满意度逐步提升。

三是落实责任制，确保新的体制机制有效运行。扎实推进基层医改，不仅需要制定切实可行的政策措施，加大投入力度，更重要的是各级政府各有关部门应明确责任，加强督导，严格考核，使各项改革任务真正落到实处。开阳县政府与有关部门明确各自责任，层层落实了责任。医院改革试点工作所需的专项经费和工作经费的保障、审计到医改工作的监督测评都有相关部门负责。开阳县政府主要负责人亲自主持召开乡村医生座谈会，听取医务人员的意见和建议，解决实际问题。同时，县政府分管领导深入每个乡镇卫生院和每个村卫生室实地开展调研、督查、指导。

四是强化政府投入，是医药改革成功的保障。医药卫生体制改革的主体是政府，上级财政的投入远不能满足政府工作的需要。为保障医改工作有序进行，开阳县财政每年对医疗卫生机构的基本建设、公共卫生服务、医疗保障等投入纳入财政预算，并逐年增加；提高县级公立医院职工工资，100%承担基层医疗卫生机构职工工资和县级公立医院、乡镇卫生院离退休职工工资；公立医院的债务由政府逐年偿还，禁止医院举债建设。这些措施为医改提供了强有力的资金保障。

参考文献

开阳县人民政府办公室：《开阳县县级公立医院综合改革试点工作实施方案》，开阳县人民政府公众信息网，http：//www. kygov. gov. cn/KYGK/B/01/429. shtml。

开阳县人民政府办公室：《开阳县县级公立医院综合改革药品零差率补助实施方案（试行）》，开阳县人民政府公众信息网，http：//www. kygov. gov. cn/web131/ggfw/ylws/zcfg/36574. shtml。

贵州省人民政府办公厅：《贵州省县级公立医院综合改革试点工作实施意见》，中国残疾人服务网，http：//www. cdpsn. org. cn/policy/dt202l35554. htm。

开阳县人民政府：《关于开阳县县级公立医院综合改革工作开展情况报告》，开阳县人民政府公众信息网，http：//www. kygov. gov. cn/KYGK/B/01/429. shtml。

开阳县政研室：《开阳县医疗行业材料汇编》，2014。

B.18

"领头雁"工程助推基层党组织建设

摘　要：　基层党组织的建设是党的整个执政能力体系的重要组成部分，是执政能力建设的落脚点。近年来，为发挥基层党组织战斗堡垒作用，开阳县大力实施"领头雁"工程；探索建立村干部双重管理机制；加强与群众联系，建立互动机制；增加群众收入等一系列措施强化基层党组织建设，使基层党组织领导能力不断提升，使组织工作满意度"进档升位"。

关键词：　"领头雁"工程　基层党组织建设　集体经济

为解决基层党组织长期存在的软弱涣散、服务意识不强等诸多问题，党的十七届四中全会将加强和改进党的基层组织建设作为提高党的执政能力，全面推进党的建设的伟大工程。党的十八大报告提出以服务群众、做群众工作为主要任务，加强基层服务型党组织建设。各个省市也都出台了相应的政策措施加强基层党组织建设，但基层党组织建设仍然存在机制不够健全等问题。

近年来，开阳县采取一系列措施加强基层党组织建设，先后荣获"全国创先争优先进县党委"与"全省基层组织建设先进县"荣誉称号。本文对开阳县探索基层党组织建设的做法及成效进行深入分析，形成开阳县特色的基层党组织建设模式，借此为中国的基层党组织建设提供一种新的发展思路。

一　以"领头雁"工程为核心，全面加强基层党组织建设

（一）强基固本，推动基层党建力量凝聚

1. 推行领导责任制，形成推动基层党建工作核心力量

开阳县实行县级领导基层党建包片联系、基层党委书记向县委和基层党员

"双向述职"等制度,配齐配强基层抓党建工作的机构和人员力量。要求各乡(镇、社区)党委书记履行第一责任人的责任,亲自安排、亲自过问基层党建工作,掌握党建动态,研究解决问题,形成推动基层党建工作的核心力量。

2. 加强活动场所建设,为广大党员提供学习舞台

将村级综合楼改造提升工程列为县委、县政府"十件实事"之一来抓,自加压力,在市委组织部要求两年完成的基础上,多方筹集资金1760余万元,提前一年全面保质保量完成改造提升工作,旗杆、党徽、村级综合楼标识、村务公开栏设置率、综合楼正面颜色统一率均达到100%。使广大党员学习有场所、活动有阵地、作用发挥有舞台。

3. 建立村干部报酬机制,提升村干部工作积极性

针对基层党建工作"责、权、利"不统一的情况,建立完善村干部报酬、养老保险以及党内激励、关怀、帮扶机制,村干部最高报酬从原来的950元提高到目前的1800元,在市未明确社区干部调整报酬的情况下,将13个居委会干部的报酬与村干部同等落实。2014年元旦春节、"七一"及"十一"等节日共划拨16万余元对困难党员、老党员等开展慰问,使他们切实感受到党的温暖。积极为村干部搭建更高的发展平台,先后有12名村干部被录取为公务员,5名村干部被事业单位录用,极大地激发了村干部干事创业的激情。

4. 加强基层党建示范点建设,以点带面整体推进

致力于集中整合,发挥示范点集群连片推进优势,以"同心共建·同步小康"为主题,整合捆绑各块补助资金和划拨县管党费共100余万元,打造两条党建示范长廊,集中展示基层组织建设亮点成果,实现以点带面,整体推进,带动提升全县基层党建科学化水平。一条长廊是以重点突出带动群众致富能力、产业结构转型成果等因素,围绕全国农业旅游示范点"十里画廊"景区,连接苗寨村党支部、南江峡谷有限公司党支部、龙广村党支部等8个示范点的"十里画廊·十里党建"示范长廊;另一条长廊是以重点突出服务工业发展、提升机关效能等因素,围绕磷煤化工示范基地、县城机关事业单位,连接路发公司党支部、三合村党支部、紫兴社区党委等14个示范点的"实力开阳·魅力党建"示范长廊。这项工作得到了市委组织部的肯定和推广。

（二）加强领导队伍建设，增强农村发展引领力

1. 大力实施"领头雁"工程，选优配强领头雁

开阳县以第九届村级组织换届为契机，扎实开展"领头雁"工程，按照致力打造一支"有公心、闯劲足、敢担当"的农村好干部的要求，严格资格预审，拓宽用人渠道，顺利推选出238名村党支部书记（副书记）、293名村委会主任（副主任），在学历、经历、能力等结构上得到了进一步优化，具有致富带头能力的占到67%，15个县级创业带富基地中，村党组织书记领办的就有10个。2013年11月8日，根据省委组织部安排，由县委书记马磊代表贵州省赴成都参加中组部召开的"6省区市村'两委'换届中选好村党组织带头人座谈会"，并进行交流发言；2014年1月22日《人民日报》第11版刊登了以《贵州开阳能人治村选出108名"领头雁"》为题的文章，对开阳县第九届村（居）党组织换届选举工作作了相应报道。

2. 强化村干部培训，全方位提升村干部的能力

开阳县在坚持每年轮训的同时，通过把村干部纳入较高层次干部培训班、开展异村挂职等措施，全方位提升村干部的能力。以基层党校、产业基地为主阵地，采取"请进来＋走出去""集中辅导＋实地观摩""基地培训＋个别指导"等方式，对村干部进行种养、加工等农村实用技能及法律、市场营销、群众工作等知识的培训，致力打造一支致富带富能力强、办事公道正派、善于做群众工作的村干部队伍。比如，在举办开阳县党的十八届三中全会和党的群众路线教育实践活动科级干部轮训班中，把125个村（居）党支部书记全部纳入此次培训，培训干部700余人。在第九届村级组织换届选举后，开办了2期新任村党组织书记能力提升专题培训班，培训干部500余人。

3. 探索村干部双重管理机制，县委组织部可直接管理

大胆尝试、勇于创新，参考干部双重管理机制，变通拓展运用到村干部队伍建设中。制定并试行县委组织部与乡镇党委双重管理村党组织书记办法，促使村党组织书记自律、自重、自警、自省。开阳县设置了违反计划生育、工作不力、涉黑涉恶、出现重大失误等10条纪律"高压线"，对触碰"高压线"的村党组织书记，县委组织部可按照规定直接进行处理，延长了组织部门的"手"，撑起了乡镇党委的"腰"，管住了村党组织书记的"心"。比如，某镇

一名拟作为候选人的在任村干部被群众举报存在经济问题，县委组织部在纪委和司法部门介入调查后，按照办法规定及时对其进行了停职处理。

4. 加强基层人才储备，壮大"领头雁"队伍力量

开阳县党建工作还致力于增强基层组织建设后劲，努力把那些虽然有意向参与竞选，但因种种原因退出竞选、在推荐环节没有列入建议人选的对象，采取将其派到村监委会远程教育管理员、计生专干、村民组长岗位上培养等方式，引导他们开展适岗锻炼，为壮大农村"领头雁"队伍储备力量。选举结束后，开阳共储备村党组织书记培养对象121人，其中45周岁以下92人，大专以上学历47人，女性34人。

（三）加强基层组织整顿

1. 以问题为导向，采取"一支部一策"分类处理

以党的群众路线教育实践活动为契机，通过座谈讨论、发放征求意见表、走访调查、民情恳谈等形式，广征意见，切实找准问题的关键和重点。以问题为导向，因地制宜，采取"一支部一策"的方式，对照制定符合当地实际的整改措施，让每一个软弱涣散基层党组织按时实现改造升级。全县30个软弱涣散党组织共制订整顿方案30个，撰写分析报告30份，均为"第一书记"和支部书记共同草拟。梳理出125个问题，根据问题关键所在，共分类提出248项整改措施。同时，针对一些软弱涣散村的突出问题进行专项治理。

2. 坚持上下联动，县级领导定期实施督查和指导

开阳县明确13名县级领导主动抓，定期深入软弱涣散村指导和督查，督促其整顿提高。16名乡镇党委书记亲自抓，帮助他们理清发展思路，完善整改措施，有针对性部署、安排、推动整顿工作。30名"第一书记"具体抓，与两委"班子"、党员群众共同探讨发展话题，出点子、传信息、争项目，帮助基层用政策和市场的手段推动发展。125名驻村干部协助抓，给他们提要求、压担子、派任务，积极争取派出单位从资金、资源、发展项目等方面给予帮扶和支持，着力解决实际困难和问题。全县党员干部配合抓，要求乡（镇）联系村领导班子成员、包村干部、党员干部职工、村"两委"成员深化走访活动，切实了解群众困难和问题，办实事、办好事。要求县直各部门按照自身职能职责加大各方面支持力度，着力帮助软弱涣散村启动一批产业发展、基础

设施建设及重大民生项目，为党组织软弱涣散的村集体经济发展、农民增收致富创造条件。截至目前，党员干部累计走访群众35037人次，协调和实施项目84个，落实帮扶资金4234.2万元，帮助解决困难和问题107个，办理实事472件，为30个软弱涣散党组织按时完成整顿转换工作提供了坚实保障。

3. 加强对软弱涣散村的干部队伍培训，发挥示范榜样带动效应

联系县领导、乡镇党委书记、村"第一书记"与软弱涣散村"两委"班子成员深入交心谈心，为村"两委"成员"打气""提神"，使他们扩展思路、乐于奉献、谋求发展。对软弱涣散村的党支部书记进行专题培训，利用县委党校三合村分校开办"践宗旨、转观念、提能力"专题培训班，对全县30个软弱涣散基层党组织书记、第一书记共57人进行了培训，并成功承办了全市软弱涣散基层党组织书记培训班，培训干部54人。同时，发挥示范榜样带动效应，以"先进带后进、富强帮软弱"的方式，借用先进典型，用身边的组织、身边的人，鼓舞激励软弱涣散党组织，催其奋进。

4. 建立长效机制，推动基层党组织建设不断上台阶

对软弱涣散党组织整顿情况实行月报制度，及时掌握整顿进度。在整顿过程中形成的好做法、好措施，进行认真总结分析、宣传。把党务村务财务公开、民主集中制、集体经济发展、"三会一评"等要素列为党建年度考核重要指标，使软弱涣散党组织各项工作步入正常化、规范化、制度化轨道。整顿工作结束后，按适当比例，每年年初开展一次分析排查和摸底排队，形成晋位常态制，切实推动基层党组织建设不断上台阶、上水平，巩固基层战斗堡垒。

（四）提高服务水平，提升群众满意度

1. 组建驻村工作组，以实际行动帮扶村民发展

以"七同共驻"（即同心宣讲明政策、同行成队进乡村、同筑堡垒夯基础、同助发展促跨越、同帮民生稳社会、同甘共苦融亲情、同建制度强保障）为抓手，先后选派367名机关干部和组建67个驻村工作组进驻村开展工作。把改善民生作为检验驻村挂帮工作成效的"试金石"，以实际行动惠及幸福民生。截至目前，帮助农村争取实施项目351个，协调各类资金6207万元，化解矛盾纠纷2732起，为群众办理实事5471件。2013年2月，省委常委、省委

组织部孙永春部长到开阳县调研同步小康驻村工作，对其取得的成效给予了高度评价并做出肯定批示，时任省委副书记李军，市委常委、市委组织部刘俊部长先后给予书面表扬；2013 年 5 月，圆满承办了全省同步小康驻村工作（贵阳片区）现场推进会。会后水城县、关岭县、白云区、花溪区、清镇市先后到开阳县考察交流。

2. 拓宽群众服务范围，实现党的工作全覆盖

在社区，将所辖区域共划分为 66 个网格，每个网格配备 1 名网格管理员、1 名网格民警，在网格居民党员中选配 1 名党小组长。网格管理员实行"全科医生"的工作方式。同时，对楼群院落、居民小区推荐优秀党员或德高望重的居民负责，加强对就近党员、居民的管理和服务，实现社区秩序良好，社会和谐稳定。在农村，推进农村网格化管理，以自然村寨或片区为单位，划分网格，实行"一格六员"（便民代办员、人民调解员、治安巡逻员、政策宣传员、信息收集员、党建特派员）模式，延伸农村治理触角和毛细血管。同时，整合利用现有资源，在 125 个村（居）建立群众工作室，安排村支"两委"成员、村民小组组长、驻村干部等承接和办理群众反映的问题，让群众"话有地方说、事有地方办、困难有人帮、问题有人管"。在非公企业，258 家采取企业单建、行业联建、区域联建、挂靠组建的方式，单独组建党组织 50 个，联合组建党组织 5 个。在社会组织，20 家采取单建、"社会组织 + 村（居）党支部"挂靠组建的方式，单独组建党组织 15 个，挂靠组建党组织 5 个，实现了非公企业和社会组织党的建设和党的工作全覆盖。

3. 强化社区共驻共建，党员主动参与建设服务群众

深化党员到社区报到开展志愿服务活动，组织全县党员干部集体到社区报到、认领岗位，在八小时外主动参与社区建设，积极为社区献策献计，奉献社区、服务群众。截至目前，在职党员到社区报到的共有 2555 名，认领岗位共计 2788 个，累计开展各类活动千余次。比如，县司法局派司法人员驻社区服务大厅工作，累计为居民提供咨询服务 300 人（次），参与社区调解矛盾纠纷 32 件，开展法律法规宣传 17 次；组织报到党员成立夜间巡逻分队，对开阳县各区域两抢一盗犯罪、违法违章建筑等方面进行巡逻 200 余次。

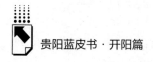

（五）打造"四个品牌"，创新与群众的互动机制

1. 开展"基层夜话"，党员干部与群众面对面交流

坚持从群众中来、到群众中去，县、乡、村三级党员干部利用"夜闲"时间走村入户，与群众"零距离"接触，面对面、心贴心交流，"话政策、释疑惑，话发展、助致富，话民生、办实事，话稳定、促和谐，话感恩、图自强"，树立了党员干部新形象，架起了干群沟通的连心桥。目前，全县开展"基层夜话"2800 余场次，入户走访群众 4.5 万余户，为村组引进资金 4700 余万元，解决人畜饮水、道路维修、村容村貌整治等问题 523 件，让群众深切感受到了"基层夜话"带来的变化。

2. 开展"五进五问五对照"，走进基层广征意见

党员干部通过面对面、背靠背、走出去、请进来等方式，走进基层群众、辖区企业、基层单位、退休干部、代表委员，问作风、问民生、问诉求、问机制、问发展，把对照是否突出问题导向、是否聚焦干部作风、是否开门征求意见、是否回应群众关切、是否开展交心谈心作为征求意见的"硬杠杠"，广泛收集意见建议，为民主生活会和整改落实做好铺垫。全县累计征求原汁原味意见建议 6681 条，"四风"问题 2746 条。

3. 实施"5项工程25项任务"，为群众办实事办好事

以"五个要有"为标尺，深入实施"提神醒脑、三公为要、和谐为民、牵手连心、强村富民"五项工程，积极推行党务村务财务"三公开""维稳工作以村为主、计生工作以村为主、创卫工作以村为主"新型治理模式，一系列贴近群众的创新活动扎实推进，在群众"家门口"取得显著成效。

4. 采取"五回应、五落实、五满意"措施解决群众诉求

在第三环节中，按照"三聚焦、六检查"的要求，针对整改落实提出了"五回应、五落实、五满意"要求，明确整改的方向、重点和目标，强化问题导向，着力解决群众反映强烈的突出问题，把群众满意作为开展活动的出发点、着力点和落脚点，确保整改落实取得实效。以上"四个品牌"，得到了中央第四巡回督导组的充分肯定，指出"四个品牌"很有特色，特别强调"基层夜话"是创新之举、效果很好。同时，部分乡（镇）也做出了自己的特色。比如，米坪乡"走田坎、跨门槛、进心坎"活动；还有毛云乡以"听民意、

察民情、排民忧、解民难、帮民富"为主要内容，以"保姆式服务"意识开展的"党员保姆进农家"活动；双流镇三合村党支部提出的"合力富民合群惠民合心聚民"的"三合工作法"等。

（六）打破传统，着力壮大村集体经济

1. 三种收入方式并存，拓宽集体经济盈利渠道

指导和引导每个行政村集体经济实体以集体控股主导经营、集体占股参与经营、集体无股不参与经营三种方式获取利润收入，互相不受影响和制约，最大限度拓展盈利空间。目前，全县实现村级集体控股51%以上或全资的经济实体有85个，村集体入股一个或多个其他经济实体进行占股而不控股的有46个，另有74个村集体属于经济收入部分或全部来源于集体无股不参与经营类型。

2. 四项规定办法同管，促进集体经济健康运行

从明确股权配置及转让、明确集体经济收入奖励、优化财务管理、星级评定考核四个方面分别制定了相关规定和制度，确保集体经济持续健康发展。以村级集体经济奖励办法为例，在股东按照股权进行收益分红之后，针对收入类别、纯利润的多少、年终绩效考核等多方面情况，按照营业性收入和非营利性收入的一定比例奖励给村干部，对村年经营性收入200万元以上和500万元以上的，村支书、主任可分别对应按副主任科员、主任科员级别领取报酬，有效提高了村干部发展壮大村集体经济的积极性。

3. 八种发展模式并行，找准集体经济发展定位

结合各村情、乡情，帮助理清发展思路，明晰自身发展优势和短板，探索多种发展模式，实现"一村一策，一策多类"的多种发展模式。目前全县112个经济实体发展模式主要分为生产加工、精品养殖、规模种植、环节经营、营销引导、工程施工、社区服务、设施租赁8种类型。以营销引导型为例，寻找市场销售规律，为辖区种养殖或传统优势农业提供营销途径，赚取价差发展集体经济。比如，开阳县米坪乡云湾村集体经济公司收集邻近村民种植、公司自主栽种的苹果桃以及其他农副产品，通过精美包装后，拓宽营销渠道，提高价格进行销售，村集体年纯利润15万~20万元。

4. 十条扶持措施同时发力，凝聚资源提供发展支撑

开阳县从优先安排建设用地10%指标，积极提供独特金融产品支持，减

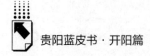

免地方所得税，减免在办理各种审批、证照中的规费，提供 500 万元财政支持，强化"3 个 20 万"小微企业扶持，优先保障 8 万元 2 年制就业小额担保贷款，安排 1000 万元涉农项目和资金，工程项目优先由村集体实施，强化激励考核 10 个方面给予村集体经济实体政策支撑。

2014 年，全县 108 个村有集体经济实体 112 个，实现村集体经济组织 100% 全覆盖。13 个"空壳村"全部消除，且每村年均纯收入 2 万元以上。108 个村中，集体经济纯收入 2 万~10 万元以上的有 60 个，占总数 56% 以上，与上年同期相比增长 45%；10 万元以上的有 48 个，占总数 44% 以上，与上年同期相比增长 41%。村集体经济 2014 年净收入 5700 万元，与上年同期相比增长 36%；经营性资产和资金积累总额 1.66 亿元，与上年同期相比增长 42%，提前两年超额完成贵阳市下达的村级集体经济目标任务。

二　基层党组织实现"进档升位"

（一）村级集体经济快速发展

全县 108 个村有集体经济实体 112 个。截至 2014 年底，共积累村级集体经济 7156 万元，经济积累在 10 万元以上的村占总数的 32%，在 1 万~10 万元的占总数的 37%，低于 1 万元的村占总数的 18.97%，"空壳村"占12.03%。预计 2014 年底将全面消除"空壳村"，实现村级集体经济公司 100% 全覆盖，且每村年纯收入 2 万元以上，集体经济纯收入 5 万元以上的力争达到 50% 以上，10 万元以上的力争达到 40% 以上，提前两年完成贵阳市下达的村集体经济目标。

（二）基层党组织队伍壮大

在全县各级各部门和广大党员干部群众的努力下，开阳县的基层党建工作取得了较好成效。目前，开阳县现有基层党组织 508 个，共产党员 15731 名。

（三）组织工作满意度实现提升

近年来，开阳县在组织工作方面做了大量工作，干部的选拔任用、新选拔干部的培养、干部队伍的建设、对党组织的监督和指导等方面，都趋向规范化、制度化、科学化。组织部门认真贯彻落实党的有关精神，创建服务型党组织，抓好自身队伍建设，为广大群众服好务，在全社会营造了风清气正的良好氛围，提高了群众对组织工作的满意度。2012年开阳县荣获"全国创先争优活动先进县党委"荣誉称号，2013年获得"全省基层组织建设先进县"荣誉称号。

三 关于开阳县基层党组织建设的经验与启示

（一）党建工作关键是抓书记

抓党建是党组织书记的"责任田"，抓好党建是本职、不抓党建是失职、抓不好党建是不称职。开阳县大力实施"领头雁"工程，认真落实书记管党责任，做到工作检查看党建、年度考核考党建、干部任免用党建，通过各级党组织书记带头抓党建，形成全县齐抓共管的党建工作新格局。

（二）健全机制是保障

强化党建目标考核工作，建立一套科学的目标考核制度，是抓好基层党建工作的保障。开阳县实行县级领导基层党建包片联系、基层党委书记向县委和基层党员"双向述职"等制度，配齐配强基层抓党建工作的机构和人员力量。同时，把党务村务财务公开、民主集中制、集体经济发展、"三会一评"等要素列为党建年度考核重要指标，使软弱涣散党组织各项工作步入正常化、规范化、制度化轨道。整顿工作结束后，按适当比例，每年年初开展一次分析排查和摸底排队，形成晋位常态制，切实推动基层党组织建设不断上台阶、上水平，夯实基层战斗堡垒。

（三）根本是抓落实

如果没有得到落实，再好的想法都没用。只有求实务实抓落实，始终不渝地走群众路线，才能赢得群众的拥护，才能使我们党立于不败之地。开阳县基层干部实施大走访，打通与群众的"最后一公里"，对干部来说，就是

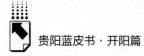

要下得去、待得住、融得进、干得好，就是要与群众同吃同住同劳动、同欢同庆同娱乐、同帮同带同致富，核心是选派常务书记，关键是领导带头示范，方法是团队整体推进，要求是坚持一抓到底。通过加强基层党建，密切党群关系，全县干部更加坚信基层党组织是党在农村全部工作和战斗的基础。只有党员干部带头引领示范，才能推动科学发展；只有抓好基层党建，才能做好农村的各项工作。

参考文献

中共开阳县委党的建设工作领导小组：《关于在创先争优活动中进一步加强基层党建工作的意见》，开阳党建网，http：//www.gzkydj.gov.cn/html/zxcy/xjwj/4640.html。

开阳县委办公室：《开阳县党建工作情况汇编》，2014。

省委党建工作领导小组办公室：《贵州省大力实施"领头雁工程"推进农村同步小康建设》，《贵州日报》2013年7月25日。

《选出有公心闯劲足敢担当的带头人——贵州开阳把实施"领头雁工程"贯穿村"两委"换届始终》，《中国组织人事报》2013年12月30日。

✦ 皮书起源 ✦

"皮书"起源于十七、十八世纪的英国，主要指官方或社会组织正式发表的重要文件或报告，多以"白皮书"命名。在中国，"皮书"这一概念被社会广泛接受，并被成功运作、发展成为一种全新的出版型态，则源于中国社会科学院社会科学文献出版社。

✦ 皮书定义 ✦

皮书是对中国与世界发展状况和热点问题进行年度监测，以专业的角度、专家的视野和实证研究方法，针对某一领域或区域现状与发展态势展开分析和预测，具备权威性、前沿性、原创性、实证性、时效性等特点的连续性公开出版物，由一系列权威研究报告组成。皮书系列是社会科学文献出版社编辑出版的蓝皮书、绿皮书、黄皮书等的统称。

✦ 皮书作者 ✦

皮书系列的作者以中国社会科学院、著名高校、地方社会科学院的研究人员为主，多为国内一流研究机构的权威专家学者，他们的看法和观点代表了学界对中国与世界的现实和未来最高水平的解读与分析。

✦ 皮书荣誉 ✦

皮书系列已成为社会科学文献出版社的著名图书品牌和中国社会科学院的知名学术品牌。2011年，皮书系列正式列入"十二五"国家重点图书出版规划项目；2012~2014年，重点皮书列入中国社会科学院承担的国家哲学社会科学创新工程项目；2015年，41种院外皮书使用"中国社会科学院创新工程学术出版项目"标识。

法律声明